Wilhelm Marr

Reise nach Central-Amerika

Band 1

Wilhelm Marr

Reise nach Central-Amerika
Band 1

ISBN/EAN: 9783744700047

Hergestellt in Europa, USA, Kanada, Australien, Japan

Cover: Foto ©Andreas Hilbeck / pixelio.de

Weitere Bücher finden Sie auf **www.hansebooks.com**

Reise

nach

Central-Amerika.

Von

Wilhelm Marr.

Erster Band.

Hamburg.
Otto Meißner.
1863.

Inhalt.

	Seite
Vorrede und Einleitung	VII—XII

Erstes Kapitel: Abfahrt von Hamburg. — Ein Auswandererschiff. — Reisegesellschaft. — Gestörte Nachtruhe. — In See. — Ein Todtenbündler. — Nächtliche Wehklage. — Der Freund des Prinzen Karl von Preußen. — Guter Rath für Reisende. — Madame Meier schmachtet. — Polnische Juden. — Der Küchenkapitän. — Die schottische Küste. — Penthland-Skerries und der Firth. — Bettler auf See. — Lloyd's Agent. — Die Orkney-Inseln. — Blinder Schrecken. — Eine Nacht auf Wache. — Tricks. — Eine Goldmine auf der New-Foundlandsbank. — Ein Kind gestorben; ein anderes geboren und getauft. — Pilot-boat. — Peter in der Fremde. — Ein amerikanischer Lotse. — Land! . . . . 1—50

Zweites Kapitel: Amerika! — Metamorphosen. — Sandy-Hook und die Bai von New-York. — Quarantaine mit Dampf. — Vor Anker. — Ein Humbugduett. — Michel beißt an. — Wie man die Leute los wird. — Heimweh aus Amerika, ehe man da ist. — Washington-House. — Eindrücke von New-York. — Ein Boardinghaus. — Ein Graf als Kellner. — Marc Caussidière. — Ein Drama mit Yankee-Reflexionen. — Eigenthum ist Last. — Aphorismen. — Dr. Ludwigh. — Oekonomischer Kunstenthusiasmus. — Humbug. — Broadway und Bowery. — Deutsche Theater. —

Eine deutsche Kneipe. — Der Nutzen von Empfehlungsbriefen. — Brooklyn. — East-New-York. — Erstes verdientes Geld in Amerika. — Warnungsstimmen. — Ein Steamerrace. — Negrophilantropie. — Staten-Island und Hoboken. — Ein alter Bekannter. — Barnum's Museum. — Vogue ma galère! . . . . 51—132

Drittes Kapitel: Abreise von New-York. — Der „Wild pigeon." — Wie man eine Leichenrede auf sich selbst hört. — Little Inagua. — Der Süden. — Cuba. — Jamaika. — Eine Haifischjagd. — „Lenzen." — St. Andrew Island. — Die Mosquitoküste. — Erster Eindruck. — Ein Lotse aus Greytown. — Die Mündung des San Juan. — Die ersten Palmen. — Anblick von Greytown. — Dreistigkeit besser als Empfehlungsbriefe. — „New-York-house." — Ein Enttäuschter. — Die Transitcompagnie des Herrn van der Bilt. — „Mañana!" — Greytown. — Der König von Mosquitia. — El rey de los zapilotes. — Vor dem Urwald. — Sheppard's Lagune. — Die Eingebornen und die Bevölkerung von Greytown. — Ein Boardinghaus an der Küste. — Die Canalisation ein Humbug. — Verbindungs- und Handelswege nach dem Innern. — Zwischen zwei Fieberkranken. — Differenzen mit dem Patron einer Piragua. — Mr. Sigeaub. — Bestimmte Abfahrt ins Innere. — Wie man hier zu Lande „sattelt" und wann man „reitet." — Gepäck ins Boot. — Neuer Aufschub. — Ein Adjutant des Königs Ludwig von Bayern. — Endlich! . 133—178

Viertes Kapitel: Eine Fahrt auf dem San Juanfluß und Nicaraguasee bis Granada. — Die Piragua. — Erste Station. — Heimweh. — Malerisches Bivouak. — Rio Colorado. — Die Ufer des San Juanflusses. — Bizarre Pflanzenformationen. — Ein nächtliches Monstreconcert des Waldes. — Rio Sarapiquí. — Ein deutscher Ansiedler. — Wir stranden in — Baumzweigen. — Havarie und Proviantverlust. — Europäischer Leichtsinn, den die Sonne bestraft. — El Raudal de Machuca. — Ein blühendes Dampfschiff. — Fort Castillo viejo. — Ein nicaraguensisches Observationscorps gegen England. — Militär der Republik. — Die

Commandantur und der Commandant. — Versuchte Prellerei. — Unblutiger Kampf mit der ganzen Armee. — Nicaraguensische Tapferkeit. — El Raudal. — Alle Lebensmittel verdorben. — Die schlimmste Nacht. — Dissenterie. — Blinder Lärm. — Eine Affenmahlzeit. — Zwei Vollblutindianer. — Ameisenjagd. — Der Nicaraguasee. — Die Aduana der Republik. — Fort San Carlos. — Fra-Diavolo. — Ein Mensch entdeckt. — Fieber. — Hunger und Misverständniß. — Rückblick auf den San Juan und Beurtheilung des Canalprojectes. — Wie man hier segelt. — Läuse und — — —! — La Boqueta. — Ein Besuch von einem Alligator. — Der Schmachtriemen als Hungerstiller. — San Miguelito. — Isla de San Bernardo. — Papageienbraten mit gestohlenen Platanen. — Die letzte Krume. — Hungersnoth. — Schneckenfahrt. — Ein Orkan als Retter in der Noth. — Granada! . . . . 179—223

Fünftes Kapitel: Ankunft in Granada. — Ein deutscher Wirth. — Fieberkranke. — Die Stadt Granada. — Ein Kinderbegräbniß. — Schlafstätte. — Ein unglücklicher Franzose. — Die Niguas. — Hausiren. — Der Padre Polacco. — Niña Enriquetta. — Ein nicaraguenser Finanzminister ohne Finanzen. — Pläne als Pfaffe zu reisen. — Medicinische Studien. — Das Hospital. — Eine Amputation. — Dr. H. Behrendt. — Doctor und Apotheker. — Der Caballero. — Centralamerikanische Reiter. — Padre Vigil und seine Ansichten. — Betrachtungen über Colonisation, Klima ꝛc. — Abreise von Granada . . . . 224—253

Sechstes Kapitel: Costume de voyage. — Wie man reist. — Ins Freie! — Gute Rathschläge. — Ein wahrer Freund. — Massaya, die Indianerstadt. — Wie ein deutscher Doctor in Nicaragua wohnt. — Siesta. — Die Tiste. — Don José Maria Alvarado und seine Familie. — Sitten und Gebräuche. — El infierno de Massaya. — Niña Mercedes. — Indianische Sitten. — Der Alte vom Berge. — Drei Grazien in plastischer Attitüde. — Die Playa von Massaya. — Vulcanisches Phänomen. — Die Palmen von Nindiri. —

Tropische Früchte. — Preußische Depeschen durch die Hände der Demokraten befördert. — Medicinische Praxis. — Die Indianer. — Die Calvarienkirche. — San Guillermo. — Eine zärtliche Mutter. — Die Hieroglyphen von Massaya. — Das Lavameer von Nindiri. — Mariä Empfängniß. — Theater in Massaya. — Lieblicher Festtag. — Abschied von Massaya und von — Ignacia . . . . 254—304

Siebentes Kapitel: Auf der Heerstraße. — Der Camino real. — Schmetterlinge. — Verirren im Walde. — Der Name „Deutsche" respectirt. — Managua. — Der Präsident der Republik. — Unsere Halfter werden gestohlen. — Duett über Mein und Dein mit der Wirthin. — Der Dieb wird erwischt. — Don Manuel Hernandez, der brave Mann von Matiarez. — St. Charles Hôtel. — Der Momotombo. — Nagarote, ein Menschenkehrichthaufen. — Ein Nachtlager in Nagarote. — Chepita Beneria, Niña Maxima. — Familiensachen. — Eine Gruppe à la Murillo. — Flöhe und Mosquiten. — Ein Ständchen. — Das Paradies im Schweinestall. — „Sachte Canaille!" — Ein gemordeter Cactus. — Gebräuche in Nagarote. — Pueblo nuevo. — Historische Reminiscenzen. — Das Paradies des Mahomed. — Leon. — Die Marabios. — Die Ebene von Leon. — Die Kathedrale. — Bevölkerung. — Dr. Waßmer. — Die schwarze Barbara. — Die Familie Martinez. — A la disposicion de V. — Es suyo. — Der Bischof und seine Büchsflinte. — Unsere Behausung   305—322

Vorrede und Einleitung.

Als ich vor mehreren Jahren, in der Zeit, in welcher die Canalisations- und Colonisationsprojecte für Centralamerika und die Landzunge von Panamá wie Pilze aus der Erde schossen, und der Blütestand Californiens allen diesen Projecten ein solider Grundpfeiler im fernsten Westen zu werden versprach, den europäischen Staub von meinen Füßen schüttelte, um mir den Strich Erde in der Nähe zu betrachten, den die Phantasie der Speculation bereits als die Hochstraße des Weltverkehrs ansah, da war ich bereits nicht mehr so jung, um goldene Berge zu träumen, sondern trat meine Wanderungen an als eine einfache Recognoscirungstour, auf welcher mir eine Errungenschaft nicht entgehen konnte: — Erfahrungen.

Nicht die Noth, kein politisches Compromittirtsein zwang mich, Europa zu verlassen; es war der freie Wille, frei und ledig wie ich war, Geist und Körper aufzufrischen durch neue Lebensverhältnisse und Contraste, es dem Leben selbst anheimgebend, ob, wie, wo und auf wie lange Zeit ich jenseits des Oceans meinen Anker auswerfen würde. Es gehörten dazu eine gesunde Constitution und ein leichter Sinn, die ich besaß; und die gehörige Anzahl von — Enttäuschungen des Lebens, die ich ebenfalls mein nennen konnte, und deren gemüthliche Seite, ich will es nicht leugnen, einen vielleicht nicht geringen Antheil an meinem freiwilligen Exil hatte. Ich verfolgte also immerhin einen praktischen Zweck und war kein leichtsinniger Abenteurer.

Mehr zu meiner eigenen Zerstreuung, und um eine weitläuftige und kostspielige Privatcorrespondenz zu ersparen, schrieb ich unterwegs successive die nachfolgenden Blätter an einen leider zu frühe verstorbenen Freund, der es übernommen hatte, den Freunden und Bekannten Kunde von meinem Dasein zu geben. Ich sah nicht auf künstlerische Form dabei, sondern setzte es mir zur Regel, auf die getreueste, ungeschminkteste Weise das

Leben abzuschreiben, wie es sich in seinen Einzelheiten mir darbot. — Ich schreibe daher auch nur dem Leben selbst die mich überraschende beifällige Aufnahme zu, welche die Mittheilung dieser Skizzen*) nicht nur beim großen Publikum, sondern auch bei denen gefunden hat, welche die von mir bereisten oder andere stammverwandte Länder aus eigner Anschauung kennen, und leiste den zahlreichen, selbst aus den fernsten Gegenden der Erde an mich ergangenen Aufforderungen, meine Erlebnisse als Buch zusammenzufassen, gern Folge.

Aber ein Buch wird Gemeingut und verfällt der Kritik. Ich fürchte nicht, daß dieselbe mich auch nur einer einzigen Unwahrheit oder Uebertreibung anklage, aber ich habe die Nachsicht, welche ich in anderer Hinsicht in Anspruch nehme, zu motiviren. Die flüchtige Arbeit trägt vorherrschend einen unterhaltenden Charakter, „to while away the time;" der Kritiker erwartet vielleicht mehr und übersieht, daß mir das Leben und meine eigenen Mittel die Muße nicht möglich machten, um Zeit zu Studien und Untersuchungen zu finden, welche dem Buche einen

---

*) Im Hamburger „Freischütz" Jahrg. 1860—61.

wissenschaftlichen Werth verleihen könnten. Ich bitte daher die Kritik nicht zu vergessen, daß die Jahre und die Tage den Rahmen zu meinem Gemälde bilden, und sich die durchflogenen Distancen dabei gegenwärtig zu halten. Ist es mir gelungen, bei der pragmatischen Kürze meiner Beobachtungen hie und da auch nur ein vereinzeltes Object zu Tage gefördert zu haben, welches der gründliche Forscher nicht ganz verächtlich bei Seite wirft, so bin ich reichlich zufrieden. Prätensionen mache ich in dieser Hinsicht nicht geltend. Auf schwankendem Schiffe, im Gewühl des Lebens, im engen Canoe, im Morast der tropischen Urwälder, im Sattel des Pferdes, in der Hängematte und auf dem harten Erdboden unter dem Eindruck des Augenblicks hingeworfene Skizzen konnten nicht wol anders ausfallen, da beschauliche Ruhe nicht in den Verhältnissen lag und das Vorwärts zur gebieterischen Nothwendigkeit wurde.

Dagegen bin ich außer Sorge, daß man meine Schilderungen nicht getreu finden sollte. Ich kann dem Leser, denn ich habe nicht danach gesucht, nicht aufwarten mit pikanten Tigerjagden und Indianerabenteuern, aber ich habe das fixirt, was die Romantik und der Optimismus der meisten Touristen unbeachtet läßt, — das wirkliche nackte Leben. Und in dieser Hinsicht sehe ich mit Ruhe dem strengsten Maßstab entgegen, den die Kritik an meine Arbeit anzulegen für gut findet. — Wird daher mein „Buch" auch nicht in dem Katalog wissenschaftlicher Werke rangiren, so wird es dem ernsten Forscher doch vielleicht ein nicht ganz unwillkommener Beitrag zum Quellenstudium der Sitten und Gebräuche eines noch wenig bekannten Theils des s. g. spanischen Amerika sein. Ich durfte und wollte daher auch manche Züge nicht unterdrücken, über welche die Prüderie muthmaßlich die Nase rümpft, denn sie bilden in ihrer Naivetät die beste Charakteristik. — Ebenso habe ich absichtlich meine individuellen Eindrücke so belassen, wie ich sie empfunden und nicht, wie sie sich bei meinem spätern fünfjährigen Aufenthalt in Centralamerika reifer ausgebildet haben. Diese, an Ereignissen und Erfahrungen reichere Zeit, gedenke ich später zu veröffentlichen, vorausgesetzt, daß ich mit diesem Werke eine ermunternde Aufnahme finde.

Ich schließe diese Einleitung mit einer Warnung. Mögen sich jugendliche Phantasien durch mein buntes Reiseleben nicht voreilig zu einer Nachahmung desselben verleiten lassen. Die nackte Wirklichkeit ist oft ein ganz fataler Dämpfer der Naturschwärmerei, und was sich anspannend liest, das erlebt sich oft recht — abspannend. Es gehören eigens organisirte Naturen dazu, um bei einem solchen Leben, wie ich es über ein Jahr geführt, nicht geistig und gemüthlich — um nicht zu sagen moralisch — unterzugehen, und nicht allein der Körper, auch der Charakter des Menschen hat den Einflüssen des tropischen Klimas und den lokalen Verhältnissen die Stirn zu bieten.

W. M.

Erstes Kapitel.

Abfahrt von Hamburg. — Ein Auswandererschiff. — Reisegesellschaft. — Gestörte Nachtruhe. — In See. — Ein Todtenbübler. — Nächtliche Wehklage. — Der Freund des Prinzen Karl von Preußen. — Guter Rath für Reisende. — Madame Meier schmachtet. — Polnische Juden. — Der Küchenkapitain. — Die schottische Küste. — Penthland-Skerries und der Firth. — Bettler auf See. — Lloyd's Agent. — Die Orknay-Inseln. — Blinder Schrecken. — Eine Nacht auf Wache, — „Tricks." — Eine Goldmine auf der New-Foundlandsbank. — Ein Kind gestorben; ein anderes geboren und getauft. — Pilot-boat. — Peter in der Fremde. — Ein amerikanischer Lootse. — Land!

New-York, im Oktober 185—.

Ich weiß noch jetzt nicht, welche Gemüthsstimmung es eigentlich war, die mich bewog, an einem schönen Maiabend den Entschluß zu fassen, mich loszureißen von Allem, was die Gewohnheit mir zur zweiten Natur gemacht hatte. Ich glaube, es ging mir zu gut. Denn daß man in Hamburg jeden Genuß des materiellen Lebens für sein Geld eben so billig und dreimal so gut, als an jedem anderen Platz der bekannten europäischen Welt sich verschaffen kann, dagegen fürchte ich keinen Widerspruch. Und ich glaube, der „Geist," wenn er bei uns Hamburgern auch eben nicht in ätherischen Regionen schwimmt, vermag sich in unsern Mauern immerhin jene praktische, solide Richtung anzueignen, für welche wir in der Assimilirung des edlen Roastbeafs mit unserm Sein eine unerschöpfliche Fundgrube besitzen.

Diesen philosophischen Betrachtungen mich hingebend, sandte ich dem Stintfang und dem Michaelis-Kirchthurm Blicke des Scheidens zu, als ich auf dem Quarterdeck der „Elise," mit dem Rücken an den Reling gelehnt, das erste Zeichen zur Abfahrt vernahm. Der Expedient des Schiffes, Herr Languese, dem ich meine Seele als Cajüts-passagier für die Fahrt nach New-York verschrieben hatte, gab mir als Gratiszulage zu meinem Ticket die mit Ueberzeugung ausgesprochene Versicherung, ich würde eine sehr angenehme Reise haben, und damit war ich „expedirt."

In dichten Schaaren strömte die Treppe hinauf auf's Deck, was noch zur particellen Völkerwanderung gehörte, welche im fernen Westen deutsche Cultur und deutsche Sitte gegen amerikanische Kniffe und Püffe austauscht. Unvermeidliche hessen-darmstädtische und kur- dito Landleute (denen vor hundert Jahren von ihren Landesvätern noch freie Passage nach Amerika zugesichert wurde, und welche jetzt den Weg auch ohne Commando und Wegweiser dahin gefunden haben), malerisch gekleidete Bärentödter in spe, die blinkende Doppelflinte über der Schulter, den blutgierigen, annoch jungfräulichen Hirschfänger an der einen, die Feld- und die Pulverflasche an der andern Seite, und mit gefährlichen Wasserstiefeln, deren sich unsere „Fleetenkicker" nicht zu schämen brauchten, anticipando gegen die hinterwälderischen Moräste geschützt; ehrsam dürre Schulmeistergestalten im verblichenen cattunenen Schlafrock, aus langen Pfeifen durch dicke Dampfwolken die Spuren ihrer dünnen Anwesenheit bezeichnend; eine Caravane edler Polen, deren Vorfahren vierzig Jahre lang in der Sandwüste von Mannah gelebt, und welche nun vierzig Tage in der Wasserwüste von Pökelfleisch leben sollten; zweifelhafte Studiosen auf der ersten, bartscheerenden Stufe der Chirurgie stehen geblieben; zwei oder drei undefinirliche Gestalten, in deren Gesichtswinkeln nur die Furcht vor Manichäern und

Steckbriefen eingegraben war; endlich die unverschämt heiteren und kecken Physiognomien einiger „Hamburger Jungens" im conscriptionsflüchtigen Alter; — das Alles wogte, stolperte, drängte und schob jetzt auf's Verdeck, stand überall der Mannschaft bei den Arbeiten im Wege, ward überall weggeschubbt, und kam überall wieder unter die Füße.

Und so war ich denn auf sechs Wochen auf den schmalen Raum eines Segelschiffes gebannt. „Take it as easy as you can and make the best of it!" — Das will ich. Und ich will aus dem engen Rahmen des lebendigen Gemäldes heraus copiren, was mein Auge, mein Ohr und meine Seele fesselt. Ich will einmal abschreiben aus dem Leben, zeichnen durch das Transparent der Wirklichkeit, und den Farbentopf zum coloriren nur in meinen Reflexionen, nicht aber in den Dingen suchen. —

Das letzte Zeichen zur Abfahrt ertönte. Was nicht zum Schiff gehörte, mußte fort, als in voller Hast ein kleiner schwarzgelockter Herr vom alten Steinweg in Hamburg auf mich losschoß, mich bei meinem Namen anredete und mir seine Schwester, ein Fräulein Rosalie*** als Reisegefährtin vorstellte, welcher er mich bat, auf der „großen Reise" meinen Schutz angedeihen zu lassen. Ich konnte dies Versprechen mit gutem Gewissen leisten, und ich leistete es, nachdem der schwarzgelockte Herr vom alten Steinweg die junge Dame mit den Worten „Gott behüt' Dich, mein Engel, und putz' Dir die Zähne!" umarmt hatte; denn der Engel gehörte, so weit er verkörpert vor mir stand, trotz einer vielleicht möglichst schönen Seele, so ziemlich in die Kategorie der häßlichen. — Als galanter Ritter des schönen Geschlechts machte ich bonne mine au mauvais jeu und riskirte einige nichtssagende Bemerkungen über den moralischen Muth einer jungen Dame, welche sich dem balkenlosen Element anvertraut. Damit hatte ich Bresche in ihr Vertrauen geschossen. Ich entdeckte in Fräulein Rosaliens Busen ein gefühlvolles Herz. Sie erzählte mir mit merkwürdiger Volubilität der Zunge und hartnäckiger Voransetzung des Zeitworts vor das Eigenschaftswort, daß sie noch nie „gewesen zu Wasser," sich erschrecklich fürchte vor der Seekrankheit, daß von ihr etablirt seien zwei Brüder in „Neff-York," daß die Brüder hätten geschrieben, „Rosalie komm, führe uns den Hausstand;" daß in der Wohnung ihrer Brüder ein S ch a u k e l st u h l sei, daß ihre Familie aus *** bei P o s e n stamme; daß die Mutter vor einem halben Jahre gestorben wäre, der Vater aber schon bei ihrer Geburt.

Ich glaube, sie würde noch erzählen, hätte das dreimalige Cheer der Matrosen, als das Schiff, im Schlepptau eines Dampfers, sich endlich in Bewegung setzte, den interessanten Dialog, bei dem Fräulein Rosalie für mich mit sprach), nicht unterbrochen. Die Unterbrechung fand rechtzeitig gerade statt, als ein sentimentales Unwetter in die Conversation hereinzubrechen drohte. Meine Schutzempfohlene glaubte nämlich, aus meinen etwas bleichen Gesichtszügen Wehmuth, Trennungsschmerz, wenn nicht noch Etwas schlimmeres herauszulesen, und ich konnte doch mein Schützeramt unmöglich damit beginnen, daß ich ihr berichtete, wie fidel ich die letzte Nacht auf dem Festlande — d u r ch s ch w ä r m t hatte, um so weniger, als ich mir beim ersten Anblick innerlich geschworen, die junge, mir ohne Connossement anvertraute Dame safe and in good order abzuliefern.

Ich benutzte also die Störung und begab mich in den Salon in meine Koje, um meine Siebensachen festzustauen. Das Zimmerchen hatte zwei Betten übereinander. Mein Schlafkamerad war ein Jüngling, welcher, ohne sein Verschulden, in L ü n e b u r g das Licht der Welt erblickt hatte und nun, nach beendigter Lehrzeit und nach einjährigem Arbeiten als Commis in einem Bremer Gewürzladen, ebenfalls jenseits des Oceans sein Glück suchte. Der junge Mann stand mit den Armen auf den Rand des obersten Bettes gelehnt. Er hatte ein Daguerreotyp in der Hand, welches er betrachtete, und brüllte dabei wie ein junger Stier, der das Heimweh hat. Es muß das eine böse Krankheit sein, denn er ließ sich durch meine Anwesenheit und mein Rumoren in seiner Beschäftigung nicht stören, und ich gab ihm den besten Trost, den ich gerade bei der Hand hatte, indem ich ihm sagte: „Machen Sie's wie ich, legen Sie sich auf's Ohr und verschlafen Sie die Sorgen!" Er dankte mir und ich half ihm bei der ungewohnten Escalade au premier, während ich selbst parterre in den engen Kasten schlüpfte, den versäumten Schlaf nachzuholen.

Ich weiß nicht, wer nun am Lautesten geschnarcht hat. Beim Erwachen behauptete er: ich; ich behauptete: er. Mir gaukelte der träumerische Halbschlaf wie ein Kaleidoskop die Bruchstücke der Vergangenheit vor. Die schönsten Bilder splitterten da ab, wo sie am allerschönsten werden mußten, die häßlichen blieben Fragmente, und die gleichgültigen verschwammen in dem prismatischen Dunst, der die Figuren eines Kaleidoskops zu umgeben pflegt. Und als die Natur grade den Zustand des Träumens mit dem des Schlafes zu ersetzen beginnen wollte, scheuchte das Rasseln der fallenden Ankerkette den müden Organismus in die wachende Realität zurück.

Wir lagen Glückstadt gegenüber. Einige spärliche Lichter, die nicht recht wußten, ob sie brennen sollten, oder nicht, verriethen uns zu beiden Seiten des Stromes die Ufer. Der Schleppdampfer hatte seine Schuldigkeit gethan und wurde entlassen, und wir blieben bis kurz vor Eintritt der Ebbe vor Anker. Um 4 Uhr Morgens sollte es weiter gehen.

Der Thee versammelte die Reisenden der ersten Cajüte in dem Salon. Als Hamburger bekam ich natürlich den besten Platz neben dem Capitain, und folglich in unmittelbarer Nähe der Fleischtöpfe. Und ich wußte es so einzurichten, daß meine Schutzempfohlene, Fräulein Rosalie, mir schräge gegenüber zu sitzen kam, so daß, ohne den dicken Besahnmast, unsere Blicke sich hätten begegnen können.

Die Stimmung bei Tische schlich, wie das nicht anders bei einer auf einem engen Raum zusammengedrängten Anzahl Menschen der Fall sein kann, nur allmählig ihrer Aufthauung entgegen. Erst als unser freundlicher Capitain ein Paar Flaschen Rothwein losbinden ließ, und den Versammelten einen kurzen Speech gehalten hatte, wie sie sich im Allgemeinen zu verhalten hätten während der Reise, war ein Thema gefunden, welches die Zungen löste.

Wir waren im Ganzen acht Personen. Mein Schlafkamerad, der Bremer Commis aus Lüneburg (ich weiß nicht mehr, ob er Herr Müller, Möller oder vielleicht auch Miller hieß), hatte meinen Namen auf meinem Koffer gelesen und freute sich, einen so „berühmten Mann" kennen zu lernen. Das mörderliche Heimweh hatte einem noch mörderlicheren Appetit Platz gemacht und der Jüngling verschlang Butterbröte, als ob er seinen Passagepreis innerhalb 24 Stunden herauszuessen verurtheilt wäre. Es war das, seiner Meinung nach, ein Palliativ für die Seekrankheit, und in der That, daß es kein Mittel gegen dieses Uebel war, davon leistete er am anderen Tage die vollsten und anhaltendsten Beweise. Er nahm überhaupt gleich Anfangs das Vorrecht in Anspruch, eine durchweg praktische Natur zu sein, die sich keine Illusionen mache, nicht auf's Gerathewohl nach Amerika ginge, sondern mit den besten Empfehlungsbriefen an die ersten Häuser New-York beträte. Auch würde er consequent ein ganzes Jahr conditioniren und sich nicht eher in eigene Unternehmungen einlassen, bevor er nicht eine gründliche Kenntniß amerikanischer

Verhältnisse erlangt hätte, denn „ich bin durchweg praktisch und mache mir keine Illusionen," schloß er die Octroyirung seiner Lebenspläne. Als Nachsatz fügte er noch hinzu, er habe eine englische Grammatik mitgenommen und werde unterwegs tüchtig englisch lernen.

Das Eis war gebrochen. Fräulein Rosalie ließ es sich nicht nehmen, der Gesellschaft dieselbe Geschichte zu erzählen, welche ich bereits genossen hatte, nur daß sie ungleich länger bei ihrer freudigen Erwartung des in Aussicht gestellten Lockvogels Schaukelstuhl verweilte. Ich schielte ein Paar Mal um die Ecke und sah trotz des Lampenlichts, daß der Rath ihres schwarzlockigen Bruders nicht so ganz ohne war, denn die im Uebrigen gar nicht unebene junge Dame fletschte beim Reden eine doppelte Reihe von wirklich orangegelben Zähnen.

Nummer drei that sich ein kreuzfreundlicher Sachse auf. Herr „Achherrjehses" war ein kleiner Fünfundvierziger, Fabrikant in Strumpfwaaren aus ***, welcher eine Tochter an einen Deutsch-Amerikaner, der früher die Leipziger Messe besuchte und gegenwärtig mit dem Chef eines „bedeutenden amerikanischen Hauses" associrt war, verheirathet hatte. Der Herr Schwiegersohn hatte Consignationen von ihm erhalten; die Waare war mit 100 pCt. „reenen Gewinnscht" realisirt worden und auf des Schwiegervaters Ermuthigung hatte sich eine Consignations-Compagnie in *** von Fabrikanten gebildet, welche, nachdem Herr „Achherrjehses" den fünften Theil des Ertrages remittirt erhielt — die Waare war angeblich auf 9 Monate verkauft — ganze Berge an die Firma Selton & Co. sandte.

„Und Roß und Reiter sah man niemals wieder." Kurz, Herr „Achherrjehses" fand sich — obwohl vollkommen von der Solidität der Firma Selton & Co. überzeugt, die ihn mit ungünstiger Verkaufszeit schon drei Jahre lang vertröstet hatte, bewogen, seinen lieben Schwiegersohn auf wiederholte freundschaftliche Einladung zu besuchen und — „bei dieser Gelegenheit" — selbst einmal nach dem Rechten zu sehen.

Herr Achherrjeses machte also seinen eigenen Worten zufolge „ene reene Vergnichungsreise".

Nummer Vier und Fünf bestand aus einem Brüderpaar, Instrumentenmachern aus Darmstadt. Beide stille, bescheidene junge Leute, welche in Boston bereits ein festes Engagement erhalten hatten. Dagegen war

Nummer Sechs eine Berliner Pflanze aus dem Voigtlande in vollster Blüthe, Namens Tulpe. Er hatte im Jahre 1848 den Staatsposten eines „Rehbergers" bekleidet, girirte sich als knallrother Republikaner, und zwang uns, zu verstehen, daß er in die bedeutendsten Verschwörungen verwickelt gewesen sei. In die eine Verschwörung gegen die deutsche Grammatik war er gewiß und wahrhaftig verwickelt, denn er michelte und mir'te durcheinander, und mißhandelte den Dativ und Accusativ auf die allerpolizeiwidrigste Weise von der Welt. Die Natur hatte ihn mit einer Schnauze versehen, die ihn geeignet machte, bei jeder Katzenmusik den Vorbrüller abzugeben. Dabei war der Kerl lang und klapperdürr, hatte ein Gesicht wie ein Hammel, der vor einem Fleischerladen vorbeigeht und Seinesgleichen abgethan hängen sieht. Er gab sich für einen Tabacksfabrikanten aus, schrumpfte jedoch im Verlauf der Reise zu einem durchgebrannten simplen „Wickelmacher" zusammen. Tulpe verdarb uns den Thee mit geköpften und gehängten deutschen Fürsten, gouillotinirte und strangulirte mit Leidenschaft, und vergaß dabei nicht, die Vermögen der Kronen und Fürstenhüte zu confisciren. Im Antlitz unsers guten Capitain zog ob dieses heillosen Schwadronirens und Renommirens bereits ein bedenklicher Squall auf, den ich noch rechtzeitig beschwor, indem ich ihn nach dem Namen des Bundestags-Polizei-Commissarius fragte, welcher gegenwärtig in Curhaven die Schiffe durchsucht, bevor dieselben in See gehen dürften. — Ich habe durch diese Frage ästhetisch die Leben vieler Potentaten gerettet, denn ein Blitzstrahl hätte unsern Rothen nicht verdutzter machen können, als meine hingeworfene Frage an den Capitain. Und nachdem der erste Schreck überstanden, verbreitete er sich zum allgemeinen Gaudium über die Leutseligkeit und Liebenswürdigkeit des Prinzen Karl, und er schwieg nachher, wie ein „Mohabiter".

Als siebenten Passagier führe ich eine schmachtende und schmächtige Dame aus Ostpreußen an, im Alter zwischen 20 und 39. Madame Meier reiste ihrem Gatten nach, welcher nach Chicago gegangen war, um dort das Geschäft eines Apothekers zu betreiben. Sie verrieth viel Sehnsucht nach ihrem Mann im Allgemeinen und nach Männern im Besondern, beging aber die Unvorsichtigkeit, dem Berliner das letzte Stück Mettwurst von der Schüssel vorweg zu nehmen, während er noch an dem vorletzten kauend, mit diesem letzten liebäugelte, und erhielt, hinter ihrem Rücken natürlich, von Tulpe aus Rache den Beinamen „schmachtendes Scheusal." —

Das war die Gesellschaft, mit welcher ich sechs Wochen lang festgestaut bleiben sollte. Gute Menschen, aber schlechte Musikanten. Ich wünschte uns Allen die schnellste und glücklichste Reise, versicherte Tulpe, das Schiff sei solide und sicher gebaut, und er würde nicht ersaufen, und kroch, ziemlich angst vor einer geistigen Hungersnoth unterwegs, in meine Koje.

Ich mochte ein paar Stunden geschlafen haben, als mich ein doppeltes weibliches Gekreisch aufschreckte, gefolgt vom Bumsen eines harten Körpers gegen die dünne Bretterwand der Schlafcabinen. Ich fuhr auf meinem Lager in die Höhe und rannte ebenfalls, noch unbekannt mit dem engen Behältniß, mit dem Kopf gegen die obere Bretterdecke, welche mei=

nem Schlafgefährten als Bettstätte diente. Im Salon war plötzlich Alles wieder lebendig geworden. Jeder glaubte, das Schiff sinke. Der Lärm hatte zum Glück eine harmlosere Ursache. Der Lüneburger Commis war länger aufgeblieben als die Uebrigen, um eine zwei Bogen lange Epistel an die Seinigen zu schreiben, welche er der gefälligen Besorgung unsers Lootsen anzuvertrauen beabsichtigte. Alles lag bereits in süßem Schlummer. Die Uhr war eilf, und der eintretende Schiffsjunge drehte die Lampe, getreu dem Schiffsreglement, dem Briefschreiber, ohne diesen zu fragen, vor der Nase zu. Schlafenszeit — war das einzige Wort, welches er als Motivirung seiner That vorbrachte. Herr Müller mußte im Finstern nach seiner Koje tappen, gerieth aber aus Versehen in eine verkehrte Thür, entkleidete sich gemächlich, und setzte den einen Fuß auf den Rand des Bettes parterre, während er gleichzeitig au premier mit einem raschen Ruck die Bettdecke zurückriß, um die Voltige in sein Lager anzutreten, als er durch das erwähnte Doppelgekreisch zurückgeschreckt wurde. Der Unglückliche! Seine linke Fußspitze war mit Fräulein Rosaliens züchtigem Busen in unsanfte Berührung gekommen, und Madame Meier mochte die Temperatur im 54. Grad nördlicher Breite auch nicht geeignet gefunden haben, um die Bettdecke entbehren zu können. Wenn Damen aber einmal anfangen zu schreien, und nicht dabei in Ohnmacht fallen, so hören sie so leicht nicht wieder auf; und diese Beiden zeterten um die Wette. Capitain, Steuermann, sämmtliche Passagiere versammelten sich im Salon, wo man beim Schein einer rasch angezündeten Schiffslaterne den unglückglücklichen Commis bleich vor Schreck und in jeder Hand weibliche Unterröcke und Corsette haltend, die er in der Angst seines Herzens statt seiner eigenen Kleider erwischt hatte, in einen Winkel gedrückt erblickte.

Es handelte sich jetzt darum, die vertauschten Kleidungsstücke wieder umzutauschen; allein wer wollte sich von uns Männern einer zweiten Invasion in Ladies' cabin unterziehen? Ich nicht, denn Fräulein Rosalie war meinem Schutz empfohlen, und ich bin in solchen Dingen ungemein gewissenhaft, besonders wenn Damen von ihren Brüdern beim Scheiden die Erinnerung erhalten, sich die Zähne zu putzen. — Während wir noch so unter Lachen Kriegsrath hielten, erschien Madame Diana Meier im tiefsten Negligé und verwandelte uns beinahe — nicht in Hirsche — wohl aber — in Hasen. Ein schwimmender Blick verletzter Keuschheit brach sich an dem unglücklichen Commis aus Lüneburg, als Tulpe ihm die Unterröcke und die übrigen namenlosen et ceteras, unter welchen mein Auge im Fluge einen baumwollenen Busen fing, entriß, sie der Madame, die, wie ich vergaß zu bemerken, sich mit des Commis Inexpressibles bewaffnet hatte, an die Schulterknochen hing und sie dafür von der männlichen Garderobe mit den Worten: „Na Madamken, schmachten Se man nich so lange, et war en „Mißverschtändniß!" befreite.

Es kam wenig Schlaf mehr in meine Augen. Ich dachte fortwährend an den Endymion unserer Diana in Chicago, und meine neckische Phantasie malte sich die Scene des Wiedersehens mit allen ihren Consequenzen aus. Ob der Mann wohl vom Schlage gerührt wird, wenn er hören sollte, unser Schiff sei mit Mann und Madame Meier untergegangen! Entsetzlicher Gedanke! Im fernen, fernen Westen mischt ein Pharmaceut vielleicht in jede Pille einen Gran Sehnsucht nach Schiffbruch hinein und ich kann doch, bei Allah! nichts für baumwollene Busen und schmachtende Augen über schmächtigen Wangen. Dazu plätscherte das fatale Wasser so recht vorlaut an die Schiffsplanken, als bäte es um Einlaß. — —

Noch ist es Zeit, noch kann man umkehren; es hat gewiß und wahrhaftig noch keine Balken, das fatale Wasser, welches zwischen Cap Landsend und Sandy Hook so breit und inselleer ist, daß Einem nicht einmal die tröstliche Perspective bleibt, sich auf unbestimmte Zeit als Robinson Krusoë etabliren zu können. Wenig fehlte, daß ich, der ich durch kleine Reisen doch schon einigermaßen mit dem nassen Element vertraut war, den Commis geweckt hätte, der sein Abenteuer süß verschnarchte. Und dann die lange Aussicht auf Schiffskost, auf die unvermeidlichen Erbsen und Linsen, auf eine Speisekarte, die unser Wilkens würde nicht zu Fidibussen in seinem classischen Keller verschneiden lassen. Wilkens! — Auch dieser Name mußte noch auftauchen! Ich sah die stattliche Gestalt dieses Czaren aller Restaurants vor meinem Lager stehen. Er hob drohend den Finger und rief mir zu: Du erzdummer Kerl, was hast Du in Amerika verloren? — Und wieder plätscherte das fatale Wasser recht vernehmlich, und eine Schiffsratte knupperte den Tact dazu an meinem Koffer. Ja, hätte das Getrampel der Mannschaft oben auf dem Verdeck, welche Alles fertig zum Auslaufen machte, mich nicht aus meinen Visionen gerissen, ich glaube, mir wären noch eine Anzahl Pastoren erschienen und hätten mir bewiesen, daß die warme Hölle ein viel comfortabler Aufenthalt wäre, als das kalte Wasser.

Ah! ich war oben in frischer, freier Morgenluft. Eine leichte, kühle Brise wehte den Strom hinunter. Im Osten färbte sich der Himmel roth und beleuchtete die weißen Topsegel, welche eben den Wind gefangen hatten, mit dem ersten Hauch des jungen Tages. Ich war ein anderer Mensch geworden, als da unten in dem engen Loch. So dachte ich damals! Später ward mir das enge Loch auf diesem Schiffe oft doch recht wohnlich und behaglich, wenn's draußen stürmte und Spritzwellen über Bord schlugen.

Unter full canvass sausten wir der Elbmündung zu. Cuxhaven lag bald hinter uns, Neuwerk war passirt und unser Lootse nahm Abschied. Alle Welt war Oben. Die Zwischendeckspassagiere hatten sich um die Ankerspille gedrängt, wir Andere auf dem Quarterdeck. Und als nun der Lootse seine Jolle bestiegen, seinen Hut zum Abschied geschwenkt hatte, als das letzte Hurrah der Passagiere verhallt war, die Schiffstreppe eingeholt wurde, da trat ein langes, langes Schweigen ein und der letzte Anknüpfungspunkt an die Heimath war dahin. Hinter uns die verschwimmende Küste, vor uns das weite, weite Meer in seiner erhabenen Monotonie, schreiende Möven am Back- und Steuerbord uns ein kurzes Geleit gebend, — da war der wichtige Moment gekommen, sentimental zu werden, da durfte jede Seele auf Verständniß der andern bauen, und Madame Meier rollte einen ihrer schmachtendsten Schwimmblicke in's Antlitz eines Schulmeisters, der seine Pfeife in der Eingangsthür der zweiten Cajüte ausklopfte, als — die „rothe Tonne" hinter uns lag, und — und — — —

Langsam und majestätisch hob sich das Schiff mit seinem Bug in die Höhe, und begrüßte mit einem tiefen, tiefen Diener — die See! — Die Gesichter wurden lang und die Nasen spitzten sich zu. — Mit einem Purzelbaum gegen das Steuerrad, bewies Fräulein Rosalie, daß das Wasser keine Balken hat, und die Augen von Madame Meier überließen ihrem Mund das Schwimmen. Das Selbstvertrauen hörte auf und die inneren Menschen kamen zum Vorschein.

Obgleich nichts weniger als stürmisch — es war nur eine leichte Sechsknotenbrise — wühlte der regelmäßige See-Swell die Gedärme gegen den Magen und den Magen gegen den Schlund; die Bestialität erhielt eine Concession und der Jammer präsidirte.

Am tragikomischsten nahm sich Tulpe dabei aus. Als er hörte, daß diese auf- und niedergehende Schankelei ohne Unterbrechung bis nach Amerika fortdauern würde, bat er den Capitain, wenn man im englischen Canal wäre, ihn in London aussteigen zu lassen, er wollte gern auf die Hälfte der Reisekosten verzichten, denn er sei entschlossen, mit der Ueberlandspost (!) weiter zu gehen. Tulpe war eigentlich „blinder Passagier" der ersten Cajüte. Er hatte für die zweite bezahlt, da aber hier kein Platz mehr war, hatte man ihn in der ersten Cajüte untergebracht.

Ich will bei den larmoyanten Scenen der Seekrankheit nicht lange verweilen. Jeder, der nur einmal eine kleine Tour nach Helgoland gemacht hat, weiß davon Bescheid. Ich beneide die Leute, welche davon befallen werden, und ich spreche im Ernst, wenn ich behaupte, die Wirkungen des Helgolander Bades schreiben sich nicht sowohl von dem kräftigen Wellenschlage auf der Düne und von dem Salzgehalt des Wassers her, als vielmehr der dreistündigen unfreiwilligen Reinigung des Körpers, welche der Ankunft im Bade vorangeht. — Man hat den alten Adam über Bord geworfen, und ist ein reiner Mensch geworden, wenn man die „Läster=Alle" passirt und sein Käseantlitz auf dem Moquirteller seiner Schultern nach dem Quartier schleppt. Die Seekrankheit ist eine schöne Erfindung. Sie gewährt dem Gesundbleibenden den ungeschmälerten Genuß der frischen Gemüse, welche auf See so gut welk werden, wie auf dem Lande. Das Quarterdeck ist sein zu Spaziergängen, die Aufwartung geht rascher und besser von Statten, und als ich in der ersten Nacht auf See mein Lager auf dem Sopha im Salon aufschlug und mich rechts und links die Gutturaltöne meiner Mitreisenden in den Schlaf lullten, als „der Alte" (Capitain) nach seiner Wache um Mitternacht in die Cajüte trat und sich freute, daß der Hamburger unter seinen Passagieren seefest blieb, und als vollends der Alte eine Bowle machen ließ, und wir die Dämpfe Jamaica's mit den Dämpfen Havannah's vereinigten, da betete ich im Stillen, daß Neptun mir auf allen meinen Reisen die Mägen meiner künftigen Mitreisenden in Gerbereien verwandeln möge, während der ersten zwei oder drei Tage.

Der Capitain war ein braver, etwas zurückhaltender Mann, wie die meisten tüchtigen Seeleute. Ich hatte seine Gunst erobert, wie er mir beim siebenten oder achten Glase gestand, weil ich ihn noch mit keiner „dummen Frage" incommodirt hatte. Und in der That, der Posten eines Schiffstyrannen auf einem Auswandererschiff ist kein beneidenswerther. Man sagt, Seeleute wären Grobiane. Nun die See ist auch kein Dandy. So ein armer Capitain, der auf den Dienst passen muß und dabei den angenehmen Wirth spielen soll, ist ein eigen Ding. So mancher Hans Narr glaubt, mit seiner Passage das Recht erkauft zu haben, einen seemännischen Cursus zu nehmen, und die albernen Fragen, welche namentlich im Anfange der Reise an die Schiffscapitaine gerichtet werden, sind sicher eine eben so harte Geduldprobe für diese, als acht Tage contrairen Wind, und der Capitain muß bei seinen Passagieren eben so gut laviren von Backbord nach Steuerbord, wie bei Süd=Süd=West zu West auf der Reise nach New=York im großen Ocean.

Besonders gefährlich war in dieser Beziehung der Berliner. In Tulpe's Gehirn schloß das Wort Amerika eine Legion der verwirrtesten Begriffe in sich. Dort war Alles Urwald, Meer, prachtvolle Städte, Indianer, Mord und Todtschlag, Freiheit und Gleichheit zu gleicher Zeit. Das ruhige Wasser bei Neuwerk, welches ihm bereits für die offene See galt, flößte ihm Vertrauen ein und er erklärte, von Jugend auf einen Hang, Seemann zu werden, in sich verspürt zu haben. Ja, er wußte nach Berliner Art bereits Alles besser, und moquirte sich, und fragte den Capitain, warum er denn nicht noch mehr Segel aufspannte, es ginge dann doch um so viel geschwinder. Da half kein Aus=

biegen. Wie eine Klette heftete sich der Bursche an den Capitain, so daß ich endlich in die Bucht sprang und ihn fragte, ob er ein tüchtiger Rechner sei? denn das sei die erste Bedingung zu einem guten Seemann.

Jeden Kettensatz bringe ich fertig! rief Tulpe.

Es gilt; war meine Antwort. Ich setze zehn Thaler, in zwei Stunden haben Sie das Exempel nicht heraus, was man beim Steuermanns-Examen ausrechnen muß. Hören Sie zu, denn ich sage es nur einmal: — Ein Schiff ist vom Klüberbaum zum Heck auf Deck gemessen 180 Fuß lang, auf 14 Tage mit Lebensmitteln versehen, der Jockmast ist 70 Fuß hoch; Frage: Wie alt ist der Capitain?

Der Esel riß aus einer schmierigen Brieftasche ein schmieriges Blatt Papier, fing an, zu rechnen, konnte nicht fertig werden, sah nach der Uhr, und ging in die Cajüte hinunter, um die Aufgabe ungestört zu lösen. Die Seekrankheit unterbrach bald darauf die interessante Calculation.

Gegen Abend lullte uns der bisher günstige Ostwind fast völlig ein und alle Anzeichen waren vorhanden, daß er nach einem anderen Strich umspringen würde. Die Sonne, welche den ganzen Tag ihre Schuldigkeit gethan und uns beschienen hatte, ging ziemlich trübselig in Wolken unter. In der Ferne blinkte durch die Abenddämmerung bereits das Leuchtfeuer von Helgoland. Das war der letzte mir bekannte europäische Punkt auf dieser Reise, das äußerste, aber häufige Ziel meiner nautischen Excursionen. Da wußte ich jetzt, was dort vorgeht, als ob ich selber dabei wäre. Da steht der Stammgast von Helgoland, Graf Berg, im Spielzimmer und besetzt sein ewiges Carré am Roulett; da geht Madame B. mit ihrer Tochter, welche eine hohe Jungfrau ist und recht gut schon zehn Mal Mutter sein könnte, in silbergrauem Ueberwurf in der Bindfaden-Allee auf und ab spazieren, und Beide blicken hinaus in das Meer, in den herrlichen Spiegel, in dem unser Herrgott seine Majestät besieht, und seufzen vielleicht, und die Mutter sagt vielleicht wieder, was ich selber lauschend einst gehört: „Rosa, wenn du nicht so dumm gewesen wärest!" — — Und Rosa antwortet vielleicht: „Laß mir aus mit die Männer!" Da ist der schöne Dr. O...... S......, gegenwärtig der schönste Mann in Hamburg, seit ich auf dieser Menschenarche schwimme, der sogar die Lorgnette mit noch mehr Grazie ins Auge kneift als ich, wenn auch mir die hübschen Mädchen mehr Blicke zuwerfen als ihm, weil ich berühmter bin. Da ist der Makler W. und küßt vielleicht den Stuhl, auf dem Lina Fuhr im vorigen Jahre gesessen hat, und da ist auch der dicke Isidor und tenort von den Hummerkasten aus in die Felsspalten hinein:

  Ich habe von ihrer weißen Hand
  Die Thränen fortgetrunken.

Da — weg war das Leuchtfeuer und fort mit ihm meine traulichen Reminiscenzen.

„Eight Bells!" schallte es vom Steuer her. Die Wache wurde abgelöst.

Ich schlenderte nach vorn, wo die Zwischendeckspassagiere, welche das schöne Wetter bereits wieder aus ihren Kojen herausgelockt hatte, wohin sie am Morgen vor der Seekrankheit geflüchtet waren, sich in bunten Gruppen versammelt hatten. Das Reglement konnte begreiflicher Weise am ersten Tage der Reise noch nicht so genau eingehalten werden, zudem hatte der Koch Malheur gehabt, denn ihm war der Wasserkessel umgefallen, und so nahmen die Passagiere des Zwischendecks erst gegen acht Uhr die gelbbraune Flüssigkeit ein, welche an Bord den zweifelhaften Namen Thee führte.

Vor der Küche machten die Frauen und Mädchen mit ihren blechernen Trinkgeschirren queue, während die Männer, zum Theil am Boden gelagert, den Resten derbern Stoffes, mit dem sie in Hamburg ihre Flasche gefüllt hatten, als Cognac, Rum, Kümmel ꝛc. zusprachen und die Kraft ihrer Zähne an dem petrefacten Gebäck Hamburger Schiffszwieback erprobten. Der Schulmeister aus der zweiten Cajüte, dessen ich bereits erwähnt habe — wenigstens schwebt mir etwas von einem kattunenen Schlafrock vor — machte die Luft unsicher mit den nervenzerrenden Tönen eines Accordions und spielte heroisch seit einer vollen Stunde das Lied:

"Hier sitz ich auf Rosen, mit Veilchen bekränzt," (er saß auf einer Rolle theerduftenden Tauwerks), und ein kleiner Schneider aus Aschersleben quälte sich, ihm mit einem entsetzlichen Tenor beizustehen, und schlug das Accordion um anderthalb Octaven höher. Und richtig, da war auch unser unvermeidlicher Berliner wieder! Oben auf der Ankerwinde stand Tulpe und hatte eine Gruppe ins Bummeln schillernder Gestalten, in vorderster Reihe die manichäer- und steckbriefscheuen Physiognomien, um sich versammelt und kramte wüthenden Unsinn aus. Das Thema war, so viel ich davon auffangen konnte — der Todtenbund. Tulpe war wirklich großartig in seinem Unsinn, den er in diesem improvisirten Lindenclub debitirte, und ließ selbst Hamburger Berühmtheiten in diesem Genre, wie W...... H.... und T...... H.... weit hinter sich. Die fakelhafte Verbindung fabelhafter Schneidergesellen wuchs unter seinen in der Luft umherfuchtelnden Armen zu einer wahren Pulververschwörung an, und er erklärte, er setze seinen Stolz darein, nicht leugnen zu können, daß er, Tulpe, eine der "Seelen des Bundes" gewesen sei. Wie schade, dachte ich, daß ich hier keinen neuen Bundestags-Polizei-Commissarius improvisiren konnte, wie vor Cuxhaven. Doch nahm die Sache eine noch komischere Wendung. Tulpe redete sich dermaßen ins Feuer, daß ihm die Hände nicht mehr genügten, und er anfing, auch mit den Füßen zu gesticuliren. Da er aber bei der noch immer schwankenden Bewegung des Schiffes aufs Balanciren Bedacht nehmen mußte, so vergaß er einmal diese Kunst, trat fehl und purzelte der Länge nach in die große Wanne, in welche die Matrosen eben beschäftigt waren Seewasser zu pumpen, kopfüber hinein. Ein wieherndes, schadenfrohes Hohngelächter seines Auditoriums begleitete den Fall des Tribunen aus dem Voigtlande, der sich triefend, wie ein ins Wasser gefallener Pintscher, nach hinten schlich.

Inzwischen war die Dunkelheit vollständig hereingebrochen und ein feuchter Nebel trieb uns in die Cajüte. Capitän und erster Steuermann waren ziemlich übler Laune, weil der Wind angefangen hatte, gerade aus dem Canal heraus zu wehen. Beide gingen in des ersteren Cajüte, und nach einer Weile eilte der Steuermann aufs Deck, und nicht lange darauf ward es bekannt, daß wir, statt durch den Canal „nordenum" d. h. um die schottische Küste segeln würden.

Die Abspannung des vorigen Tages, durch Abschiednehmen vom Vaterlande und brechendes Willkommen auf der See, ließ die Reisenden zeitig ihre Lagerstätte suchen, und lange vor elf Uhr Abends war alles zur Ruhe gegangen. Das Schiff fuhr in einer sanften, einförmig schwankenden Bewegung weiter, die Stille der Nacht wurde durch nichts unterbrochen als durch das melancholische Knarren des Steuerruders, wenn es das Fahrzeug härter an den Wind brachte, und durch den gleichmäßigen Schritt des die Wache habenden zweiten Steuermannes auf Deck. Dennoch stand es geschrieben, daß wir auch in dieser Nacht wieder allarmirt werden sollten.

Die Schiffsglocke hatte gerade durch ihre dreimal zwei Schläge die elfte Stunde der Nacht verkündet. Wir alle lagen im tiefsten Schlafe, als mit einem Male die Thür meiner Schlafcabine aufgerissen wurde und eine weibliche Stimme ängstlich meinen und Herrn Müllers Namen rief. Es war Madame Meier, welche dem Bremer Commis einen nächtlichen Gegenbesuch abstattete. Das Frivol-Komische dieses Gedankens war so stark bei meinem Erwachen, daß ich mich nicht enthalten konnte, unter lautem Lachen die Dame zu bitten, näher zu treten.

„Um Gottes Barmherzigkeit willen, hören Sie doch nur!" ächzte sie mit halberstickter Stimme.

Und es dauerte nicht lange, als auch Herr Achherrjeses aus seiner gegenüberliegenden Koje, zitternd wie ein Espenlaub, gesprungen kam, dem bald darauf die beiden Instrumentenmacher, in ihre Betttücher gewickelt, nachfolgten. Fräulein Rosalie hatte dito aus der Tugend eine Noth gemacht; alles stürzte in den Salon, wo die ganze Reisegesellschaft sich sammelte, bis auf Tulpe, den wir laut schnarchen hörten. Ohne recht zu wissen, um was es sich eigentlich handelte, war auch ich rasch in die Kleider gefahren und gesellte mich zu den übrigen.

„Hören Sie! Da ist es schon wieder!" flüsterte Madame Meier.

Es drang in der That ein langgehaltener, halbunterdrückter Jammerton von oben herab, der sich stoßweise erneuerte. Ich fuhr, der erste, zum Salon hinaus und prallte am Eingange gegen den ersten Steuermann, welcher, durch unsern Lärm aufgeweckt, eintrat und brummig fragte:

„Na, wo brennt dat nu all wedder?"

Da erscholl abermals der Ton, aber noch hundertmal vibrirender als zuvor. Der Officier und ich waren aber schon draußen, eilten die Treppe zum Quarterdeck hinauf und fanden, auf einer Bank ausgestreckt, auf dem Rücken liegend — den kleinen Schneider aus Aschersleben,

welcher gerade im herzbrechendsten Fistel=Discant wieder ein=
setzte, und wie ein Zahnbrecher schrie:

„O Deu—heutschland! o Deu—heutschland!
O du mein Vaterland!"

Er hatte sich als Zwischendeckspassagier unsere Ab=
wesenheit und die des Capitäns zu Nutzen gemacht, um das
den Reisenden auf den anderen Plätzen verbotene Quarterdeck
zu betreten, wo ihn der gutmüthige zweite Steuermann, dessen
Nerven minder zart als die der Madame Meier waren,
ignorirte. Hier lag er nun, den wehmüthigen Blick nach
einigen Sternen aufgeschlagen, welche schüchtern durch den
Nebel blickten, und sang dem lieben Gott mit redlichem Her=
zen und falscher Stimme sein Lied vor. Der arme Mensch
mochte wohl etwas von Künstlerbewußtsein mitgenommen ha=
ben und glauben, wir wären gekommen, ihm den Tribut un=
serer Anerkennung zu zollen, denn seine Lunge sog aus der
Luft einen neuen gewaltigen Anlauf, und er gerieth aus dem
Tremulo ins Furioso, als er wieder loslegte:

„O Deu—**Heu!=Heu!=Heutsch**land!—"

„Gott verdamm mi! wenn Se **jaulen** wölt, denn blie=
ben Se up Eren Platz un **bellen** Se annere Lüd nich
ut'n Slaap! — Hunn' kön wi nich bruken!"

Dies Recitativ des ersten Steuermannes wurde ge=
sprochen und zugleich durch einen kräftigen Ruck an der Lehne
der Bank, der das arme Schneiderlein auf die Füße brachte,
mimisch begleitet. Der arme Mensch dauerte mich. Er war
gewiß ein guter Patriot und er hatte Gemüth. Und er zollte
dem Vaterlande, welches wahrlich das Eldorado für Standes=
herren der Nadel nicht ist, Cadenzen, Triller und Rouladen.
Wie müßte er nicht erst gesungen haben in einer
besseren Heimat! Unglücklicher Schneider! Du gehst dem
Lande der Nähmaschinen entgegen, Dein Wissen ist drü=
ben Flickwerk, und dennoch gehst du, und darum singst du,—

auch noch jetzt, wo du die Leitertreppe in dein qualmiges Zwischendeck hinabsteigst und dein letzter Sangesruf noch „O Deutschland!" ist! —

Die Folge davon war, daß am andern Morgen ein Placat angeschlagen wurde: „**Den Zwischendeckspassagieren ist der Zutritt zum ersten Platz nicht gestattet.**"

Das gab viel böses Blut. Wir Bewohner des Salons erhielten manchen schiefen Blick von den übrigen Passagieren, von denen einige gleich wieder ein Placat an den Fockmast klebten, mit der Inschrift: „**Hier darf kein kajühtpasaschihr hinkomen.**" Das Placat wurde zwar sofort von der Wache abgerissen, erschien aber noch zwei bis drei Tage lang von neuem, bis sich endlich die Volksgährung von selbst legte.

Während diese Demonstrationen fortdauerten, gab uns der Todtenbündler Tulpe reichlichen Stoff zum Lachen. Die amtliche Bekanntmachung zu unserer Bequemlichkeit hatte ihn, vielleicht zum ersten Mal in seinem Leben, die Süßigkeit eines exclusiven Privilegiums schmecken lassen. Der Patron war wie umgewandelt und häutete sich zum Aristokraten. Er billigte die Maßregel vollkommen, spazierte das Deck mit steifer Haltung entlang und vermied sogar, auch nur einen Blick nach dem souverainen Volk auf der Bak zu werfen, kaum daß er den hinaufgerufenen „guten Morgen" des Schulmeisters im cattunenen Schlafrock der zweiten Cajüte mit gezwungener Nachlässigkeit erwiderte. Auch die Andeutungen auf den Prinzen Karl kamen wieder zum Vorschein, und er gab bei Tisch eine Menge von Hofklatschgeschichten nicht immer sehr decenter Natur zum besten. Sein (Tulpe's) Bruder war Liebling des Prinzen — allgemeines Erstaunen — täglich mit ihm zusammen, — hier sah selbst der Capitän von seinem Teller auf, — und Tulpe senior kannte alle hohen Herrschaften genau. — Daß hier wieder eine blasse Renommage zu Grunde lag, fühlte jeder von uns. Fräulein Rosalie wurde das enfant terrible, welches den Kern des Pudels entdeckte. Tulpe war in vollem Fahrwasser einer neuen Hofgeschichte, als die kleine Orientalin ihn unterbrach:

„Ihr Bruder ist angestellt bei dem Prinzen Karl?"

„Ja wohl."

Kaum aber erzählte er weiter, als Rosalie aufs neue fragte:

„Wohl als Kammerherr?"

„Nein!"

Und Tulpe spann das Garn seiner Erzählung, welche, wie seine meisten Beiträge zur Kenntniß des preußischen Hofes, einen gewissen hyppologischen Anstrich trugen, weiter.

Die neugierige kleine Jüdin aber ließ nicht nach, und unterbrach den Erzähler abermals und präcise:

„Was hat denn der Bruder für eine Anstellung beim Prinzen Karl?"

„Tulpe entfärbte sich ein wenig, und, „beim Marstall" antwortend, wollte er seine Geschichte rasch zu Ende bringen, als Fräulein Rosalie, die es sich in den Kopf gesetzt zu haben schien, die ganze Zähigkeit eines enfant terrible zu entfalten, neuerdings attakirte:

„Als Stallmeister?"

Der Feind hatte die Linie durchbrochen. Nach einigen fruchtlosen Ausweichungsversuchen wurde auf Tulpe der letzte Schuß abgefeuert.

„So sagen Sie uns doch, Herr Tulpe, was Ihr Bruder beim Prinzen ist?" — Der Feind ergab sich. Nach einigen Grobheiten wegen „olle nasenlanger Unterbrechung" kam es heraus, daß Prinz Karl mit Herrn Tulpe senior täglich spazieren fährt, und daß bei solchen Excursionen Se.

königliche Hoheit im Wagen sitzen, Herr Tulpe senior aber draußen — auf dem Bock.

O vanitas! —

Wer nach Amerika reisen will, dem rathe ich, Passage auf einem Steamer zu nehmen. Ist man aber einmal auf einem Segelschiff, dann suche man die Schwächen seiner Reisegefährten zu studiren, beobachte alles, benutze jeden zu seinem eigenen Zeitvertreib und man wird ein Mittel für die Langeweile gefunden haben, die immer in dem Umstande liegt, sechs Wochen Thätigkeit aus seinem Leben streichen zu müssen. Man gewöhnt sich schneller, als man auf dem Festlande glaubt, an das Leben auf der See. Mit Tagesanbruch wird regelmäßig das Deck gescheuert. Dann geht man hinauf, genießt einige mundvoll Morgenluft, sieht den Horizont an und freut sich, wenn ein Schiff zu sehen ist. Um acht Uhr trinkt man Kaffee ohne Milch, um zwölf oder ein Uhr ist Mittagszeit, um sieben Uhr Abends Thee. Auf den andern Plätzen geht die Procedur des Essens eine Stunde früher vor sich. In der Zwischenzeit plaudert man, oder man raucht, oder man liest, oder man mischt sich „unter das Volk" und belauscht die Pläne und Projecte und — die Illusionen der einzelnen in der neuen Welt. Man würde sich trotz alledem nach drei Wochen tödtlich langweilen, wenn nicht ein Sturm, oder ein Walfisch, ein Schiff, ein Geburts= und Sterbefall an Bord einige Abwechselung in die Monotonie brächte. Und dann findet sich unter acht Menschen immer ein Schafskopf. Ich genieße die Schafsköpfe am liebsten mit Rosinensauce, wo sie mir aber au naturel vorgesetzt werden und ich nicht ausweichen kann, sind sie mir heilig, und ich pflege sie wie meinen Augapfel. — Tulpe ward mein Freund. Er blieb es leider nur vierzehn Tage, denn er trug die Kosten dieser Freundschaft allein und sein Geist war nicht bei Casse, um die theure Ausgabe zu bestreiten, und Credit gab ich ihm

nicht. — Meine übrigen Reisegefährten exploitirte ich, so gut
es ging. Ich halte in gewisser Hinsicht jeden Menschen für
ein Buch, das man zu Ende liest und dann aus der Hand legt.
Bücher und Autoren zugleich sind nur wenige Sterbliche.
Die meisten haspeln den Roman ihres Ichs ab und wan=
dern in die antiquarische Leihbibliothek. Tulpe war für
mich ein Struwelpeter in Münchhausen'scher Bearbeitung;
Fräulein Rosalie ein Kapitel aus Schief=Levinche;
der Commis aus Lüneburg „der praktische Geschäftsmann
in der Westentasche;" Madame Meier „ein Roman aus
der Provinz;" Herr Achherrjehses eine Inschrift aus
dem Kuhstall der sächsischen Schweiz. Die beiden Instru=
mentenmacher allein machten eine Ausnahme, die ich in meiner
improvisirten Reisebibliothek nirgends unterbringen konnte. Es
waren ein paar unverdorbene junge Leute und ich wünsche ihnen
eine doppelte Portion Erfüllung ihrer bescheidenen Hoffnungen.

Es war am vierten oder fünften Tage unserer Reise.
Wir kreuzten auf der Höhe des berühmten Bellrocks, des
Leuchtthurms von Montrose, den der britische Genius mitten
ins Meer auf einer Klippe gebaut hat und wo die branden=
den Wellen einen ewigen Dunstkreis von Schaum um den
verwegenen Bau gelegt haben. Madame Meier hatte sich
an meinen rechten Arm gehängt und Herr — ich will ihn
Schmidt nennen, denn der Name Achherrjehses wird mir
zu lang — hing am rechten Arm von Madame Meier.
Ich pilotirte das Pärchen das Quarterdeck auf und ab. Herr
Schmidt plauderte von seinem wohlsituirten Schwiegersohn
in New=York, Madame Meier sah ins weite Meer
hinaus und seufzte. Sie dachte gewiß an ihren Mann in
Chicago. Der Abend war klar und die Luft milde. Die
ferne Küste Schottland, auf welche wir zuhielten, mit den
blinkenden Leuchtfeuern auf den Bergen, die vielen Sterne
und ein ganz klein wenig Mond, das Rauschen der Wellen

stimmte die Dame noch weicher als sonst. Sie gehe einer
schweren Zukunft entgegen, vertraute sie uns an; denn da
ihr Gatte häufig in Geschäften auf Reisen sei, so stände sie so
gut, wie allein im fremden Lande. Herr Schmidt über=
nahm das Trösteramt. „Sie bleiben erst einige Tage in
New-York, liebe Frau, sehen sich das Leben dort an und lo=
giren mit bei meinem Schwiegersohn, der sich Ihrer schon
annehmen wird." Mit einem „Ach, Sie sind sehr gütig"
acceptirte Madame Meier die Disposition des Herrn
Schmidt über die häuslichen Räumlichkeiten seines Schwie=
gersohnes.

Wir machten einen Augenblick halt an der Schanzklei=
dung und sahen ins Wasser. — „Haben Sie keine Anver=
wandte in New-York?" flötete mir die Dame ins Ohr. —
„Gott sei Dank, nein!" — schwebte mir auf der Zunge,
denn die Frage war mit einem Accent bewaffnet, als sollte
mir die Pistole auf die Brust gesetzt werden, damit ich Herrn
Schmidt's Offerte auslöse. „Ich?" erwiderte ich — „Du
lieber Himmel! ich gehe aufs gerathewohl in die weite Welt
auf Abenteuer aus. Vielleicht geh ich am Tage unserer
Ankunft in New-York weiter nach Californien. Von dort
aus denke ich den König Kamcameah auf den Sand=
wichinseln zu besuchen; dann bin ich durch meinen Schul=
freund Gerstäcker im Namen der Königin Pomareh
eingeladen, bei ihrem jüngsten Kinde, welches jetzt schon gebo=
ren sein wird, Gevatter zu stehen. Von Otahaiti gehe ich
weiter nach den Philippinen, von da nach Melbourne,
hierauf besuche ich en passant China, gehe dann nach der
Ostküste Afrikas im Auftrage der englischen Regierung, um
Bericht über die Sclavenausfuhr zu erstatten und kehre über
Jerusalem, Venedig und Jüterbock nach Hamburg zurück." —
Der ehrliche Sachse riß bei diesem Berg von Lügen, die ich
mit der ganzen Nonchalance der selbstverständigsten Unver=

schämtheit vorbrachte, den Mund auf, daß ich fürchtete, er wolle sich die Ohren abbeißen. In Madame Meier's Augen war ich um einen Fuß gewachsen. — „Also eine Reise um die Welt?" schmelzte sie mir entgegen. — „Wenigstens um das Atömchen in der Welt, welches sich höher dünkt als das ganze Universum, und sogar den Himmel construirt hat." — „Und so ganz allein? — —" „Das Bild meiner Braut begleitet mich —" war meine Antwort, ins sentimentale Fahrwasser einlenkend und mit einem Medaillon an meiner Uhrkette spielend, welches in Wahrheit nur das Daguerreotyp eines treuen Hühnerhundes enthielt, den man mir wegen Mangel an legitimirendem Halsband vergiftet hatte. — Madame Meier schickte abermals einen ihrer fatalen Seufzer ins Meer hinaus und Herr Schmidt sprach seine Verwunderung darüber aus, wie ein junger Mann sich so lange von seiner Braut trennen könne. Madame Meier aber fand es empörend, daß — meine Braut mich nicht begleitete und versicherte, sie (Madame Meyer) würde dem Mann, den sie liebte, durch die ganze Welt folgen, und ich dankte Gott im stillen, daß ich nicht der Mann war, dem sie sich berufen fühlte diesen Gefallen zu thun.

Unter diesen Gesprächen waren wir bis an das Geländer gekommen, wo die Treppe aufs Mitteldeck führt.

„Sehen Sie dort," drückte Madame Meier vielsagend meinen Arm, „unser Fräulein Rosalie; sie hat auch schon einen Anbeter gefunden."

Fräulein Rosalie stand aufrecht in der Mitte ihrer polnischen Landsleute, die sich, alt und jung, am Fuße der Treppe gelagert hatten, und besonders war es ein dunkeläugiger Jüngling im schwarzen Lasting-Kaftan, welcher mit viel Schmerz und Sehnsucht den Reden meiner Schutzempfohlenen lauschte und dabei eine Zwiebel abhäutete. Es waren Klagen, bittere Klagen, die Rosalie zu trösten versuchte. Klagen über den gewissenlosen Agenten in Prckotwtschrdoty, (ich irre mich vielleicht im Namen des Ortes) welcher sie versichert hatte, daß auf jedem Schiffe, wenn mehr als zehn Israeliten beisammen wären, koscher gekocht würde. Als man uns bemerkte, versank die Unterhaltung ins Polnische und trieb uns, verstärkt durch des Jünglings ersten Biß in die enthäutete Zwiebel, wieder nach der Mitte des Quarterdecks. — Ich habe Fräulein Rosalie noch spät Abends oben auf der Bank gesehen. Und neben ihr saß der Jüngling im Kaftan und strich sich die „Païs" aus dem Gesicht. Ich weiß nicht, was sie gesprochen haben, denn sie redeten die Sprache Kosciusco's. Der Jüngling aber wurde vom wachthabenden Steuermann geduldet, denn die Schürze Rosaliens war seine Flagge, und er sang nicht „O Deutschland!" wie jener unglückselige Schneider, der uns in der ersten Nacht auf See so in Schrecken gesetzt hatte. Rosaliens Bruder wird mir nicht zürnen, wenn ich dieses und viele andere Rendezvous auf dem Quarterdeck nicht störte. Was konnte auch passiren. Das Deck eines Schiffes gestattet nur den Platonismus und Joseph sah mir nicht aus, wie ein Don Juan, der allenfalls gewagt hätte, wie ein Dieb in der Nacht den Salon zu betreten, wo Rosalie unter der Aegide der Madame Meier in der ersten Nacht bereits einen ersten und auch letzten Ueberfall erduldet hatte.

Ich werde überhaupt die Mysterien des Schiffes nicht weitläufig schildern. — Diese sind auf dem Auswandererschiffe zwischen Haupt- und Jockmast, in der Nähe der Küche und in derselben. Hier findet man noch continentale Romantik. Hier pflegt der Koch der Blaubart des Schiffes zu sein, oder vielmehr — der Großtürke. Die schmucken, schnippischen Mädels aus Baiern und den beiden Hessen sind nach einigen Tagen durch Schiffszwieback, Speck und Linsen so zahm geworden, daß sie sich mit Händen greifen lassen. Der

Küchencapitän giebt dann nur ein Signal mit einem heruntergefallenen zinnernen Teller und im nu sind all petticoats on deck. Er unterscheidet sich in den meisten Dingen von dem Capitän auf dem Quarterdeck. Er „nimmt die Sonne" nicht, er nimmt die Irrlichter, er stellt seine Messungen bei Nacht an und nimmt Länge und Breite zwischen „sechs und acht Glasen" der letzten Wache. Sein Sextant ist die Theekasserole, sein Compaß ist Butterbrot mit Wurst, seine Leesegel, die er aufsetzt, wenn er vor dem Winde fährt, bestehen aus einem Paar gebratener Küchenflügel — beaux restes aus der ersten Cajüte, — er versieht den Dienst ohne Hülfe, so lange es geht, und ist sogar look out in eigener Person. — Dafür ist er aber auch bei dem weiblichen Geschlecht des Zwischendecks weit beliebter, als der wirkliche Capitän. Unser Koch, ein baumlanger, hübscher Bursche, versah sein Amt so eifrig, daß der arme Mensch von den ewigen Nachtwachen bleich wurde, und sich bald nach Hülfe unter den Topgasten umsehen mußte, oder den Mann herbeirief, der am Vorstengstagsegel vorbei ausguckte, mit ihm dann den Platz tauschend. Unser Capitain pflegte bei diesen Tändeleien gern zu moralisiren, wenn ich ihm Gesellschaft auf der Wache leistete. Wie schritt er dann im Geschwindschritt an der Wetterseite auf und nieder! Bei der ersten Wendung warf er einen Blick nach vorn. Bei der zweiten brummte er: „de sünd all webber to gang!" Nach der dritten aber folgten Urtheile über die Weiber wie Hagelschauer. Die „Mamsellens" war sein bitterster Ausdruck dabei. Nach ihm hielt keine weibliche Tugend einer „Wurstpelle" Stand auf See, und die „verdammten Deerens" wären gar nicht wieder vom Schiff herunter zu kriegen.

Die schottischen Ufer, denen wir oft bis auf wenig mehr als eine (englische) Meile uns näherten, wurden, je höher nach Norden, um so pittoresker. Ich kann sie nicht besser vergleichen als mit der Nordwestseite von Helgoland; nur daß die Felsengatts, in welche die See hineindonnert, noch fünf bis sechsmal so groß und wilder überhangend sind. Es ist ein erhabenes Schauspiel, diese brüllende Brandung, selbst bei den sanftesten Wogen des Meeres, wie sie das Echo der Felsen verdoppelt zurückwirft; die scharf vorspringenden Caps, abgeschliffen von jahrtausendelangem Heranstürmen der Wellen, die sich an dem umgebenden Geröll erst einmal brechen, aber dann wie mit der Wuth der Verzweiflung noch gierig hinauf sich bäumen an die harten bizarren Steincolosse und wieder zurücksinken, um in ihrem Sturze sich mit einer neuen See zu vermählen. Was sind die Lawinen der Alpenwelt, was selbst die Eruptionen der Vulkane gegen diese nimmer ruhenden, nimmer ermüdenden Kräfte des Oceans? — Nur Episoden in dem schaffenden Zerstörungsprozeß der Natur sind sie, welche ruhen nach gethaner Arbeit. Der Vulcanismus hat das Gestein gesprengt, der Neptunismus ist der Bildner.

Und wie reich an Contrasten ist diese Küste. Steigt der Blick von dem wildschäumenden Element an dem zerrissenen Gestein in die Höhe, so ruht er plötzlich auf einer frischen grünen von Herden beweideten Matte, welche ihren Teppich bis an den äußersten Rand der jäh ins Meer hinaushängenden Felsenküste erstreckt. Liebliche Cottages, hie und da ein kokett aus einer Schlucht in die See blinkendes Landhaus im englischen Castle-Styl erbaut, trifft man häufig bis hinauf zum Pentland-Firth, wo die Vegetation zu ersterben scheint und die kahlen Felsen der Orkney-Inseln nur mit einem bräunlichen Mose bewachsen zu sein scheinen.

Die beiden großen Bänke der Nordsee, die Dogger- und Georgebank, über welchen wir uns Tage lang umhertrieben, sind reich an Fischen. Namentlich trifft man die zarte Makrele im Ueberfluß an, und die leichte Briese, bei der wir nur vier Knoten die Stunde machten, gestattete es, eine Anzahl Leinen mit Angelhaken auszuwerfen. Wir fingen mehr, als wir essen konnten, und die ganze Reisegesellschaft, das Zwischendeck einbegriffen, konnte sich während drei Tage an den delikaten Thierchen laben.

Nach sechstägiger Fahrt tauchte endlich das Cap Duncanshead auf, und durch das Fernrohr waren die beiden Penthland-Skerries (zwei Leuchthäuser auf einer schmalen Insel) sichtbar. Das war bei Tagesanbruch. Um 9 Uhr hatten wir uns dem Firth auf circa drei (engl.) Meilen genähert, trieben aber durch die Fluth aus dem Ocean, der zum Ueberfluß noch ein gehöriger Norder auf den Hacken saß, wieder zurück und verloren gegen Mittag die Stelle der Durchfahrt total aus den Augen. Das Kreuzen dauerte den ganzen Nachmittag, bis wir gegen Abend wieder über den Wind gewannen und der Capitän die Hoffnung aussprach, am folgenden Morgen die Inseln passiren zu können.

Zum erstenmale auf dieser Reise erblickten wir an diesem Tage jene kühnen Springer, Schweinsfische, welche, so weit das Auge reichte, zu Tausenden und aber Tausenden auf dem Wasser ihre Bogensätze machten und von den meisten Passagieren im ersten Optimus zu jungen Walfischen gemacht wurden. Auch ein Nordcaper tauchte nach Dunkelwerden auf und schnob uns seine gewaltigen Stöße Wassers entgegen. Ich weiß, es war Einbildung, doch kam mir das ganze Bild lebendiger und bewegter vor und schien mir die Nähe des großen Weltmeeres auch äußerlich zu verkünden.

Als ich am folgenden Morgen aufs Deck kam, war unser Schiff bereits glücklich im Firth zwischen der kleinen Insel Stroma und dem Festlande Schottlands. Das Wasser hatte bereits die tiefblaue Farbe des atlantischen Oceans angenommen. Die Wellen gingen kurz und hoch in der engen Durchfahrt und die Seekrankheit brach unter den Passagieren abermals aus. Unser Schiff wurde bald von einem Haufen zerlumpter Kerle angesprochen, welche in einem großen Boot, dessen Mast eine gewöhnliche knorrige Stange und dessen Segel aus Rudera aller möglichen Kleidungsstücke zusammengeflickt war, auf uns zuhielten. Die hungrigen Schotten boten Lotsendienste an, um das Schiff durch die Inseln zu bringen, in Wahrheit aber kamen sie nur längsseit, um Schnaps und Tabak zu betteln. Im Stern des Bootes, einen Paddle als Steuer handhabend, saß ein branntweingedunsenes Individuum, das sich uns als Lloyd's Agent vorstellte und sich erbot, etwaige Briefe nach our country befördern zu wollen. Das Porto, welches der Capitän für uns entrichtete, bestand aus einer Rolle Kautabak. Wir konnten die Kerle kaum los werden. Sie gehörten auf der Insel Pomona zu Hause und ließen sich, als ob es so sein müßte, ganz gemüthlich von uns ins Schlepptau nehmen; „Lloyd's Agent" lud sich sogar zum Dinner in der ersten Cajüte ein, ward aber von dem ersten Steuermann unsanft an die Luft gesetzt.

Am Bord hatte das Erscheinen dieser Natives der Orkney=Inseln eine gedrückte Stimmung hervorgerufen. Es waren die ersten Klänge der englischen Sprache, welche die Reisenden vernahmen, und da außer mir keine Seele unter den Reisenden dieses Idiom redete (ich selbst hatte übrigens auch Mühe, das Seehundsenglisch dieser Seebettler nur halbwegs zu verstehen), so bemächtigte sich eine Art von Beklommenheit der Mehrzahl bei dem Gedanken, daß in Amerika dasselbe Idiom gang und gäbe sei. In der That, der Lüneburger Commis schwitzte über einer Grammatik, Tulpe fragte, wie Brot und Bier auf englisch heiße, Herr Schmidt, der Sachse, bat mich, ihm bei der Ankunft in New=York als Dolmetscher zu dienen, bis sein Schwiegervater sich eingefunden habe. Madame Meier erbot sich sogar, einen los=

gegangenen Knopf an der Weste wieder festzunähen, und Fräulein Rosalie präsentirte mir ihr Stammbuch, um einige Zeilen hineinzuschreiben. Ich stehe jetzt eingeschrieben unter den Benjamins, den Jacobs, den Samuels, den Levisohns, den Oppenheimern, Bambergern, Friedländern, — es war sogar ein Rothschild dabei, leider nur aus Lemberg — und mein Vers ist nicht schlechter als die anderen, denn ich habe ihn nicht selbst gemacht, und er lautete:

"Schiffe ruhig weiter,
Ob der Mast auch bricht;"
Ich bin dein Begleiter,
Und verlaß dich nicht.

Die Stelle, wo wir die Orkney=Inseln passirten, glich einem Archipel von Klippen. In einem Sturm muß es hier nicht geheuer sein. Eine Menge großer und kleiner Felschen kam beim Zurückfließen der Wellen aus Tageslicht, um von der nächsten Woge wieder bedeckt zu werden. Die See brandete, so weit das Auge reichte. Vor uns lag, wie eine Halbkugel auf dem Wasser, Pomona, zwischen den Inseln durch schweifte der Blick in die unendliche Wasserwüste des nördlichen Meeres, auf welcher selbst in weitester Ferne das wild aufschäumende Element die zahlreichen Klippen und Untiefen verrieth. Die letzte Spitze des Festlandes, Cap Wrath, sahen wir jetzt auch, und, von der raschen Strömung der Ebbe getrieben, den Wind voll im Stern, sauste unser Schiff hinaus ins Freie.

Wir waren im Ocean.

Und als gegen Abend die Insel Pomona, von den Strahlen der untergehenden Sonne beschienen, immer tiefer ins Meer sank, jetzt nur noch als ein kleines Pünktchen sichtbar, dann noch einmal auftauchte und endlich hinter einer Welle gänzlich verschwand, da war wohl mancher Blick rück=

wärts gerichtet, und sogar Tulpe bemerkte mit weicher Stimme zu mir: "Das ist der letzte Happen Europa."

Der Wind war nach Nordnordost umgegangen und blies aus vollen Bälgen. Die See wogte gewaltig und das Schiff stampfte mächtig. Dennoch wurden mehr Segel beigesetzt, um, wie der Capitain sagte, rasch aus dem verdammten Loch herauszukommen. Da — krach! — ging der Topstengen des Fockmastes herunter, fiel in die Marsrae und zerriß das Marssegel von oben bis unten. Ein gellendes Geschrei ertönte. Alles rannte dem Mitteldeck zu. Hier waren gerade einige Mann beschäftigt die Pumpen zu untersuchen, um etwaiges Drängwasser aus dem Raume zu entfernen, und ein neuer Schreck bemächtigte sich der Auswanderer. Die ganze Sache hatte nicht die mindeste Gefahr. Als der Topstengen heruntergefahren kam, sagte der Capitain ganz ruhig: "Ick hew jem dat ja in Hamborg vorherseggt." Der Anblick der arbeitenden Pumpen aber machte die Gesichter bleich. Der Schulmeister aus der zweiten Cajüte trat vor und stellte sich mit zähneklappernder Resignation samt seinen Mitpassagieren dem Capitain zur Verfügung, um angesichts der drohenden Gefahr als deutsche Männer bei der Arbeit behülflich zu sein. Er ward nicht einmal einer Antwort gewürdigt, und als er sein Anerbieten wiederholte, brummte ihn der Steuermann an: "Wenn wi Se bruken könt, denn will wi Se all ropen." Ein Theil der Mannschaft braßte das Großsegel am Mainmast unter wildem Gesange und wenige Schritte davon hatten sich die Polen auf dem Boden gegen die Schanzkleidung gekauert, Fräulein Rosalie mitten unter ihnen und in unmittelbarer Nähe des bekaftanten Jünglings, und sangen und beteten aus vergilbten Büchern hebräische Lieder. Die Spritzwellen schlugen dabei nach Herzenslust über Bord und berieselten die fromme Gruppe, auf welche der Steuermann mit einem Blick unendlich gutmüthigen Spottes niedersah, den Saft seines Kautabaks über Bord spritzte und in Israel hineinrief: "Na, nu fallt jem woll all ere Sünn bi?"

Als die Angst endlich beschwichtigt war, wozu ich nach besten Kräften beitrug, spielte im Salon ein anderes Stück. Hier war Madame Meier ohnmächtig geworden und seekrank im höchsten Grade dazu, und lag — in den Armen des Herrn Schmidt-Achherrjchses, welcher gleichfalls aufs erbarmungswürdigste hickupte. — "Luft! Luft!" ächzte die schmachtende Dame. Aus den Schlafkojen tönte Aechzen, Würgen und Stöhnen. Koffer und Reisesäcke polterten zur Begleitung, der Name Gottes wurde gemisbraucht, und alles — mit Ausnahme meiner Wenigkeit — lag zwischen Leben und Sterben. Natürlich wurden die Segel bis auf Mars, Schooner und Klüwer dicht gerefft, als die Nacht einbrach, aber die See ging schwer und brüllte wie ein Löwe um das Schiff, und des Jammerns in der Cajüte war kein Ende.

Ich habe in meinem Leben, wie ich mir schmeichle, das Leben genossen, aber ein Genuß war mir bisher fremd geblieben. Der Alte (Capitän) hatte wieder die Wache auf Deck bis Mitternacht und lud mich scherzhaft ein, ihm Gesellschaft zu leisten. Ich acceptirte, zog einen dicken Düffel an, setzte einen Südwester auf den Kopf und fand mich um zehn Uhr abends auf dem Quarterdeck ein. Es war ein Wetter, zu schlecht um am Lande einen Hund hinauszujagen. Schnee und Regen wirbelten, vermischt mit der Drift der aufgewühlten See, in die Gesichter. Das Schiff bäumte bei jeder Welle hoch auf, und in dem Tauwerk spielte das schrillende Pfeifen des Windes, eine wilde Aeolsharfe. Das Kielwasser brodelte in einem langen, leuchtenden Streifen hinter uns, und in solchem Augenblick, bei pechrabenschwarzer Nacht und losgelassenem Unwetter in die wilde See das

Auge zu zwingen, hineinzusehen, war für den Neuling eine diabolische Wollust. Wenn dann der Bug von der Höhe einer Welle dröhnend in die Tiefe fiel, daß alle Planken zitterten, wenn das Schiff stillzustehen schien, und wenn die See, wie ermüdet von ihrem Anlauf, ein Paar Secunden zischend vorüberschoß und ein grellweißer Schein auf der Oberfläche des Wassers sichtbar wurde, dann pochte wohl das Herz vor der nächsten Welle, aber der Blick blieb wie mit dämonischer Gewalt auf der zürnenden See haften. — — Du lieber Himmel! das alles schwindet. Die Illusion hört auf, wenn man erst mehrere Reisen gemacht hat; und man sitzt im Sturm hübsch ruhig in der Cajüte und plaudert von gleichgültigen Dingen. Aber das Meer selbst — es bleibt mir ewig groß und schön, und bald, bald werde ich sie sehen, die „sonnigen Meere des Südens!" Und als um die Schiffsglocke am Steuer in vier Doppelschlägen das Ende von Captain's Watch angezeigt hatte, und als wir hinuntergingen, naß wie die Pudel, rauh in der Kehle und verschnupft in der Nase, und als der Alte mich mitnahm in seine Cajüte, wo der Steward schon mit dem Kessel voll siebenden Wassers wartete, und als wir innerlich und äußerlich aufthaueten beim heißen Punsch und brennender Cigarre, da strömte ein Ocean voll Wohlbehagen durch meine Adern, wie ich es nie zuvor empfunden, und aus dem Munde des Alten flossen gute Rathschläge und aus seiner Flasche noch weit besserer Rum, und da schwur ich, in Wilken's Keller sei es zwar schön, aber hier am Bord sei es noch viel besser. Der Capitän war mir „unter Larven die einzig fühlende Brust", meine Hände kamen mir vor wie „spitze Korallen", und ich war der „Taucher" von Schiller, und hielt den Becher fest, und goß seinen Inhalt ins Bodenlose, und wir tranken und „klöhnten" bis vier Uhr morgens.

Und als ich erwachte, war ich seekrank. — —

Der Reiz der Neuheit des Seelebens hört nach zehn- bis vierzehntägiger Fahrt auf. Die Menschen naturalisiren sich am Bord eines Schiffes so gut wie auf dem Festlande. Mit der Ausnahme eines sichereren Ganges auf dem schwankenden Fahrzeuge streifen sich die eckigen und linkischen Bewegungen, Manieren und Eigenthümlichkeiten der Binnenlandbewohner, welche dem Seemann so häufig zur Zielscheibe seines Humors dienen, allmählich ab. Der alte Ocean ist ein guter Schulmeister und formirt seine Leute. Ich habe Leute gesehen, welche anfangs über ihre eigenen Beine stolperten und nach drei Wochen an den Wanten mit hinaufliefen und, an der großen Rae stehend, reffen halfen. Bevor es einer aber bis zur Erlaubniß dazu bringt, hat er erst den Schabernack der Matrosen zu erdulden. Ich hätte hierin um ein Haar den Anfang gemacht. Ich stand eines Tages mit Tulpe unweit des Hauptmastes und hörte, wie ihn einige Matrosen anfeuerten, in die große Rae hinaufzuklettern. Ich erbot mich, ihn zu begleiten, und wir traten die Reise, ich voran, Tulpe hinterdrein, an. Ich war bereits bis zur großen Kreuzstenge gelangt und sah den Berliner, wie er auf dem zehnten oder zwölften Wanttau stoppte. Aber o weh, vom Backbord und Steuerbord liefen jetzt einige Theerjacken uns beiden nach, um uns festzubinden. Tulpe war bald erreicht und an Händen und Füßen festgeknebelt. Ich entging demselben Schicksal nur dadurch, daß ich mich rasch am Geitau nach dem Besahnmast gleiten ließ, und an dessen Wanten gerade rasch genug hinunterkletterte, um noch vor meinen Verfolgern das Deck zu erreichen. Natürlich fügte ich mich willig in den Brauch und spendirte den Matrosen eine Flasche. Tulpe dagegen tobte und schrie wie toll vor Zorn und Angst, und pochte auf seine Stellung als erster Cajütspassagier, und protestirte gegen die Zumuthung, als solcher die Matrosen tractiren zu müssen. Das half jedoch nichts, denn als er sah, daß weder Capitän noch Steuermann für ihn intervenirten, versprach er zu zahlen, und ward seiner Bande entledigt. Kaum fühlte der Bursche jedoch wieder Boden unter sich, als er sich beim Capitän beschwerte, mit öffentlichem Zeitungsprotest gegen brutale Behandlung und dergleichen drohte, und gerade wie sein König und Herr, erklärte, er lasse sich nichts abtrotzen. Von diesem Augenblick an war er die bête-noire der Mannschaft geworden, und bei jeder Gelegenheit wurde er zum Gelächter und Gespött von allen am Bord gemacht.

Der erste Trick, welcher wohl acht Tage lang dauerte, bestand in Folgendem. Tulpe war gefräßig und sobald der Morgentisch gedeckt wurde, auf den Beinen, um beim Auftragen des Frühstücks gleich zur Hand zu sein und die größten und besten Bissen für sich zu erschnappen. Die Cabine, in welcher er schlief, hatte nur ein rundes Skylight in der Decke, nicht aber, wie die übrigen, ein Fenster an der Seite. Daß Tulpe's Schlaf bombenfest sei, dessen hatte er selbst häufig erwähnt, und hierauf gründete sich der Possen, den ihm die Matrosen spielten.

Am Tage nach der Mastreise setzte sich der Zimmermann, der gewöhnlich die schadhaften Segel ausbesserte, und hierzu das Quarterdeck in der Zeit vor dem Frühstück benutzte, gerade an die Stelle hin, unter welcher Tulpe schlief, und warf den ganzen Haufen Canvaß auf das Licht, wodurch natürlich die Nacht in des Berliners Behausung prolongirt wurde. Das Klappern von Messern und Gabeln, Schüsseln und Tellern weckte ihn allerdings, aber zu spät, um, nachdem er sich angekleidet hatte, noch mehr als eine trockene Brotrinde zu erobern. Kaum merkte der Mann aber, daß es bei Tulpe lebendig wurde, als er das Segel wegnahm, und es dauerte mehrere Tage, bis der dumme Kerl hinter die Absichtlichkeit der Verdeckung seines Fensters kam, um so weniger, als wir übrigen bald mit ins Complott geriethen und unser Frühstück so geräuschlos wie möglich verzehrten.

Der nächste Streich, der ihm gespielt wurde, war feiner und weit komischer. Die Ehre der Erfindung gebührte unserm kleinen Taugenichts von Cajütenjungen, der mich ins Geheimniß zog und um meine Protection bei „dem Alten" bat.

Wir lagen bei völliger Windstille auf den New-Foundlands-Bänken mitten in dem dort gewöhnlichen dicken Nebel. Das Senkloth war bereits mehrere Male zur Orientirung geworfen, als beim nächsten Heraufziehen desselben aus mehr als vierzig Faden Tiefe eine ungewöhnliche Bewegung unter der Mannschaft entstand. Unten in der Höhlung des Senkbleies, welche mit Talg ausgeschmiert war, um die Bestandtheile des Meerbodens erkennen zu können, befand sich nämlich — ein preußisches Drittehalb-Silbergroschen-Stück.

„Man still, dat de Lüd nix markt!" rief sogleich einer der Matrosen, laut genug, daß Tulpe, der alles mit aufgesperrtem Munde mit angesehen hatte, es vernehmen konnte.

„Das ist die Stelle, wo die Stettiner Bark im vorigen Jahre untergegangen ist," sagte der Cajütenjunge.

Wieder schoß das Senkblei in die Tiefe und diesmal kam ein amerikanischer Golddollar aus dem Talg zum Vorschein.

Tulpe ließ sich jetzt staunend vom Cajütenjungen eine lange Geschichte von dem Untergange eines preußischen Schiffes erzählen, mit welchem eine große Goldsendung verloren gegangen sei. Und immer wieder ging das Blei hinunter, jedesmal eine Münze — aber jetzt nur Silber oder Kupfer, denn ich wollte meinen Dollar doch nicht zum zweiten Male den Taucher spielen lassen — mit herausbringend. Nach einer Weile commandirte der zweite Steuermann die Mannschaft ab, als Tulpe, halb auf Anstiften des Jungen, noch mehr aber aus eigenem Antriebe, sich Loth und Leine ausbat, ans Heck eilte und, nachdem er das Ende des Taues festgebunden hatte, seinerseits nach Schätzen von der untergegangenen Stettiner Bark angelte. Schon zehnmal hatte er keuchend das schwere Metall aus der Tiefe eingeholt und nichts gefischt, als man ihm zeigte, es sei kein Talg in der Höhlung des Lothes. Beim nächsten Aufziehen fand er dann richtig — einen **Kupferpfennig** vor, der natürlich, wie alles Geld vorher, in das Fett eingedrückt worden war. Jetzt schöpfte er neue Kraft, und als ich ihn noch aufmerksam machte, daß er fleißig nach dem Compaß sehen müsse, weil das Schiff bei der Stille gar nicht steuere, und **also nur**, wenn die Nadel auf NW. stünde, wir uns wieder über der Stelle befänden, wo der Schatz läge und das Loth ausgeworfen werden müsse, da arbeitete er wie ein Sclave darauf los und versäumte zum erstenmale auch den Mittagstisch, zumal der Capitain in einer Stunde eintretenden Wind prophezeite. Der Scherz begann um zehn Uhr morgens, und um vier Uhr nachmittags, als die Segel in der That anzogen und das Senkblei nachschleppte, that Petrus=Tulpe seinen letzten vergeblichen Fischzug. Die Habgier hatte ihn dergestalt verblendet, daß es ihm nicht einmal einfiel zu fragen, warum der Capitän die Windstille nicht dazu benutzt hatte, um en gros eine Geld= und Goldfischerei zu halten. Zum Ueberfluß hetzte man dem unglücklichen Bruder des Begleiters des Prinzen Karl noch einen Schrecken mit der Gefährlichkeit der New=Foundlands=Bank auf den Leib, der ihn die ganze Nacht in den Kleidern bleiben und am nächsten Morgen aus wirklicher Ermüdung das Frühstück verschlafen ließ.

Eines Nachmittags saß ich mit Herrn **Schmidt** auf Deck und ließ mir von dem freundlichen Herrn von seinem Schwiegersohn in New=York erzählen. Ich genoß ein ziemlich dickes Paket Briefe, welche die Tochter im ersten Jahre ihrer Verheirathung über die Wunder der Riesenstadt geschrie=

ben hatte. Später hatte sie nur dann und wann einige Worte hören lassen. Je später das Datum war, um so reicher waren die Zeilen mit englischen Ausdrücken gespickt. "Morgen moven wir" (ziehen wir aus), "die neue Wohnung muß gefixt (eingerichtet) werden, und dann startes (reist) mein Mann nach den Südstates." — Sie bleiben doch alle gleich, die guten Deutschen, wenn es gilt, die Sprache in der Fremde zu verhunzen, dachte ich. Herr Schmidt dagegen bewunderte die Fortschritte, welche sein liebes Kind im Englischen mache. Ach, es hing ihm der amerikanische Himmel so voller Geigen! er sah sich bedient von Negern, die er sich vornahm recht menschenfreundlich zu behandeln; er genoß im Vorgefühl alle die Herrlichkeiten, die in den Briefen seiner Tochter standen, und jetzt — — doch ich will nicht vorgreifen.

Mitten in unserem Geplauder kam Madame Meier mit der Nachricht, daß so eben ein Kind im Zwischendeck gestorben und ein anderes in der zweiten Cajüte geboren sei. Das gestorbene Kind, ein Säugling, war, wie sich herausstellte, an einer Rinde Schwarzbrot verschieden, die ihm die Mutter in den Mund gesteckt, um es daran saugen zu lassen, und Madame Meier berichtete, wie sie pflichtschuldigst den Rabeneltern eine Rede voller Entrüstung gehalten habe. "Hätte ich Kinder," schloß sie — schon wieder mit ihrem charadenartigen Schwimmblicke auf mich — ich würde sie pflegen und eher sterben, als es "sie an etwas fehlen zu lassen." Ich bedauerte die verschiedenen Kinder, daß Madame Meier nicht ihre Mutter wäre, und pries mich glücklich, daß ich nicht Vater der verschiedenen Kinder sei, für welche Madame Meier sterben wollte.

Der neugeborne Weltbürger, der zum Entsetzen der übrigen Passagiere mit lustigem Geschrei Tag und Nacht die zweite Cajüte belebte, war übrigens eine Weltbürgerin und mußte getauft werden. Dies geschah am zweiten Tage nach der Geburt und eine Stunde, nachdem das andere gestorbene Kind, in einen mit Steinkohlen beschwerten Sack genäht, über Bord gelassen worden war. Die Taufe fand im Salon statt und da, außer der empfindsamen Madame Meier, kein Freiwilliger vorkam, die Wöchnerin aber drei Gevattern aus der ersten Cajüte dringend wünschte, so wurde gelost. Fräulein Rosalie und ich zogen die niedrigsten Nummern und weder sie, noch irgend einem von uns fiel es im Augenblick ein, daß sie Jüdin sei. Wir stellten uns auf. Das Baby wurde hereingebracht und schrie, als ob es am Spieße steckte. Der Capitän blätterte in einer Art Ritualbuch und hub an zu lesen:

„**Nachdem es Gott dem Allmächtigen gefallen hat, die Seele aus dem Leibe dieser irdischen Hülle zu rufen — — — —**" der Unglückliche! er hatte eine falsche Seite im Buche aufgeschlagen und las eine Rede für einen Gestorbenen ab. — Es entstand ein Augenblick verlegenen Schweigens, während welcher Zeit der Steuermann, gerade auf Deck, brüllte: — „**Hannes! mak de Bramschoot fast!**"

Der Capitän steuerte das nächste Mal besser und spann das Taufgarn, wie es vorgeschrieben, zu Ende. Madame Meier, Rosalie und ich leisteten selbstschuldende Bürgschaft, daß das Kind, welches die Namen Elise, Rosalie, Wilhelmine erhielt, im christlichen Glauben auferzogen werde, und eine Tasse Chocolade beschloß die feierliche Handlung. Ich will hoffen und wünschen, daß Wilhelmine meinem Giro, welches ich dem Blankett ihres Daseins aufgedrückt habe, keine Schande mache, ein christliches Leben führe und es ihr wohlergehe. Amen. Zum Schluß bat die Wöchnerin um ein Trinkgeld.

Wir waren bereits vierzig Tage auf der See. Zarte Verhältnisse waren angeknüpft, unzarte aufgelöst, Compagnieschaften für Amerika geschlossen, gemeinschaftliche Reisepläne ins Innere und Lebenspläne für die Zukunft entworfen. Das Mehl fing an sauer, die Butter ranzig zu werden. Aus den Puddings wurden nur noch die Rosinen herausgepickt und das Pöckelfleisch schluckte man aus Angewohnheit hinunter. Zu unserm Troste hörten wir, daß wir noch ungefähr 260 (engl.) Meilen von New-York entfernt wären. Zu unserm Troste? — Ich weiß nicht, — aber es kam mir vor, als ob die Stimmung an Bord, je näher dem Ziel der Reise, desto gedrückter zu werden anfange. — — —

Da tauchte am Nachmittag gegen 2 Uhr am äußersten Horizont ein dunkles Plinktchen auf, und durch das Glas sah man die Spitze eines Mastes, auf welchem eine blaue Flagge wehte.

„Pilot boat!" rief der Steuermann.

Was? — hier schon Lotsen? — Ich gestehe, ich schämte mich, wenn ich an Hamburg, die stolze, mächtige Seestadt dachte, wo unser Lotseschooner kaum 5 Kanonen-schußweite vom Lande bequem auf den Watts vor Anker liegt und die einkommenden Schiffe zu erwarten geruht;*) ein Paar Striche weiter nördlich tauchte gerade jetzt noch eine zweite blaue Flagge auf.

Auf Commando des Capitäns gingen unsere drei Thürme an die Gaffel. Durch das Fernrohr sahen wir das Signal beantwortet, von beiden Fahrzeugen zugleich. Der Capitain schob das Glas zusammen und ging mit den Worten: „Um 6 Uhr ist der Lotse an Bord," in seine Cajüte.

Von diesem Augenblick an bot das Schiff einen eigenen Anblick dar. „Der Lootse kommt an Bord." In wenig Stunden also wurde unser Kiel mit allem, was er trug, amerikanischen Händen anvertraut. Die vierzig Tage der bisherigen Reise erschienen wie ein Traum. Sie glich

---

*) Seit 1856 müssen die Lotsenschoner ebenfalls vor der Elbe kreuzen. (Spätere Anmerk.)

wirklich einer „Ueberfahrt", als wir im Geiste in der blauen Flagge schon die Landungstreppe der neuen Welt erblickten. Dennoch glaubte ich in den meisten Gesichtern am Bord nicht frohe Hoffnung zu lesen, und um manchen Mundwinkel lauerte ein „**Peter in der Fremde.**" — — Das Zwischendeck raisonnirte nicht mehr, wie es fast täglich in der Zwischenzeit von Mittag= und Abendessen geschah, über schlechten Zwieback, und wurmstichige Kartoffeln und stinken= den Speck. Man drängte sich aufs höflichste an die Mann= schaft; alte Feindschaften waren vergessen, Freundschaften wur= den fester. Soll ich aufrichtig sein? Auch ich schillerte mit meiner Stimmung ein klein wenig in das hinein, was der Amerikaner green nennt, und aller Trost des Wissens, den ich aus Reisebeschreibungen, statischen und politischen Werken über die neue Welt aufgespeichert hatte, schmolz mir bedenklich zusammen, und die Sophistik mußte ich zu Hülfe nehmen, und Trugschlüsse über die Zuvorkommenheit und Gutmüthigkeit der menschlichen Natur auch in Amerika gegen den aufdämmernden moralischen Katzenjammer anwenden. Ganz entsetzlich kleinlaut machte sich mein Schlafgefährte, der Lüne= burger Commis, der sich selber, so daß es jeder hören konnte, zweimal in der Minute die Versicherung gab, er sei ein praktischer Mensch und mache sich keine Illusionen, und dabei seine zahlreichen Empfehlungsbriefe auswendig lernte. **Tulpe** sah resignirt aus. **Madame Meyer** schmachtete weiter, nur **Herr Schmidt** und **Fräulein Rosalie** waren froh und guter Dinge: ersterer, daß nun das Vergnügen seiner „**Verknichungsreise**" anginge, diese in Sehnsucht nach dem Schaukelstuhl.

Eufin — rückwärts war moralisch unmöglich, und da die Welt nicht stille steht, wenn ich auch auf ihr zu Grunde gehe, so laß dich umarmen, leichter Sinn! Ich bin ent= schlossen zu allem, wodurch man nicht an den Galgen kommt, und wenn ein ehrlicher Kerl nur zu wählen hat, und bereit ist zu wählen unter den verschiedenen Mitteln zum Zweck des Lebens — einer gesunden Verdauung — so —

Es war recht edel von unserm Steward, daß er hier den Faden meiner Moralphilosophie mit der Meldung, daß der Kaffee aufgetragen sei, abschnitt. Eine Tasse starken heißen Kaffees befestigt den Glauben an Gott, der bekanntlich keinen Deutschen verlassen darf, hebt das Selbstvertrauen und läßt „den Muth in der Brust seine Spannkraft" üben. Go ahead, meines Vaters Sohn! Die Welt ist am Ende doch immer rund, und man kommt immer wieder dahin zurück, woher man gekommen ist, wenn man unterwegs nicht zum Kuckuk fährt, und dann steht die Welt auch nicht stille.——

Madame Meier saß an meiner Seite und versalzte mir durch Schmachten mit den Augen den Kaffee, den sie mir mit den Händen versüßt hatte. Sie wollte wissen, in welches Hotel ich vorläufig einkehren würde, denn sie meinte, es sei doch besser, die Gastfreundschaft von ihr gänzlich unbekannten Leuten, wie Herrn Schmidt's Schwiegersohn, nicht gleich in Anspruch zu nehmen.

Als Weltumsegler durfte ich schon kein anderes als Metropolitan house nennen, obgleich mich ein verrätherischer Freund nach „Washington house" recommandirt hatte, wo ich mich, wenn ich länger als eine Nacht dort geblieben wäre, im Magen einer Wanze — das ganze Haus war nur eine Wanze — wiedergefunden hätte.

Es war dies ein Wink mit dem Leuchtenpfahl, wie wir Hamburger zu sagen pflegen, denn der Donna Augen leuchteten bei der Frage, wie die der Madame Potiphar mögen geleuchtet haben, als sie Joseph fragte, wo er seinen Paletot gekauft habe. Ich aber hätte dem Joseph bei Madame Potiphar=Meier ein Triplé vorgeben können, und meine Unschuld, und vielleicht auch meine

Börse, wich der Heimsuchung aus. Ich riß sofort Herrn Schmidt in's Gespräch, erhob die amerikanische Gastfreundschaft bis in die Wolken, und schloß meine Rede: „Denn sehen Sie, die Amerikaner sind neugierig und unterrichten sich gern über europäische Zustände. Und sie wissen nichts davon, und Sie können in jedem Hause in Stadt und Land Eintritt haben, und frei essen und trinken. Und Sie erzählen ihnen von Rinaldo Rinaldini, oder von Lola Montez, oder

— — „von der Dubarry,
Des fünfzehnten Ludwig's Maitresse,"
u. s. w. u. s. w. — —

Meinen Gott im Herzen, den Kaffee und Madame Meier im Magen, die Cigarre im Munde, eilte ich aufs Deck. Das Schiff fuhr mit halbem Winde, kein Segel gereefft, der Wind voll Nord. Da sausten und schäumten sie heran, die beiden Lotsenfahrzeuge; scharfe, klipperartig gebaute Fore and aft Schooner, auf den Wellen tänzelnd, wie kokette Frauenzimmer auf einem Balle. Und es war erst „zwei Bells" (fünf Uhr).

„'Want a Pilot?" schrie der vorderste.
„Yes."
„Where 're ye bound for?"
„New-York."
„Where d'ye sail from?"
„Hamburgh."

Diese Sätze wurden rascher als man liest durch das Sprachrohr herüber und hinüber gerufen. Der eine Schooner warf ein Boot aus; ein Lotse — jeder solcher Schooner hat deren eine Anzahl an Bord — sprang hinein, zwei Mann am Riemen, und — „get on!" — Erst jetzt drehten wir bei, das Lotsenschiff aber blieb in voller Fahrt, beschrieb einen Kreis vor unserm Bug vorbei um den Stern herum und nahm, als es auf Steuerbordseite angelangt, die ebenfalls unterwegs befindliche Jolle, welche den Lotsen abgesetzt hatte, auf und flog seinem vorausgeeilten Begleiter nach, welcher auf ein anderes gerade am Horizont auftauchendes Schiff Jagd machte. Das alles ging mit einer Hast vor sich, als ob es gälte ein Feuer zu löschen.

Der Lotse, ein baumlanger Blondin, in schwarzem Oberrock und weißem Filzhut, den er im Nacken, statt auf dem Kopfe zu tragen schien, schob gerades Weges nach dem Salon, gefolgt vom Capitän, warf ein Paket amerikanischer Zeitungen auf den Tisch, nahm von den Reisenden mit einem weniger als halb zweifelhaften Kopfnicken Notiz und ging alsdann mit dem Capitän in dessen Privatcajüte.

Das war der erste Amerikaner. Deutschland im Zwischendeck hatte ihn mit einem brüllenden Hurrah begrüßt, aber der rohe Yankee keine Veranlassung genommen, einige Worte des Dankes, welche nicht seiner Person, sondern der Sache galten, zu sprechen, und die deutsche Cordialität hatte gleich jetzt die Taufe abkühlender Enttäuschung erhalten. Der Amerikaner nahm von keinem von uns auch nur die allermindeste Notiz, obschon der Lüneburger Commis verschiedene Male seine erlangten englischen Sprachkenntnisse aufs Glatteis zu führen versuchte, indem er dem Lotsen irgend eine vorher auswendig gelernte Phrase, als Frage verkleidet, vorlegte.

„No Dutch!" war die stereotype, kurze Antwort.

Als es dunkel geworden war und der Lootse bereits das Commando übernommen hatte, und auf dem Quarterdeck schrie und rumorte, und die Segel selten über eine Viertelstunde stehen ließ, fand ich Tulpe mit dem Cajütenjungen in eifrigem Gespräch. Gegenstand war unser Amerikaner, den der Steward schlankweg für einen Deutschen und einen Potsdamer dazu ausgab, der sich nur, wie so viele Deutsche in Amerika, seiner deutschen Abkunft schäme und den Yankee herauskehre. Neugier war nicht Tulpe's letzter Fehler. Ich hörte, wie er mit dem Jungen einen Plan verabredete, den Deutsch=Amerikaner zu entlarven und sich eine englische Anrede müh=sam einstudiren ließ.

Der Pilot, übrigens ein Vollblutyankee, wie er im Buche steht, ging das Quarterdeck in langen Schritten auf und nieder, sah nach Wind und Wetter und Segel, gelegent=lich rechts und links den Saft unvermeidlichen Kautabaks verspritzend. Da heftete sich der Voigtländer an seine Fer=sen und nach einigen Gängen apostrophirte er ihn:

„Ei — säh — ohld — Felloh — huh — ahr — äh — Dschermän!"

Der Lotse warf auf den Frager einen zweifelnden Blick und spazierte weiter.

Tulpe wiederholte die Anrede.

„Aye?" schnauzte der Amerikaner ihn an.

Hierdurch eingeschüchtert, zog Tulpe sich zurück. Der Cajütenjunge aber bedeutete ihm, er müsse derb und deutlich reden, und er wolle ihm eine andere Anrede sagen.

Nach einer Weile, als der Lotse beim Compaßhäuschen stand und die Nadel betrachtete, schoß Tulpe stramm und gerade auf ihn los, schlug ihn freundschaftlich auf die Schulter und rief:

„Wih — noh, — mei — gud — Beu, — huh — ahr — ä — Dschermän — von Potsdamm! Männeken, Hinkeldey läßt jrißen!"

„Go to hell, you d— jarbreaker!"

Und eine rasche Handbewegung setzte Tulpe bis an die Treppe, wo er den Cajütenjungen fand, der seine Backe ob einer gleichzeitig vom Capitän applicirten Ohrfeige rieb, der den Schabernack mit angehört hatte.

Inzwischen hatte Herr Schmidt, dem durch Tulpe

vorher mitgetheilt worden war, daß der Lotse ein Deutscher
wäre, sich ebenfalls zu dem Amerikaner gesellt, und erzählte
ihm ausführlich, daß er seinen Schwiegersohn besuche, und
fügte die Frage hinzu, ob ihm, dem Lotsen, die schwieger=
söhnliche Firma Selton & Co. in New=York bekannt sei.

Der Yankee stierte den freundlichen, höflichen Sachsen
groß an, dann, sich kopfschüttelnd zu unserm Capitain wendend, sagte er:

„I guess, captain, you've got plenty madmen on
board!"

Er glaubte allen Ernstes, Tulpe und Herr Schmidt
wären ein paar Verrückte.

Ob wir am nächsten Tage bereits auf dem Continent der
neuen Welt schlafen würden, war dubiös, denn der Wind blies
voll aus Westen; doch würden wir jedenfalls, meinte der
Capitän, Land machen und vielleicht bei Sandy Hook
vor Anker gehen.

Der Morgen des 25. Septembers fand uns mit
Sonnenaufgang auf Deck. Die Scene war auffallend ver=
ändert. Rund umher erblickten wir große und kleine Schiffe,
Boote und hier und da einen Dampfer, deren schwellende
Segel von der Sonne beleuchtet waren. Es war ein
prachtvoll schöner Herbsttag! Der wolkenlose Himmel ver=
lieh dem Ocean jene tiefblaue Färbung, welche den Meeren
des Südens eigen ist, und der Schaum auf dem Kamm der
Wellen sprudelte wie Milch auf den sammetweichen Tinten
des Wassers. Gestern noch die einsame, öde See, heute das
bewegte Bild vor der Einfahrt einer Rhede. Und dort —
dort — die Hügelreihe, welche vor unsern Blicken aus dem
Wasser tauchte, mit den beiden schneeweißen Leuchtthürmen —
das war „High land" im Staate Jersey.

„Amerika!" —— wohl über jede Lippe am Bord
stahl sich der Ruf. Aller Augen waren auf die aus den

Fluten steigenden Landttheile gerichtet, die einem jeden wie eine Ueberschrift zu einem neuen Abschnitt seines Lebens erschienen. Ueber Bord mit dem Bagen, Unbestimmten; dort liegt das Land! Und es ist fester Boden, so fest, daß man den Hals darauf brechen kann, so gut wie in Europa, nur viel schneller. — — Ich sah mich um im Kreise meiner Reisegefährten. Es schien mir ein jeder ein Fenster vor der Brust zu haben, und ich sah die bangen Zweifel, ich sah, wie die Gespenster der Furcht die Genien der Hoffnung zurückdrängten; ich sah die Coulissenfieber auf dem neuen Welttheater, wo nur die Solopartien gelten und der Anschluß an den Chor nichts hilft. Ich sah, mit welcher brünstigen Liebe jeder an seinem harten Schiffszwieback sog, und — —

Zweites Kapitel.

Amerika! — Metamorphosen. — Sandy-Hook und die Bai von New-York. — Quarantaine mit Dampf. — Vor Anker. — Ein Humbugduett. — Michel beißt an. — Wie man die Leute los wird. — Heimweh aus Amerika, ehe man da ist. — Washington-House. — Eindrücke von New-York. — Ein Boardinghaus. — Ein Graf als Kellner. — Marc Caussidière. — Ein Drama mit Yankee-Reflexionen. — Eigenthum ist Last. — Aphorismen. — Dr. Ludwigh. — Oekonomischer Kunstenthusiasmus. — Humbug. — Broadway und Bowery. — Deutsche Theater. — Eine deutsche Kneipe. — Der Nutzen von Empfehlungsbriefen. — Brooklyn. — East-New-York. — Erstes verdientes Geld in Amerika. — Warnungsstimmen. — Ein Steamerrace. — Negrophilantropie. — Staaten-Island und Hoboken. — Ein alter Bekannter. — Barnum's Museum. — Vogue ma galère!

„Des is Amerika? — — Frößer is des nich? — — —"

Es versteht sich von selbst, daß nur Tulpe der Schafskopf sein konnte, der mit vibrirender, kleinlauter Stimme in solcher Weise seiner Seele Luft machte. Der Lüneburger Commis revidirte von neuem seine Empfehlungsbriefe. Die beiden Instrumentenmacher hielten einander in brüderlicher Liebe — eine Gruppe aus Jean Paul — umschlungen. Aus dem Zwischendeck und der zweiten Cajüte kamen bereits in full dress ladies and gentlemen zum Vorschein, welche alle möglichen Toilettkünste angewandt hatten, um auf Amerika einen vortheilhaften Eindruck hervorzubringen. Unser kleiner Schneider aus Aschersleben erhöhte den Effect eines olivengrünen Fracks sogar durch ein Paar weiße Sommerbeinkleider und lackirte Stiefel, und flitzte, trotz des Verbotes, welches übrigens schon längst nicht mehr in voller Kraft gehandhabt wurde, zu uns aufs Quarterdeck herauf. Auch Madame Meier wurde sichtbar. Sie trug ein kornblumenblaues Barègekleid, hatte einen Schäferhut aufgesetzt und küßte ihre Lippen mit dem Griff eines gelben Knickers, als sie uns guten Morgen wünschte. Rosalie kam hinterdrein gesprungen und hatte zur Feier des Tages den brüderlichen Rath beim Abschied in Hamburg befolgt. Auch der Jüngling im Lastingkaftan fand sich ein und sein großes, dunkles Auge sog „Schmonzes Basouzes" aus Rosaliens Erscheinen. Herr Schmidt endlich repräsentirte würdig den Fabrikanten und war geziert mit einer nagelneuen Leipziger Meß=Mütze, wie sie kein anderes Land in solcher Eigenthümlichkeit producirt als Sachsen. Ich allein war in meinem blauen Düffel stecken geblieben, denn ich fürchtete mit Recht, in dem Tumult könnten leicht einige Theertöpfe in Ohnmacht fallen, ohne darauf zu achten, ob geputzte oder ungeputzte Menschen im Wege ständen. Und in der That, die weißen Beinkleider des Schneiders trugen bereits Spuren zärtlicher Reibungen mit schwarzem Tauwerk, und der Saum des Barègekleides der Madame Meier blieb an einem Griff des Steuerrades hängen, in Gesellschaft der gefälligst mit losgegangenen untersten Falle, als die Dame Jagd machte auf einen Schmetterling, als den ersten Amerikaner, den sie fangen wollte, — denn unser Lotse hatte nicht angebissen.

Doch mein Auge schweifte jetzt über die Menschen um mich her hinweg. Ein größeres, imposanteres Bild entrollte sich vor mir. Immer deutlicher trat die niedrige Küste hervor. Schon sah man mit unbewaffnetem Auge Städte und Dörfer, ja sogar die großen casernenartigen Badehäuser am Strande von Jerfey, vor uns öffnete sich die gewaltige Bai von New-York. Dort lag schon Sandy-Hook. Und je mehr wir uns dem Lande näherten, desto größer, desto lebendiger wurde das Treiben auf dem Waffer. Das Meer war, so weit das Auge reichen konnte, besäet mit Segeln. Hier schoß hart an unserm Bug vorüber einer jener schnellsegelnden amerikanischen Küstenfahrer, und zwei oder drei Neger an Bord fletschten ihre blendend weißen Zähne zu uns herauf; dort schäumte ein California-Klipper durch die See und ließ das sternenbesäete Banner stolz im Morgenwinde flattern. Der scharfe schlanke Bug, die hohen Masten mit der zierlichen Takellage, die vollgeschwellten Segel, die bis zu den royal-top-gallants beigesetzt waren, beladen mit allem Canvaß, den das Schiff nur zu tragen vermochte, mit Lee- und Dachsegeln — denn es gilt ja bei Verlust der halben Fracht in hundert Tagen das Manifest in San Francisco einzureichen —; und jetzt — da — jener Koloß mit Thürmen, einem schwimmenden Palast gleich, drei Stockwerk hoch, mit Gallerien an den Seiten versehen, und über dem Hurricane-Deck die Maschine schnaubend und keuchend arbeitend — das ist ein amerikanisches Dampfboot, welches von Boston seinen Weg nach der Empire City, New-York, zurücklegt.

Waren es 24 Stunden zuvor die Lotsen, so kamen uns jetzt fünf bis sechs Tow-Boats, entgegen, welche ihre Bugsir-Dienste anboten. Der eine überschrie den andern, es war ein race um die Kundschaft und ein race um den Preis. Bei allen diesen Fahrzeugen befindet sich die Maschine auf Deck. Es sind meistentheils flatboats und das Verdeck ragt zu beiden Seiten weit über den eigentlichen Rumpf des Schiffes hinaus. Ich begreife noch heute nicht, warum man dieser Bauart noch nicht bei unsern Flußdampfschiffen Eingang verschafft hat. Die kolossalen ferries zwischen New-York, Brooklyn, Staten-Island und Hoboken mit ihren doppelten Fahrstraßen für Wagen, mit ihren geräumigen Sälen, welche über tausend Menschen fassen können, haben oft nicht viel über 3½ Fuß Tiefgang, und ein Abonnement fürs ganze Jahr zwischen Canalstreet und Hoboken kostet — 2 Dollars!

Ein tow-boat nahm uns jetzt ins Schlepptau, die Segel wurden eingeholt und in geradem Strich fuhren wir in die Bai ein.

Zur Rechten Long-Island mit seinen zahlreichen Dörfern und Settlements, zur Linken Staten-Island mit seinen prachtvollen Villen, seinen Cottages, seinen Kirchen und Quarantaine-Gebäuden, in der Mitte des Stromes Fort Columbus und das reizende Governors-Island, das wie ein hellgrüner Teppich auf der dunkelgrünen Fläche des Hudson-River lag. Vor uns in gerader Linie, im Duft der Atmosphäre verschwimmend, lag eine Waldlandschaft, rechts in der Ferne Brooklyn und weiterhin der gezackte Thurm von Trinity-Church, über den unabsehbaren Mastenwald hervorragend. Hier auf Staten-Island traten bereits die amerikanischen Contraste recht grell vor Augen.

An eine zierliche, im griechischen Styl erbaute Kirche lehnte sich ein Pferdestall, die reizendste Villa hatte zur unmittmittelbaren Nachbarschaft eine rußige Schmiede, und die sanft aufsteigenden Hügel von Staten Island waren wie übersäet mit Gebäuden zu den verschiedensten Zwecken, wie sie das Bedürfniß des Augenblicks vielleicht gerade hatte entstehen lassen.

Am Quarantaine-Haus ward die Fahrt auf einen Augenblick langsamer eingehalten. Ein amerikanischer Arzt kam an Bord, um den Gesundheitszustand der Passagiere zu prüfen. Die ganze Procedur dauerte höchstens zehn Minuten und bestand in nichts anderem, als daß der Jünger Aesculaps, auf der Treppe des Quarterdecks sitzend, die ganze Gesellschaft an sich vorüber defiliren ließ, die langsam Gehenden mit einem quäkenden „get ou!" antrieb, aufstand, „all right!" sagte, um sich sodann an Bord der anderen mit uns eingekommenen Auswandererschiffe bringen zu lassen. Das amerikanische Gesetz verbietet nämlich die Einwanderung von Krüppeln und Kranken; da aber die Straßen von New-York breit genüg sind, um arme Teufel Hungers sterben zu lassen, ohne daß sie die Passage sperren, so begnügt man sich, der Form des Gesetzes Genüge zu leisten und überläßt den Rest dem Himmel.

Und jetzt, nachdem wir Governors-Island passirt hatten, lag das Panorama, jener Complex von Städten und Dörfern, welcher das Bassin der Hudsonmündung umgiebt, vor unsern Augen aufgerollt da. Jersey-City, Hoboken, New-York, Brooklyn, Williamsburg und die Dorfschaften auf Long-Island und Staten-Island, ein riesenhaftes Emporium der neuen Welt. Ich mochte wollen oder nicht, bei aller vorgefaßten Meinung von den Amerikanern mußte ich staunen, wenn ich daran dachte, wie kaum über hundert Jahre genügt haben, um aus einer winzigen Ansiedlung eine Weltstadt zu bilden, deren Anblick dem Reisenden ihrer Mannigfaltigkeit, ihrer Originalität wegen mehr imponirt, als London und Paris, trotzdem wohl London mehr als die doppelte Einwohnerzahl aller der hier vereinigten Ortschaften zählt. Das Bild ist hier imposant und heiter dazu. London starrt uns, New-York lacht uns an; in London wühlt man sich hinein, New-York bringt sich uns selbst entgegen und bietet uns sein Bild dar. Von der Batterie und Castle-Garden aus blickt man rechts in den sogenannten Eastriver, links in den Northriver hinauf, und so weit das Auge reicht, begrenzt die eigentliche Stadt New-York ein Mastenwald, der an den verschiedenen Wharfs unaufhörlich jene Ungethüme auszuspeien scheint, welche dampfend und keuchend die Verbindung mit den nächsten Orten unterhalten. So ist zwischen

New-York und Brooklyn von der South- bis zur Houston-Ferry jede Minute Gelegenheit — — doch davon später.

Von der Quarantaine an, wo der Arzt zur Inspection gekommen war, hatte unser Schleppdampfer sich längs unseres Schiffes gelegt und brachte uns auf diese Weise viel rascher und leichter vorwärts. Es gewährte mir einen eigenthümlichen Anblick, große Seeschiffe, deren Bug und Deck hoch über die kleinen Dampfer ragten, so daß diese dem Auge völlig entrückt waren, sich fortbewegen zu sehen, ohne sichtbare Dampf- noch Segelkraft. Doch hier war mir ja alles neu. Auch jene großen dreimastigen Schooner, nur mit Schooner- und Gaffeltopsegel an jedem Mast, und am Spriet und Klüverbaum mit den beiden Klüver- und Vorrstenstagsegeln versehen, die aussahen wie Corsaren und den Fluß durchschnitten, als ob ein heimlicher Propeller mitspielte, machten mich staunen. Wie in einem Bienenkorb steamte, segelte und ruderte das hier durcheinander. Am Lande das Rollen von Tausenden von Omnibüssen, Geschrei, Musik; auf dem Wasser das Pfeifen der Maschinen, der Lärm der Matrosen — Augen und Ohren schmerzten und eine fieberhafte Hitze durchflog die Wange. Und was und wohin man sah — alles praktisch, die vollendetste Prosa, aber eben ihrer Vollendung wegen groß, erhaben.

Ich weiß recht gut, alles hat seine Schattenseiten, und die Bestialität ist hier wie überall zu Hause, allein ich reise nicht um zu moralisiren. Was kümmerts mich also, wenn in dem Boot, welches jetzt unter unserm Spiegel daherfliegt, zwei dicke Gestalten mit confiscirten Physiognomien, schäbig genteel, den Hut im Nacken, in bloßen Hemdsärmeln, mit Stentorstimme brüllen: „Halloh! Ihr Leute aus Hessen! Euer Landsmann, der Doctor Kellner läßt grüßen und ladet Euch ein, ihn heut Abend in Shakespeare's Hotel zu besuchen; er wird eine Rede halten!" Ich sage, was kümmerte mich, wenn, geschickt geworfen, aus dem Boote zwei Pakete mit Adreßkarten jenes nicht im besten Renommée stehenden Hotels, der Kneipsammelplatz dubiöser politischer Flüchtlinge, auf unser Deck fliegen? Es sind Runners zu Wasser, welche die Grünen anlocken und dabei ein Paar Schilling Provision verdienen. Daß die guten Hessen ohne Ausnahme nach den beiden Landsleuten reckhalseten, versteht sich von selbst, daß sie selig waren, sich in Amerika deutsch angeredet zu hören, dito, daß sie der Einladung folgten und tüchtig geprellt wurden — höchst wahrscheinlich.

Wir fuhren jetzt in den Northriver hinein und sahen erst hier die ersten Häuser der Stadt New-York. Ein mehr als eine Stunde langer breiter Quai zieht sich an dem Fluß entlang, in welchen alle hundert Schritte lange hölzerne Fahrstege vom Lande aus hineingebaut sind. An diesen „Piers" legen die Schiffe an, um zu löschen und die Klüverbäume der großen Fahrzeuge ragen oft bis in die Mitte der Straße hinein. Diese Piers sind numerirt. Von Zeit zu Zeit erblickt man große Hallen, mit Gitterthoren versehen, am Ufer. Das sind die Stationen der Flußdampfschiffe und der transatlantischen Steamer.

Stopp! Nieder ging der Anker. Wir lagen auf der Rhede still, denn der Pier der Compagnie war besetzt.

Von diesem Augenblick an entstand ein heilloser Wirrwarr. Wie ein Mückenschwarm schossen Boote auf uns zu und Schaaren bassermannscher und ähnlicher Gestalten erkletterten unsern Bord. Die menschliche Verworfenheit, Schurkerei und Bestialität öffneten ihren Bazar. Habgier, Noth und Hunger arbeiteten. Es regnete Flugschriften, diese oder jene Comity eines Staates im Westen, diese oder jene rail-road dahin zu empfehlen, Adreßkarten, Mock-Dienstanerbietungen, a Gents for German servants, welche aus den Aermeln die besten Stellen schüttelten, Runners von

Boardinghäusern, schäbige Gentlemen, auf deren Gesichtern die Wanzen das Recommandationsschreiben des Hotels, das sie vertraten, eingefressen hatten, und welches natürlich in Greenwich-Street lag, jener meilenlangen doppelten Häuserreihe, wo deutsche Kneipen mit deutschen Schusterbuden abwechseln, und wo es neben wenigen ehrlichen Gastwirthen viele menschenfreundliche Blutsauger giebt, die dem Einwanderer so lange Kost und Logis creditiren, bis er eine Stelle gefunden hat, inzwischen ihm aber das Hemd vom Leibe weg debitiren.

Der Alte war so menschenfreundlich gewesen, unseren Auswanderern an Bord vorher gehörig einzubleuen, daß sie unter keiner Bedingung auf irgend einen Unbekannten hören sollten, und es schien wirklich, als habe das gewirkt, denn lange Zeit schrieen und zerrten die Herren Runner und Loser umsonst. Da schoß mit einemmale ein kleines Kerlchen mit Schnappsrubinen auf der wulstigen Nase auf einen anderen vierschrötigen Lümmel zu, der einer Gruppe von Landleuten die Vortheile der *** rail-road pries.

Herr, haben Sie denn gar kein Gewissen gegen Ihre Landsleute? Sie lügen, Sie Verdammter! Ins Unglück wollen Sie die Leute bringen!"

Der Vierschrötige stammelte etwas zu seiner Vertheidigung, der Kleine aber stellte ein articulirtes Verhör mit seinem Gegner an, aus dem sich ergab, sonnenklar, daß die *** road company Schwindelei sei, gar nicht existire, sondern die Auswanderer nur um ihr Geld geprellt werden sollten.

„Folgt meinem Rath, Ihr Leute," fuhr er hitzig fort, „traut keinem Menschen, geht, ohne Euch aufzuhalten, nach dem *** Bahnhof, löst eure Tickets, ich kann euch gleich hier welche verkaufen, und will euch unentgeltlich hinbringen."

„Das sieht man, Sie sind ein ehrlicher Mann, der andere ist ein Hundsfott!" sagte ein Bauer, klopfte dem

braven Mann auf die Schulter und — kaufte sich ein Ticket.
Der Kleine bezeichnete ihm hierauf ein Wirthshaus am Strand,
welches man vom Bord aus sehen konnte, wo er die Leute
erwarten wollte, und nachdem er noch einige Tickets los-
geworden war, schiffte er sich schnell ein. — Daß er verschwunden war, versteht sich von selbst. Ich bin ihm einige
Tage später bei City-Hall begegnet, wo er gemüthlich Arm
in Arm mit seinem Antagonisten bummelte.

Die Custom-house-officers waren inzwischen an Bord
gekommen, das Gepäck wurde aus dem Raum gewunden und
durchsucht. Allmächtiger Gott! was für Dinge kamen da
zum Vorschein! Der eine hatte leere Cigarrenkisten, der
andere leere Selterswasserkruken mitgenommen; hier tauchte
ein alter wurmstichiger Stiefelknecht, dort ein zerbrochenes
Nachtgeschirr auf. Arme Teufel, welche vielleicht keine zehn
Dollars in der Tasche hatten, legitimirten sich als Besitzer
von Kisten von 2½ Tonnenmaß. Gelegentlich stieß man beim
Durchsuchen der alten Scharteken auch wohl auf das Wochen-
bett einer Schiffsratte, welche, drohend quikend, Beweise ihrer
Mutterliebe ablegte. Dabei das Gedränge von zweihundert
Passagieren, mindestens fünfzig Bummlern vom Lande, deren
Dienstbereitwilligkeit uns den Rock vom Leibe zu reißen
drohte, eine Nachmittagssonne von 20 Grad Réaumur und
jetzt noch ein Flußsteamer, auf welchen das Gepäck der Reisenden übergeladen wurde, um nach dem Zollhause gebracht
zu werden.

Die Angst machte sich Luft. Die Auswanderer verlangten Erfüllung des Contractes, nach welchem ihnen gestattet
war, noch 48 Stunden nach Ankunft am Bord bleiben zu
dürfen, und schrieen nach dem Capitän. Er war längst mit
seinen Papieren ans Land gefahren. Es drohte eine offene
Rebellion auszubrechen. Da verschaffte sich endlich der erste
Steuermann Gehör und donnerte dazwischen:

„Es kann jeder noch zwei Tage an Bord bleiben, aber das Gepäck muß aus Land, „de Luken möt klar warden!"

Die Situation war peinlich. Hier die sichern Speck- und Erbsentöpfe am Bord, dort die Habseligkeiten in einer fremden Stadt, mit fremder Sprache, die ihnen bis jetzt nur ein halbes hundert Gauner entgegen gespieen hatte. — — Doch was war zu machen? Auf den Rath — des Koches gingen die Männer und älteren Frauen mit dem Gepäck ans Land, die Mädchen blieben an Bord. — —

Wir Cajütspassagiere warteten ebenfalls noch auf dem Quarterdeck, bis der gang way klar geworden wäre. Fräulein Rosalie wurde uns zuerst entführt durch den schaukelstuhlverheißenden Bruder.

„Benjamin!"

„Rosalie!"

Umarmung, — ein Schmatz, dann Vorstellung eines kleinen, schmächtigen Gentleman mit grüncarrirten Hosen und weißem leinenem Rock und einem breiten Strohhut auf dem Kopfe. Fräulein Rosalie stellte mich als ihren Beschützer dar, und der kleine Mann sah mich dabei entsetzlich schief an, als ob er — — all safe, Sir! versicherte ich ihn und erst da drückte er mir kräftig die Hand. Dann, als Rosalie sah, wie Madame Meier gerührt wurde, wurde auch sie gerührt. Sie umarmte und küßte sie, sie umarmte und küßte Herrn Schmidt, Herrn Müller, die beiden Instrumentenmacher, den Berliner, und da die Treppe zum Mitteldeck gerade durch einige Kisten versperrt war, umarmte und küßte sie auch mich.

Ich gelobte, in meinem Leben nicht wieder junge Damen zu beschützen, welche Schaukelstühle in Perspective haben.

Während dieser Scene heulten und weinten die Zwischendeckspassagiere, als sie vom Bord gingen und ich glaube, mehr als die Hälfte wäre wieder umgekehrt, wenn man sie umsonst hätte mitnehmen wollen. — Das fühlte ein jeder, daß es aus sei mit der deutschen Gemüthlichkeit, daß er in die mittheilungsleerste Wirklichkeit einer neuen Laufbahn hineingestoßen werde. Fremd der Sprache, tausende von Meilen von der Heimat entfernt, alles neu, eine große Weltstadt, wo die Herzen der Menschen noch härter sind als die Pflastersteine auf ihren Straßen, fürwahr, es muß wohl für manchen armen Schlucker ein fürchterliches Gefühl sein, wenn alle die tausend vagen und confusen Illusionen von Amerika an der riesenhaften Prosa eines mit einer Million Menschen bevölkerten Steinhaufens zerbrechen und zersplittern, und ein Weltmeer den Rückzug abschneidet. — —

Tulpe war wie aufs Maul geschlagen. Herr Achherrjehses-Schmidt guckte sich die Augen wund, ob noch nicht bald ein Boot mit seiner Tochter und seinem Schwiegersohn ankäme, die er irrthümlich bereits in 20 Fahrzeugen zu erkennen geglaubt hatte. Rosaliens Bruder hatte ihm versprochen, gleich jemand zu Selton & Co. hinzusenden, einer Firma, die ihm jedoch fremd wäre, aber, nach Angabe der Straße, unweit seines eigenen Store's zu finden sein müsse. In höchstens einer halben Stunde könne der Schwiegersohn dann an Bord sein. Er kam aber nicht und Herrn Schmidt's Gesicht verlängerte sich bedenklich, um so mehr, als er Madame Meier auch auf dem Halse hatte. Als ich mich endlich anschickte, mein Gepäck zurücklassend, ans Land zu gehen, sah ich mich plötzlich von Tulpe, den Herren Schmidt, Müller und Madame Meier umringt, welche mich baten sie mitzunehmen. Der Sachse wollte in Person seinen Schwiegersohn aufsuchen, Madame Meier wollte auf Herrn Schmidt am Lande warten, Tulpe und der lüneburger Commis brauchten einen Dolmetscher. Den letztern beiden rieth ich, ins erste beste deutsche Boardinghouse zu gehen. Herr Schmidt und Madame Meier dagegen hielten

fest und erflehten meinen Cicerouendienst in der fremden
Stadt.

Wir nahmen also alle fünf ein Boot und fuhren ans
Land, und im ersten deutschen Wirthshaus in Weststreet setzte
ich den Berliner und den Lüneburger ab, während ich selbst
nach Battery place in das bereits erwähnte Washington-
house ging, ge= oder wenn man will verfolgt von Madame
Meier und Herrn Schmidt.

In amerikanischen Hotels tänzelt uns kein Oberkellner ent=
gegen, noch bewillkommt uns die würdige Freundlichkeit eines
Wirthes! Wir folgten daher selbstständig der Richtung unserer
Nasen und gelangten in ein geräumiges, etwas düster aus=
sehendes bar-room, wo ein Mann in den Vierzigern in
einem Comptoirbuche blätterte, ein Aufwärter hinterm Schenk=
tische stand und diversen ebenfalls stehenden Gästen aus ver=
schiedenen Flaschen verschiedene Getränke zusammengoß, schüt=
telte und quirlte, die ich später als cock-tail, Mint-julep,
Sherry-cobbler u. s. w. kennen zu lernen Gelegenheit hatte.

Ein phlegmatisches „What d'ye want?" des waiter
klang eher wie eine Voraussetzung der Sehnsucht nach Schnaps,
als wie das Errathen unseres Wunsches nach einem comfor-
tabeln bed-room. Ich beorderte drei Schlafstellen. Der
waiter wies uns an den Buchhalter, dieser präsentirte uns
eine Feder und das Buch, und wir verschrieben unsere Leich=
name den Wanzen. Dann fragte er nach unserer luggage,
und als er hörte, dieselbe sei am Bord, und wir wollten
nur für eine Nacht das Haus zu unserm „wigwam" machen,
beschenkte er uns mit einem schielenden Blick und erklärte:
to pay in advance sei custom of the house.

Ein recht gemüthliches Entree! Der düstere Battery
place, das melancholische Hotel, das straight to the point
unserer Solvenz kommende Hausreglement, die absolute
Misachtung unserer respectablen Personagen klang wie ein

recht vernehmliches pay and help yourself. Ich verwünschte
bereits im Stillen, daß ich Herrn Schmidt und Madame
Meier nicht ebenfalls ins erste beste deutsche Kneiphaus gelan=
det hatte. Allein, das habe ich immer gefunden, wird man
viel besser fertig. Doch es ließ sich nicht mehr ändern. Wir
stiegen, begleitet vom waiter, die Treppe hinauf. Ich bekam
mein Zimmer zuerst angewiesen, während meine Begleiter
noch weiter gingen.

Ich hatte mich eben aufs Bett geworfen und schickte
mich an, meinen Eintritt in die neue Welt durch die deut=
sche Kernthätigkeit eines Stündchen Schlafes zu feiern, als die
Thüre aufflog und der Aufwärter und Madame Meier ein=
traten.

„Beg pardon, Sir, Ihre Dame ist aus Versehen zu
dem andern Gentleman gerathen."

Was Teufel war das? Madame Meier explicirte mir
unter einigen vergeblichen Versuchen des Erröthens, daß der
Kellner sie wahrscheinlich für Madame Schmidt gehalten
habe, denn sie sei mit diesem würdigen Herrn in ein großes,
mit einem gewaltigen zweischläfigen Bett versehenes Zimmer
geführt worden.

Ich verwünschte Madame Meiers Tugend und ver=
wünschte alle Landsleute, die nach New=York reisen, ohne
englisch zu verstehen. Denn ich war abgespannt und müde
wie ein Omnibuspferd, und wäre im Stande gewesen, auf
jede Gefahr hin Madame Meier, deren schmachtende Un=
vermeidlichkeit langweilig wurde, einen Platz in meinem eigenen
Zimmer anzubieten. Der waiter wurde übrigens aufgeklärt,
und ich hörte, wie er die Dame Wand an Wand mit mir
quartirte.

Kaum schloß ich die Augen aufs neue, als es heftig
an meine Thür pochte, diesmal aber mein Freund S., der
per Post den Namen des Schiffes und mein Absteigequartier

erfahren hatte, hereinstürmte. Der gute Junge! Er war
bereits am Bord gewesen, um mich aufzusuchen, dann hierher
gekommen, und lud mich sogleich zum Dinner in seinem
Boarding-house ein. Ein rechtzeitig zugeflüsterter Wink leitete
unsere Conversation ins Englische, denn ich fürchtete, meine
holde Nachbarin, welche ich nebenan deutlich eine Cavatine
seufzen hörte, möchte wieder mit von der Partie sein wollen,
und nachdem wir eine Weile englisch geplaudert hatten, nahmen
wir french leave.

Ungefähr zehn Minuten von dem Hotel, auf dem freien
Platz bei der South=Ferry, ist die große Hauptstation der
Omnibusse, welche New=York nach allen Richtungen durch=
schneiden. Wir brauchten nicht lange zu warten, um eine
Stage zu finden, die uns möglichst nahe an das Ziel unserer
Fahrt brachte.

Wenige Minuten, und wir bogen in den Broadway ein.

Ich habe in meinem Leben manches, ja vieles gesehen,
um einigermaßen das Recht zu haben, das „nil admirari"
praktisch anzuwenden, und nahm mir vor, als mein Begleiter
mir sagte, ich werde Augen und Ohren, Nase und Mund
aufreißen, die Glätte der Blasirtheit meines holden Antlitzes
nicht in Falten zu legen. Und ich hielt Stand, bis wir auf
der Höhe ankamen, wo der Broadway nach dem East=River zu
in die Wallstreet ausmündet. Hier aber desertirte mir das
erste staunende „Ah!" über die Lippen, als ich in unabsehbarer
Länge die Hauptarterie, die große Schlagader des New=Yorker
Lebens und Treibens mit den Augen zu durchschauen glaubte.
Ich sage glaubte, denn ich müßte lügen, wenn ich in dem
enthusiasmirten Zustande, in welchem ich mich nach sechs=
wöchentlicher Reise auf einem Paketschiff und eben so langem
Genuß von Madame Meier und Compagnie befand, be=
haupten wollte, ich habe etwas gesehen. Ich fühlte ein
Gewühl einander die Hacken abtretender Menschen; die pracht=

vollen Läden, die hohen, bis an den Schornstein mit Affichen bemalten Häuser, Parks, Plätze, Eisenbahnen, Quer- und Nebenstraßen phantasmagorirten an mir vorüber, aber ge= sehen, was man so recht eigentlich sehen nennt, hatte ich nichts. Und hätte mich irgend ein vom Schicksal zu dummen Streichen patentirter Kobold jetzt beim Schlafitch gekriegt und mich vor dem Alster=Pavillon in Hamburg niedergesetzt zwischen dem rothen Marxsen, dem Maler Poppert, neben Herrn Bode, dem glücklichen Besitzer vieler 1848 sich unglücklich fühlender Staatspapiere, oder neben dem Busenfreund des Ritters Prokesch von Osten, Herrn Unna, oder selbst neben Dr. Trittau, der die ganze Welt doch als Mathematiker zu construiren weiß; — ich glaube, mir wäre zu Muthe gewesen, als hätte ich den An= fang eines Traumes geträumt, als wäre ich einem Tollhause ohne Erlaubniß entsprungen, und hätte mich, vernünftig ge= worden, unter ehrbaren Spießbürgern, Eisenbahnbeamten und dergleichen wiedergefunden.

Der Kopf brannte mir, als wir nach fast halbstündiger Fahrt aus der unabsehbaren Reihe von Omnibussen heraus= brachen und in Fourth Street einbogen, wo es wenigstens so ruhig war wie bei uns in Hamburg auf dem Neuenwall zur Domzeit, und man Muße hatte, sich selber auf die Hühner= augen zu treten. Mein Freund S. hatte auf dem ganzen Wege umsonst meine Aufmerksamkeit auf dieses und jenes zu lenken versucht. Ich glaube, ich habe ihm auf seine Fragen die albernsten Antworten gegeben, und ich mache aus meinem Herzen keinen Bundestag, wenn ich sage, ich war verdutzt und verdummt. Das aber nahm ich mir vor: morgen wird ein Paar recht bequeme Stiefel angezogen, und dann zweck= und planlos in diesem New=York ohne Cicerone umher gebummelt. Ich werde keine Abenteuer ha= ben, wie sie das Pariser Straßenpflaster pikant machen, aber ich werde die kurze Zeit meines Hierseins dazu benutzen, zu meinem und vielleicht später zu anderer Leute Zeitvertreib aufzuzeichnen, was mir aufgefallen ist. Das wird so lüderlich wie möglich geschehen, damit ich um Gottes willen nicht in den Verdacht komme, eine deutsche Reisebeschreibung geschrieben haben zu wollen.

Vor einem niedlichen zweistöckigen Hause, vor dessen Thür sich eine grünlackirte gußeiserne Veranda befand, machten wir halt. Es war das private boarding-house einer Mistreß Coot, deren Mann gleich seinem großen Namensvetter (wie ich später erfuhr) ebenfalls die Welt umsegelt und ebenfalls auf den Sandwich=Inseln seinen Tod gefunden hatte. Er war ein Mann of high respectability, und, was noch besser in New=York ist, ein upper ten thousand, d. h. einer jener beneidenswerthen Sterblichen, welche mehr als zehntausend Dollars pro Anno todtzuschlagen vom lieben Gott die Erlaubniß und die Mittel dazu erhalten haben. Er machte erst, nachdem er bereits gestorben war, Bankerott, und seine Lady begründete ein Boarding-house, durch welches sie sich erhielt und ihren Söhnen durch nützlichen amerikanischen Schulunterricht den Weg bahnen konnte, es eben so weit zu bringen, wie der in Honolulu verstorbene „Pa."

Im Unterhause war das parlour. Durch ein Paar glänzend weiß lackirte Flügelthüren traten wir in ein mit Gas erleuchtetes Zimmer. In der Mitte ein grandioser runder Tisch, eine Bergère, drei oder vier elegant gepolsterte Schaukelstühle, ein großer Wandspiegel, Pendulen, Vasen und über der Thür eine miserabel lackirte Copie eines van Esch, endlich ein Piano bildeten das Ameublement des mit einem kostbaren Teppich belegten Parlours. Es war alles polirt, alles glänzend, alles blendend, hielt aber einer Kritik des geläuterten Geschmackes nicht Stand.

Am Tisch saßen ein paar zeitunglesende Gentlemen

hellblond und steifleinen, auf der Bergère zwei Ladies in der Mitte der Dreißiger, welche einem allerliebsten Backfisch zuhörten, der am Clavier ein deutsches Lied stümperte, während ein anderes junges Mädchen von ächt amerikanischer Schönheit, welches auch noch nicht über das zweite Decennium ihres Lebens hinaus war, die Noten umschlug. Die Söhne des Hauses, ein paar hübsche, keck in die Welt schauende, kastanienbraun gelockte Jünglinge mit einer fashionablen care the devil about Physiognomie, rekelten sich, malerisch das eine Bein über die Lehne des Schaukelstuhls gelehnt, wiegend in der Mitte des Zimmers. Mrs. Cook promenirte auf und ab.

Die ganze Vorstellung dauerte eine Viertelminute. Mein Begleiter nannte meinen Namen und dann die Namen der Anwesenden. Der älteste Sohn, William, stand auf, schüttelte mir die Hand mit einem cordialen „How do you do?" und im nächsten Augenblick that jeder, als sei er allein im Zimmer, sogar der Backfisch quiekte weiter. Die beiden Prügeljungen europäischer Conversationsbefangenheit, das Wetter und das Theater, blieben hier verschont. Das Parlour in Amerikanischen Häusern ist das public-room der Parteien des Hauses. Jeder empfängt hier, liest, schreibt, musicirt, amüsirt und ennüyirt sich nach eigenem Gutdünken. Selbst das lästige Vorstellen beschränkt sich in der Regel nur auf die Frau oder den Herrn des Hauses, wenn der Vorstellende nicht etwa näher bekannt mit den übrigen Boarders ist.

Ich eroberte einen Sessel am Tisch und überwand die Neuheit dieser gänzlichen Ungenirtheit, indem ich eine Frage an einen der Herren über die Ankunft irgend eines Steamers aus England richtete. Der aber, ohne unfreundlich zu sein, beschränkte seine Antwort auf das Allernothwendigste, und, mit dem Finger auf einen Haufen Zeitungen deutend, sagte er:

„There 's a German paper."

Es war — der Hamburger „**Freischütz**," etwa sechs Monate alt, und auf der ersten Seite stieß ich an einen meiner eigenen unsterblichen Leitartikel, den ich — obgleich kaum sechs Stunden in Amerika — bereits wünschte, **nicht** geschrieben zu haben, so ideologisch ledern kam er mir vor. Ich will damit dem Blatte selbst durchaus nicht zu nahe treten. Es ist ein braves Blatt, und man kann viel daraus lernen, besonders wenn man meine Leitartikel über die Hamburger Verfassungsfragen überschlägt und sich an die Tageschronik hält, wo jedes Ereigniß mit inquisitorischer Genauigkeit registrirt wird, so daß kein Mensch den andern auf der Straße anrennen darf, ohne daß es der Chronist **Mendelssohn** bemerkt. Glückliches Hamburg! du hast Ruhe jetzt vor mir und meinen Leitartikeln; ich thue dir nichts mehr zu **Leide**.

Eine gellende Glocke fing an zu läuten. Es war das erste Zeichen zum dinner, dem nach zehn Minuten ein zweites Geläute folgte. Wir gingen ins basement, d. h. in den Keller, wo in einem langen, einfach weiß angestrichenen Zimmer ein gedeckter Tisch mit ordinären Stühlen stand. War das Parlor schreiend herausstaffirt, so glich das dining-room einer Gesindestube. Auch nicht die mindeste überflüssige Verzierung, absolut nichts, als was zum Essen unumgänglich nothwendig war, konnte ich entdecken.

Ich war hungrig wie ein Wolf und der ungenirte Empfang, der mir oben zu Theil geworden war, hatte meinen Magen in eine recht behaglich unabhängige Wirthshausstimmung versetzt. Ich brach das Brot nach deutscher Weise, nahm gemächlich den Löffel zur Hand, schob den Teller zurecht und löffelte meine Suppe, die, wie alle übrigen Speisen,

höllisch gepfeffert war, mit unendlicher Seelen= und Gemüths=
ruhe hinunter, mich weder um meinen Nachbar links, noch
um meinen Nachbar rechts kümmernd. Ich war noch nicht
beim vorletzten Löffel, als die beiden Herren vom Lesetisch
und eine der Damen bereits wieder vom Tisch aufstanden.
Jetzt erst sah ich mich ein wenig um. Das war ein förm=
liches Schlingen. Da alles auf einmal auf die Tafel gesetzt
worden und „help yourself" die Losung war, so nahm
und forderte ein jeder, was ihm behagte und die Tafel kam
mir vor, als sollten die armen Menschen für irgend eine be=
gangene Missethat durch Essen abgestraft werden, welcher
Strafe sie so rasch wie möglich zu entgehen suchten. Ich
machte den ersten dummen Streich in Amerika, indem ich,
um nicht gegen die Höflichkeit zu verstoßen, trotz eines wahren
Jagdhundsappetits mit dem letzten Boarder die Tafel gleich=
falls verließ.

„Mister — what's your name?" — „Bitte, singen
Sie uns ein deutsches Lied!" hüpfte mir beim Eintritt ins
Parlour der Backfisch entgegen.

Ich hätte lieber eine Cigarre geraucht. Doch wer
kannte mich hier? Ich setzte mich also, ohne lange verschämt
zu thun, an's Clavier, trommelte als Introduction den
Dessauer Marsch, mit feinen Phantasietrillern bereichert, und
brüllte das Lied „Steh ich in finstrer Mitternacht"
ab. Es gelang mir nach den ersten beiden Strophen, die
Herren zur Thür hinaus zu singen. Die Ladies aber hatten
minder zarte Nerven und ließen mich den „very nice song"
noch einmal durcharbeiten, meinten nachher, deutsche Lieder
dürften in ihrer ganzen Eigenthümlichkeit doch nur von
Deutschen vorgetragen werden und — — Mrs. Cook gab
mir (was, wie mein Freund sagte, eine unerhörte Bevor=
zugung war) einen brennenden Fidibus, und erlaubte mir zu
rauchen.

Inzwischen rebellirte mein hungriger Magen immer lauter, und da ich entschlossen war, das nächste Mal dreister bei Tisch zu sein, so vergalt ich Mrs. Cook ihre Höflichkeit, indem ich board and lodging a dollar a day für die Dauer meines Aufenthaltes mit ihr abschloß. Jetzt aber fort, um zu essen.

Mein Freund S. führte mich zurück auf den Broadway. Es war inzwischen dunkel geworden, aber die hellerleuchteten prachtvollen Läden strahlten einen feenhaften Glanz aus über die Straße, auf welcher es jetzt, wo alle Geschäftsleute von der unteren Stadt nach ihren Wohnungen gingen, wo möglich noch einmal so lebhaft als vorher war. An den eleganten Diningsalons, den fashionablen Brandyschenken vorüber, in denen die Herren am Fenster saßen und meistens die Beine zum Fenster hinaus gestreckt hatten, den Luxus-, Conditor- und Cigarrenläden vorüber, schlenderten wir durch rennende Menschheit — denn ein Amerikaner geht nicht auf der Straße, er stürzt — down town zu, bis mein Begleiter rechts einbog und wir ein Local betraten, wo ein Meer von Gasflammen buchstäblich meine Augen blendete. Es war Taylor's saloon, die Conditorei und Restauration des International hôtel. Das Etablissement war vor kurzem erst eröffnet worden und beispiellos en vogue. Ein unverschämter, überladener Luxus an Spiegeln, vergoldeten Stukkaturen, Sammetmöbeln und Marmortischen, an barocken Bronce-Candelabern, Fontainen, welche aus einem großen, zu einem Aquarium dienenden Marmorbassin sprangen, reichlich über hundert Aufwärter, ein Büffet, überladen mit allem, was das Raffinement erfunden hat, um den Gaumen zu reizen und zu kitzeln, vor allem aber das Lichtmeer, welches der Sonne Hohn sprechen zu wollen schien — welch ein Contrast zu dem öllampendämmernden Salon meines Schiffes von gestern, ja, welch ein Contrast zu unsern

Hamburger öffentlichen Lokalen! Gewiß, man hätte auch hier nicht den Maßstab eines edlen geläuterten Geschmackes anlegen dürfen, nicht einmal den einer übertriebenen Eleganz, aber das soll es ja auch nicht sein. Es ist berechnet, um zu blenden und den Zweck erfüllt es redlich.

Die meisten Kellner hier sind Deutsche. Die letzte Revolution in Europa hat Amerika mit einer reichlichen Zahl fancy waiters gesegnet. Italienische Marquis, polnische Grafen, ungarische Cavaliere, deutsche Barone, trifft man durchaus nicht selten mit kurzer Jacke und weißer Schürze und mancher arme Ritter, der daheim dem Schneider den Frack schuldig bleiben durfte, in welchem er die Herzen der Damen der haute volée eroberte, ernährt sich hier redlich und gießt die cocktails in langen Bogenstrahlen über seinen Kopf weg zur Mischung aus einem Glase ins andere.

Der Zufall wollte, daß der uns bedienende waiter gleichfalls ein edler Magyare und nichts weniger als ein Graf *** war. Hätte ich nur — die Gelegenheit dazu war so schön — in seinen Zügen jenen so oft beschriebenen melancholischen Zug der Emigration entdecken können, nur für 2 Silbergroschen Weltschmerz, wie doppelt pikant hätte mir mein oyster stew geschmeckt. Aber nein, ich soll in meinem Leben, wie es scheint, mit keiner Art von Romantik in Berührung kommen. Graf Bassamanelka bediente mich, als ob er sein Lebelang nichts weiter gethan hätte, plauderte von Geldmachen, schimpfte über die Sitte, daß das Trinkgeld hier in Taylor's saloon nicht obligatorisch sei wie in Daum's Caffeehaus in „Wian", und war gewiß ein besserer Kellner als Graf. Doch ja, es giebt auch edle Naturen. Es giebt arme Ritter, die mit Seufzen und dem Ausdruck namenloser Verachtung ihres schnöden Daseins am Tage die Gäste bedienen und sich Nachts, weinend um's Vaterland, besaufen. Erst vor acht Tagen hatte ein Deut-

scher sich todtgeschossen, aber in die Pistole einen — Magen=
bittern gegossen, und das stört die Illusion gewaltig.

Da wir einmal durch den ungarischen Kellner=Gra=
fen auf die Revolution zu sprechen gekommen waren, in
welcher ich selbst eine Rolle gespielt hatte, die mich Gott=
lob nur am Galgen vorbei geführt hatte, so versprach
mir mein Cicerone eine Ueberraschung, und führte mich
durch diverse Straßen in ein geräumiges Local, wo uns
im Gegensatz zum Salon im International=Hotel ein wahrer
Schenkenlärm entgegenschallte. Auch wurde hier geraucht.
Doch wie? sehe ich recht? — Ja, er war es, der dicke breit=
schultrige Polizeichef der Februarrevolution, der citoyen
Marc Caussidière, der hier in New=York sein vorpolizeiliches
Handwerk eines Weinhändlers wieder ergriffen hatte. Der
citoyen glühte wie eine hochrothe Georgine; er saß in Hemd=
ärmeln an einem Tisch unter fünf oder sechs compatriotes,
die den guten Mann unter die Erde zu ärgern suchten, indem
sie Louis Napoleon in den Himmel erhoben. Caussidière
rief mir den seligen Legendre, den Freund Danton's, ins
Gedächtniß. Derselbe breitschultrige Revolutionsmann, die=
selbe seine Feinde zum Fenster hinausschmeißende Gutmüthig=
keit im Gesicht. Mein Begleiter, der hier zweimal in der
Woche französische Conversationsstunde nahm und sein „sacré
coujon de Napoléon!" schon recht geläufig accentuirte, stellte
mich vor als eine Notabilität der haute conspiration,
agent de la maison Mazzini, Ledru Rollin et Co. —
Der citoyen machte ein Zeichen, ich machte auch ein geheim=
nißvolles Zeichen, — ich glaube, ich winkte dem Kellner —
und er zerdrückte mir die Hand, daß alle Gelenkknochen
knackten.

Da war ich denn, ohne es zu wollen, mitten in eine
politische Schmiere hineingerathen und da ich besser französisch
sprach als die coiffeurs und perruquiers, die hier à

l'avenir de l'Empereur soffen, so eroberte ich rasch des Titanen Gunst. Und als ich vollends einige Injurien losließ, die ich dem Helden des 2. Decembers in Europa schuldig geblieben war, da wurde Markus Antonius weich und antwortete mit Champagner, von dem aber „Messieurs les haircutters," wie er seine Landsleute nannte, nichts abkriegten. War es der edle Wein, oder war es die Stimmung — der Mann hat ein großes Herz, er ist eine kernige Natur, er liebt la belle France und trinkt seine Weine im richtigen Verhältniß zu seiner Liebe.

Die Stunden flogen vorüber und es war nach ein Uhr nachts, als mir einfiel, daß ich dem Besitzer von Washington-house doch unmöglich einen Thaler Schlafgeld umsonst bezahlen durfte. Ich ließ mich also wieder auf den Broadway bringen, um, immer der Nase nach, wieder in mein Hotel zu gelangen.

Die Läden waren geschlossen. Die Gaslampen brannten trübe und schlecht, denn die Verwaltung stiehlt auch hier wie die Raben, und der vorhin noch so glänzende Broadway sah aus, als ob er den Katzenjammer hätte. Die Riesenstraße lag still und verödet, nur einige Nachtschmetterlinge, welche ihre Reize noch colportirten, waren die einzigen lebenden, aber schwerlich fühlenden Seelen in der Oede. Alles still; nur vom river her tönte dann und wann der Pfiff eines abgehenden Dampfers, oder das Rollen eines Zuges auf einer fernen Eisenbahn.

Als ich, im Hotel angelangt, in das bar-room ging, um meinen Zimmerschlüssel zu holen, meldete mir der waiter „Your countryman, the old gentleman, wants to speak to you, Sir!"

Herr Achherrjehses? Ist der noch nicht im Hafen des Schwiegersohnes vor Anker gegangen? dachte ich, als ich die Treppe hinaufstieg.

Es war mir, ich wußte selbst nicht warum, unheimlich und unbehaglich zu Muthe, während ich den mit Teppichen belegten Gang, der zu Herrn Schmidt's Zimmer führte, entlang schritt. Ich stand vor seiner Thür und klopfte.

Eine weibliche Stimme rief „herein!"

Wie! sollte der alte Sünder —— — —

Da saß der Mann in der Mitte des Zimmers auf einem Stuhl. Die Arme hingen ihm schlaff am Leibe herunter, sein Gesicht war erbfahl und er schien um zehn Jahre gealtert zu haben. Sein Auge war entzündet, aber trocken und stierte ausdruckslos vor sich hin. Und neben ihm stand in trostsprechender Stellung, die Hand auf seine Schultern gelegt, Madame Meier und schluchzte.

„Ums Himmels willen, Herr, was ist Ihnen?" rief ich aus.

Ein langer röchelnder Seufzer war die Antwort.

„Sind Sie krank, Herr?"

Keine Antwort.

Ich blickte Madame Meier an. Diese führte mich ans Fenster und erzählte mir Folgendes.

Herr Schmidt war aufs gerathewohl ausgegangen und hatte auf der Straße einige deutschredende Personen getroffen, die ihm den Weg nach ***street zeigten. Hier angekommen, fand er zwar die Nummer des Hauses, welches sein Schwiegersohn bewohnen sollte, aber von der Firma Selton & Co. keine Spur. Parterre war ein grocery store, in welchen unser Reisegefährte eintrat und mit fragender Stimme den Namen Selton und den seines Schwiegersohnes aussprach.

Man hatte ihm englisch mit einem höhnisch klingenden Lachen geantwortet und eine andere, wie er glaubte, spottende Frage an ihn gerichtet.

Herr Schmidt stand wieder auf der Straße und blickte nach rechts und nach links, suchte in seiner Brieftasche die alten Briefe auf, sah nach, und Straße und Nummer stimmten auf ein Haar mit der brieflichen Angabe.

Jetzt war er ein paar Häuser weiter gegangen und an einem Schuhmacherladen angelangt, in dessen Schaufenster er eine Affiche mit den Worten „Hier spricht man deutsch" erblickte.

Er war in den Laden getreten und hatte in der Frau des Schuhmachers eine Deutsche gefunden, mit welcher er sich unterhalten konnte.

Von dieser Frau hatte er erfahren, daß Selton & Co. seit einem Jahre eine sogenannte mock auction betrieben, den Schwindel aber zu arg gemacht hätten, so daß die Behörden gezwungen gewesen wären, einzuschreiten. Mr. Selton hätte man erwischt und er säße in den „Tombs" (Gefängniß), der deutsche Partner hätte sich noch zeitig aus dem Staube gemacht und wäre nach dem Westen geflüchtet. Am meisten zu beklagen wäre jedoch die junge Frau des Deutschen, die sich, als die Katastrophe hereinbrach, zum Fenster hinausgestürzt hätte und auf der Stelle todt geblieben sei. Ihr Mann habe sie umsonst zu überreden gesucht, mit ihm zu fliehen, und während sie den Sturz zum Fenster hinausgethan, seien die policemen ins Haus gedrungen, und der Mann hätte kaum noch so viel Zeit gehabt, sich zu verbergen. Es sei jedoch bereits dunkel gewesen, als das alles passirte, und so sei der Deutsche im Gedränge fast über den zerschmetterten Körper seiner Frau weg entkommen. —

Herr Schmidt sei bei dieser plötzlichen, fürchterlichen Nachricht wie vom Blitz getroffen umgefallen, und nachdem er sich endlich so weit erholt habe, um sich aufrecht zu halten, habe ihm die deutsche Frau zwei Gesellen ihres Mannes mitgegeben, die ihn wieder ins Hotel gebracht hätten.

Das war der Bericht, den mir Madame Meier mit

wirklichem Zartgefühl vor dem unglücklichen Mann, mit
gedämpfter, leiser Stimme machte.

So einfältig es auch scheinen mag, so war dennoch der
erste Eindruck, den diese fatale Geschichte auf mich machte,
derart, als hätte ich sie verschuldet. Eine Menge verkehrter
Schlüsse und Rückschlüsse gingen mir durch den Kopf, die
alle ohne Ausnahme darauf hinausliefen: hätte ich Herrn
Schmidt nicht aus den Augen verloren, die Katastrophe würde
weniger schrecklich auf ihn gewirkt haben. Es war ein dum=
mer Schluß und die Wirkung meines eigenen Schrecks; ge=
nug, dem war so.

Es vergingen gewiß fünf Minuten, bevor Einer von
von uns Dreien den Mund aufthat. Endlich fragte Madame
Meier: „was nun anfangen?"

„Schlafen," war meine Antwort. „Guter Rath kommt
über Nacht; bringen Sie Herrn Schmidt zu Bette und mor=
gen findet sich das Weitere. Gute Nacht."

Ja, ich habe gesagt, Madame Meier solle Herrn
Schmidt zu Bett bringen, ich habe es wirklich gesagt,
denn ich war confus geworden. Und die gute Madame
Meier brachte Herrn Schmidt wirklich zu Bette und hielt
Wache an seinem Lager die ganze Nacht.

Ich stieg nicht eben in der besten Stimmung ins Bett.
Der mitleidsvollen Erregung folgte, ich will es ehrlich beich=
ten, eine Art von egoistischem Groll gegen Schwiegerväter,
welche ihre Schwiegersöhne in Amerika besuchen. War das
bereits der Einfluß des Klimas? War es das deutliche Vor=
gefühl, welches mir sagte: wenn du selbst in diesem Lande
hinter einer Hecke im Verenden lägest, es krähte kein Hahn
nach dir? — Ich weiß es nicht, aber vielleicht war es
gerade jene Selbstsucht, die mich den festen Entschluß fassen
ließ, Herrn Schmidt am nächsten Tage wieder nach Deutsch=
land zurückzuspediren, um — seiner los zu werden und —

wenn die That gut ist, hat sich die Welt den Henker um das Motiv zu scheren. Ich habe in meinem Leben verdammt wenig Gelegenheit gehabt, mich von der Uneigennützigkeit der Menschen zu überzeugen und außer der Liebe von Eltern zu ihren Kindern nichts gelernt, was mich überzeugt hätte, daß die Motive der menschlichen Handlungen bedeutend besser wären, als der Heißhunger eines bengalischen Tigers. Furcht, Interesse und Eitelkeit sind die Impulse unserer Handlungen, und ich bin von meinem 25. Jahre an verständig genug gewesen, um in den berauschenden Stromschnellen der Politik, in der Thätigkeit des Erwerbes, in den Umarmungen der Liebe, in allen großen und kleinen Leidenschaften des menschlichen Daseins ewig und ewig einen jener drei Factoren durchzufühlen. Ich werde also Herrn Schmidt expediren, nicht um eine gute Handlung zu begehen, sondern um ihn los zu werden und wenn ihm damit geholfen wird, so ist mir noch mehr damit geholfen.

Und damit blies ich mein Licht aus.

Ich irrte mich sehr, wenn ich glaubte, schlafen zu können. Ein feiner, schüchterner Biß an mein Knie, dann ein herzhafterer an meinen Hals, zuletzt eine Universalbeißerei an meinen ganzen Körper belehrte mich, daß ich mein Lager mit einer Masse jener kleinen zuthulichen Menschenfreunde theilte, welche man Wanzen nennt. Ich zündete das Licht wieder an und ging auf die Jagd, allein mein Wild war wie weggeblasen. Umsonst warf ich mich von einer Seite auf die andere, fluchte in verschiedenen Mundarten, die Geschöpfe wurden jeden Augenblick dreister. Da dachte ich endlich: der Klügste giebt nach, und überließ den Wanzen das Lager, das sie mir nicht überlassen wollten — vielleicht nahmen sie es als ein historisches Recht in Anspruch — kleidete mich wieder an und legte mich auf den beteppichten Fußboden, denn einen Sofa hatte mein Zimmer nicht, vielleicht weil ich kein Gepäck bei mir hatte und nicht würdig erschienen war, auf etwas anderes, als auf ein simples bed-room Anspruch zu machen. — Unter den Kopf schob ich mein gutes Gewissen, und deckte über das Gewissen den Polstersitz eines Stuhles, und schlief so gut oder so schlecht es gehen wollte und freute mich, daß ich mehr Verstand hatte, als meine kleinen Bettkameraden, denen eine solche Nachgiebigkeit in ihrem Leben gewiß noch nicht vorgekommen war.

Als ich morgens zu Herrn Schmidt ins Zimmer ging, traf ich ihn weinend. Das war ein gutes Zeichen, die Natur hatte sich Luft gemacht. Madame Meier war auch gefaßter. Mein Vorschlag, hinunter zu gehen und erst zu frühstücken, fand also keinen Widerspruch. Ich hörte bei dieser Gelegenheit, daß meine beiden Reisegefährten, seit sie mit mir vom Bord gegangen waren, noch keinen Bissen genossen hatten. Der Sprache unkundig, „grün" bis zum Exceß, hatte die Dame meine Rückkehr erwartet, um ihr die Art und Weise zu verdolmetschen, wie man in Amerika ißt und trinkt.

Um jedoch den alten Herrn zu beruhigen, erklärte ich ihm, ich hätte bereits einen Plan, ihm zu helfen, er solle also seine Seele nur mit Zuversicht und seinen Magen mit noch solidern Substanzen füllen. Hierüber wurde Madame Meier aber so gerührt, daß sie einen Augenblick wahrnahm, wo ich vergaß, mich zu bewachen, meinen Kopf zwischen ihren beiden Händen erwischte und ausrief:

„Sie sind ein edler Mann!"

Schwapp! Da saß der Kuß! Es war eine wohl applicirte Prime, die ich nicht pariren konnte, womit ihre Lippen gegen die meinen stießen. Es war ein Schmatz in optima forma. Niemand entgeht seinem Schicksal! Ich habe wohl Schmeicheleien, wie mauvais sujet, polisson und ähnliche Redensarten, mit denen die Tugend Maskerade spielt,

vernommen, aber noch nie von weiblichen Lippen den Spitz=
namen eines edlen Menschen als Paſſeport zu einem Kuß
erhalten.

Ich ſchüttelte mich wie ein Kater, der unter eine Dach=
traufe gerathen iſt, und führte meine Reiſegefährten ins
basement, wo wir alle drei mehr Appetit an den Tag leg=
ten, als das Dramatiſche unſerer Situation erforderte. Nach=
her erklärte ich Herrn Schmidt, das Vernünftigſte, was er
jetzt thun könne, ſei meiner Meinung nach, mit dem erſten
Schiff, und da deren täglich gehen, noch heute nach Europa
zurückzukehren. Ich wolle ihm durch die „deutſche Geſellſchaft"
Paſſage ꝛc, ſchon in Ordnung bringen und mein Scherflein
ebenfalls beitragen. Das Schlimmſte in einer Lage, wie die
jenige, ſei unbedingt ohne Entſchluß zu bleiben. Gleichzeitig
bedeutete ich auch Madame Meier, daß auch ſie ihren Gat=
ten in Chicago nicht länger zappeln laſſen dürfe, blieb aber
ihren ſchmachtenden Augen gegenüber en garde.

Das hatte ich nun davon! Statt auf meinen vernünf=
tigen Vorſchlag einzugehen, erklärte Herr Schmidt poſitiv,
er wolle ſeinem ehrvergeſſenen Schwiegerſohn nachſetzen bis
ans Ende der Welt. Umſonſt ſuchte ich ihn zu überreden,
daß die Welt rund ſei und füglich kein eigentliches Ende
habe, daß ſein ſauberer Herr Schwiegerſohn vielleicht ſchon
auf dem Wege nach Californien wäre, möglicherweiſe in den
Rocky-mountains, wenn er über Land gegangen, oder in
Panamá, wenn er pr. Steamer gereiſt, oder drei Monate
lang auf Salzwaſſer ſchwimmen könne, wenn er pr. Segel=
ſchiff ums Cap Horn gegangen ſei. Umſonſt führte ich
ihn an Mercator's Weltkarte, welche im bar-room hing und
ſchüttete alle meine geographiſche Weisheit vor ihm aus; er
blieb bei ſeiner fixen Idee, refuſirte alle meine Anerbieten,
erklärte 200 Dollars Geld zu beſitzen und ſo lange noch ein
Pfennig davon über ſei, wollte er ſuchen, Rache zu üben

an dem Nichtswürdigen. Ich versuchte es zuletzt mit Grobheiten und erklärte ihm, er sei verrückt, in seinen Jahren einen so romantischen Plan zu verfolgen, und ohne die geringste Spur, ohne Sprachkenntniß den Commis voyageur der Erinnyen zu spielen. Es half nichts, und der Teufel mußte auch Madame Meier reiten, welche den Plan edel, schön, erhaben fand und Herrn Schmidt küßte, mir dabei einen strafenden Blick zuwerfend, als wollte sie sagen: „Sieh, prosaischer Mensch, diese Liebkosung hättest du genießen können!"

Im Innersten meiner Seele hatte ich sicher keine Ursache, mich über die abenteuerliche Wendung zu beklagen, welche das Ereigniß nahm. Ich ergab mich also, begleitete Madame Meier und Herrn Schmidt, nachdem ihr Gepäck von Bord geschafft worden war, nach einem Albany Boot (denn Herr Schmidt hatte sich entschlossen, seine anti-schwiegersöhnlichen Recherchen via Chicago zu beginnen), sah sie abdampfen und wünschte ihnen eine glückliche Reise.

Erst jetzt fühlte ich mich offen gestanden, in Amerika — das Schiff, welches uns herüberbringt, ist immer ein Stück schwimmendes Vaterland, der Reisegefährte ein Anhängsel aus der Heimat. Das bröckelt in der neuen Welt auseinander wie ein Lehmboden, auf den die Sonne scheint, aber so lange es zusammenhält, ist es heimisch, stützt sich wie betrunken eins aufs andere, damit es nicht falle, und fällt oft doch nur um so viel schneller.

Mein Gepäck — es bestand aus einer riesigen Kiste mit Garderobe für wenigstens drei Jahre im voraus, und einer kleinen Kiste, einen vollständigen Apparat zum Daguerreotypiren enthaltend, mit dessen Hülfe ich mir die Ansichten aller von mir zu entdeckenden Länder zu fixiren gedachte, einem Koffer von respectablem Umfang, einem Nachtsack, einer Hutschachtel — ferner: einer Büchsflinte, einem Hirschfänger, ein paar Pistolen und einem Dolch. Mein Gepäck also, mit Ausnahme der nothwendigsten Garderobe, die ich in meinen Nachtsack wandern und mir durch einen dem Capitän bekannten, so weit als möglich ehrlichen, Neger voraustragen ließ, blieb am Bord des Schiffes bis auf weitere Verfügung. Schon jetzt sagte mir ein dunkles Vorgefühl, wie recht Fritz Gerstäcker gehabt hatte, den ich einige Wochen vor meiner Abreise in Hamburg traf, als er mir auf meine Frage, was man zu einer Reise in tropische Länder nöthig habe, antwortete: „eine wollene Decke." Meine Siebensachen waren mir bereits am ersten Tage eine gêne in einem Lande, wo man auf keinen Menschen Rücksichten zu nehmen braucht. Aber so machen es die meisten Auswanderer. Sie gehen in Verhältnisse, wo die größte Kunst darin besteht, so leicht wie möglich auf eigenen Füßen zu stehen, und sie belasten ihr Dasein mit einer Aussteuer, als wollten sie in den heiligen Ehestand treten. Sie gehen einer Existenz der Bewegung entgegen, und beschweren den Pendel ihrer Lebensuhr mit Ballast. Practische Leute, welche ihre gehörigen Partien Reisebeschreibungen verdaut haben, richten ihre Collis in Europa bereits so ein, daß sie eine bequeme Maulthierlast bilden, weil sie gehört haben, daß man in Mexiko mit Maulthieren reist. Aber zu einem Maulthier gehört Geld es zu bezahlen, ein Führer um es zu treiben, und wieder Geld um den Führer zu treiben. Und da verschluckt oft eine einzige Landreise von hundert Leguas mehr als den Preis, den der ganze Garderobebettel in Europa gekostet hat, an Transportkosten, und man ist Sclave seiner Sachen, — die schrecklichste Sclaverei, die es giebt, die man aber nirgends so fühlt als in Ländern, wo man einzig und ausschließlich auf sich selbst angewiesen ist.

Unter solchen Betrachtungen — ohne Betrachtungen darf ein Deutscher nie sein, — war ich Libertystreet hinaufgeschlendert und überließ mich der Menschenflut auf dem Broadway.

An der Ecke von Wallstreet machte ich Halt, denn ich mußte Halt machen, um einen Blick in diese nach dem East=River sich absenkende breite Straße, welche in einen Mastenwald ausläuft, zu werfen. Das ist hier, nebst den angrenzenden Straßen (Nassau= und einem Theil der Wil= liamstreet), das Generalquartier des Bankgeschäfts. Hier ist rechts die prachtvolle Börse mit dem stolzen Säulen= frontispice, die kein Mensch besucht, weil keine Zeit dazu da ist, sich auch nur auf fünf Minuten ohne in Hast thätig zu sein an seinen Pfeiler zu stellen. Da links, eine andere Säulenhalle, ist die Bank von New=York. Die größ= ten Banquiers und die größten Advokaten wohnen in diesem Theil der Stadt, denn wenn die Banquiers fallen, so müssen die Advokaten gleich bei der Hand sein, um sie wieder auf die Beine zu bringen; das ist in der ganzen Welt Sitte, nur ist die Einrichtung hier bequemer und praktischer. Fällt ein Haus in Wallstreet, so klirren die Fensterscheiben in der 45sten Straße der vierten Avenue, eine kleine Entfernung von fast 1½ Stunden. Denn die Häuser sind hier so gebaut, daß der Kitt des Credits immer durch ganze Reihen hindurch geht und es auf dem Meere des Handels nur Orcane oder fair wind giebt. Ich für mein Theil glaube nicht, daß das New=Yorker Geschäft im großen unsolider ist als an jedem anderen Platz. Man macht aus seiner Mördergrube kein Herz, man ist hier aufrichtig und sagt:

"Sehe jeder, wie er's treibe,
Und wer steht, daß er nicht falle."

Jeder traut seinem Nachbar so viel, als er weiß, daß der Nachbar ein Interesse dabei hat. Wird geschwindelt, so schwindelt alle Welt. Das Beschwindeln steht immer ver= einzelt da als Ausnahme im Engroshandel; es ist nur

Regel im dubiösen ephemeren Straßengeschäft, wo es smart sein heißt, wenn einer den andern übers Ohr haut. Ich bin überzeugt, nur die ameisenartige Gaunerei der Kneipen, die Verdecke der Dampfboote, das Colporteur= und Auctionswesen sind es gewesen, welche die meisten Touristen verleitet haben, den Stab zu brechen über den amerikanischen Handel, den ich wahrlich nicht für tugendhafter, noch lasterhafter halte, als die Baumwollenreblichkeit der City in London, oder den soliden Kaffeesatz des alten Wandrahms in Hamburg.

Der Amerikaner besitzt dagegen social=mercantilische Eigenschaften, mit welchen er selbst John Bull übertragt. Er kommt in allen Dingen gleich to the point. Ein Yes oder ein No, bei einem proponirten Geschäft, oder, wenn er recht höflich sein will, ein „that's out of my line," setzt einen sofort au fait und „macht uns den Standpunkt klar." In jedem nur einigermaßen honetten Laden sind „last prices", und man wird verschont mit zudringlichen Höflichkeiten europäischen Ellenritterthums, und bekommt keine Antwort, wenn man weniger bietet, als gefordert wird. Vor allem herrscht hier nicht unsere unausstehlich suffisante Wichtigmacherei im Geschäft, nicht jene äffische Gleichthuerei der haute volée, die es doch nie über die Manierirtheit hinausbringt. Der amerikanische Geldaristokrat setzt seinem eigenen Gott Mammon den Fuß auf den Nacken, er ist nicht Sclave des Geldes, das Geld ist sein Sclave, den er schindet, quält, sich zu Tode arbeiten läßt, den er hetzt bis aufs äußerste. Es ist kein goldenes Kalb, welches der Amerikaner anbetet; es ist ein goldener Ochse, den er ins Joch spannt, mit dem er pflügt. Das ist der Unterschied zwischen der amerikanischen und unserer mauschelnden und näselnden europäischen, besonders continentalen Geldaristokratie. So sind die Aspinwall, die van der Bilt, die Taylor und hundert andere. Es giebt hier keine Zwickauer, keine A. Meier, keine B. Meier, keine C. Meyer. Und wie gehen die Kerle ins Zeug! Da kauft einer (Cesar van der Bilt) ein Stückchen Ocean an der Küste des Staates Jersey, läßt abdämmen, zuwerfen und baut einen allerliebsten Flecken hin, weil er calculirt hat, daß ihm die lots auf diese Weise billiger zu stehen kommen, als auf unseres lieben Herrgotts festem Erdboden.

Da baut Herr Aspinwall eine Stadt in einer Sumpfgegend am karaibischen Meere, wo das Fieber mehr Erbarmen hat, als die Moskitos und Chichenes, aber er leitet gleichzeitig jenes Wunderwerk der Panama-Eisenbahn ein, welche zwei Oceane auf drei Stunden aneinanderrückt. Da wirft ein dritter hunderttausend Dollars in Moräste eines westlichen Staates, und man hält den Kerl für verrückt. Aber der verrückte Kerl fängt mit anderen hunderttausend Dollars an eine Eisenbahn zu bauen.

Das Land steigt im Preise, die Eisenbahn bleibt zwar unvollendet, aber eine Wildniß ist bevölkert. Andere bauen die Bahn weiter, und der „verrückte Kerl" hat 150 pCt. mit seinem Gelde gemacht. Es sterben dabei allerdings zwei- bis dreihundert Menschen, aber sie sterben nicht durch Musketenkugeln fürstlicher Garden, und Tausende werden wohlhabend und glücklich bei dem — Schwindel, über welchen die hysterische Philantropie Europas, welche auf ihren Feldern der Ehre ganze Schiffsladungen voll Menschenknochen aufsammelt, ach und wehe jammert.

Ein amerikanischer Kaufmann ist kein glatter, von der Civilisation polirter Mensch. Aber er erfaßt alles, was praktisch ist, aus dem sich praktischer Nutzen ziehen läßt, mit Energie. Er hat in seinem Leben nichts gehört von Leuten, welche Schelling oder Hegel hießen. Seine literarischen Kenntnisse beschränken sich auf einige französische Romane, die er in englischer Uebersetzung liest, wenn er absolut nicht weiß, was er thun soll, — to while away the time.

Dagegen hat der Name Liebig einen lauteren Klang
in den Vereinigten Staaten als bei uns, denn sie haben von
ihm gelernt, wie sie ihre Käse, ihre Butter, ihre Biscuits,
kurz ihre „yankee notions" rascher und billiger herstellen
könnnen. Erwerb oder Genuß — das muß ihnen Wissen=
schaft und Kunst bieten, vor Abstractionen wird ihnen angst.
Sie beten Liebig an und brüllen sich die Kehlen heiser,
wenn eine Elsler ihnen etwas vortanzt, oder eine Jenny
Lind ihnen die Dollars aus der Tasche singt.

Ich verdanke diese Beurtheilung dem Dr. Ludwigh
(Firma: Ludwigh, Smith, Fink) in Wallstreet, den
ich nicht zu verwechseln bitte mit jenem „Stump orator"
Ludvigh, welcher im Jahre 1848 mit seinen beiden Lungen=
flügeln in unseren Hamburger Vereinen Gastrollen gab. Der
Wallstreet-Ludwigh ist ein berühmter lawyer in New=
York, welcher seit 18 Jahren hier lebt, ein gesundes Urtheil
über sein neues Vaterland besitzt und sein altes Vaterland,
Sachsen, nicht als politischer Flüchtling verlassen hat. Honnetten
Landsleuten geht er mit Rath und That unaufgefordert zur
Hand, die renommirenden Revolutionsbramarbasse in Shake=
speares Hotel sind ihm ein Greuel. Er ist Republikaner aus
Praxis, nicht aus Theorie, und würde für die amerikanische
Unabhängigkeit lieber die Flinte zur Hand nehmen, als für
die deutsche Republik eine — Rede halten. Einer seiner
Partner, Mr. Smith, ist Congreß-Mitglied, und ich ver=
danke diesen beiden Männern hundertmal mehr, als ich
aus dicken Büchern gelernt habe.

Beim Weggehen — ich hatte en passant meinen Em=
pfehlungsbrief abgegeben — sagte er mir: „Wir werden uns
übermorgen Abend bei Möring sehen."

Möring? das war ja ein Name, der mir wie eine
Nemesis oft und schmählich gekränkter Hamburger Ober=

alten Klang. Ich bemerkte daher, daß ich nicht die Ehre habe, bei diesem Herrn introducirt zu sein.

„Das thut nichts," versetzte Ludwigh, „das ist meine Sorge. Möring ist ihr Landsmann, ich glaube, sein Vater ist Senator (Oberalter verbesserte ich), seine Frau ist eine geborne Heise, auch eine Hamburgerin. Morgen bekommen Sie eine Einladung."

„Mein guter Doctor," nahm ich das Wort; „meine Bescheidenheit hinderte mich bis jetzt, Sie einen Blick in das Register meiner zahlreichen Sünden thun zu lassen, und — — es ist nur — — von wegen an die Luft setzen — — —

„O ja!" lachte der Advocat, „ich weiß, ich weiß. Aber wir sind in Amerika und die Menschen sind hier vernünftiger. Sie versagen sich nicht zu übermorgen!"

Am Ende — auffressen wird man dich nicht, dachte ich, als ich wieder auf der Straße war, und dann ist es hübsch, wenn ich den vielen Kummer, den mir die Hamburger Staatsgewalten bereitet haben, durch Liebenswürdigkeit gegen ihre Anverwandten auf der anderen Hemisphäre vergelte.

Ich bummelte weiter.

Jede der Querstraßen bot ein belebtes Bild. Pine-Street, Maidenlane, was ich schlankweg mit Jungfernstieg übersetzte, weil hier alle Importeurs europäischer Kurz- und Galanterie-Waaren wohnen, nein, nicht wohnen, denn kein Mensch wohnt in New-York bis Chamberstreet aufwärts, sondern hier giebt es nur Läden und Offices; John-Street mit seinen Uhrmachern, und dann an der andern Seite Astor-house, gegenüber Barnum's Museum, weiterhin City hall mit dem Park, an dem rechts ab der New-Yorker alte Steinweg Chatam Street, mit seinen Kleiderhandlungen bis in die Dachluken der Häuser, sich hinzieht, um in die Bowery, dem deutschen Ladenviertel, einzumünden, während gerade aus, wie eine gestreckte buntschillernde Schlange, Broadway sich fortsetzt.

Die tollste Maskerade würde nur eine schwache Vorstellung geben von dem buntscheckigen Durcheinander an dieser Stelle. Hier erst theilt sich der Strom der Omnibusse, welche von der South Ferry heraufkommen, hier trifft die gesammte Communication der Riesenstadt zusammen, die große Eisenbahn nicht zu vergessen, auf welcher der Bahnhof der freie Himmel ist und die Waggons durch Pferde gezogen werden. Stundenlang kann man auf den Stufen des Hotels Astor-Hause stehen, wo zugleich der fliegende Buchhandel seine Monstre-Exhibition aufgeschlagen hat und hunderte von Journalen mit gellender Stimme feilgeboten werden. Ambulante Affichen, zerlumpte Kerle, auf langen Stangen Transparente oder Banner tragend, Gamins, welche Luftballons mit Gas gefüllt an langen Schnüren hin- und herschweben lassen, und mit grellen Buchstaben den bemalten Ballon als Adreßkarte dieses oder jenes Stores produciren. Schwärme von kleinen Negern und Irländern mit dem Stiefelputzerkasten, Frauen, welche den Vorübergehenden die Karten eines Hotels, eines Schneiders, oder auch die Wohnung irgend einer privatisirenden Venus vulgivaga in die Hand drücken, geputzte Ladies, welche hier auf ihren Spaziergängen umkehren, Dandies, Geschäftsleute, als Indianer verkleidete Industrieritter, hirschlederne mit Perlen gestickte Pantoffeln feilbietend, und dazu ein infernalisches Bumrassassa vom Balcon des Königs des Humbugs, von Barnum's Museum, dessen Palast mit den skandalösesten und fabelhaftesten Ungethümen von Menschen, Schiffen und Bäumen, Seestürmen und Feuersbrünsten von oben bis unten beschmiert ist, zwischendurch das ununterbrochene get-on! get-on! der Kutscher, das Drängen, Stoßen, Schieben der hastig vorübereilenden Geschäftsleute, die permanente Volksversammlung jeder Classe von Industriellen, vom respectablen broker bis zum eleganten fancy-man, dem Zuführer gewisser Häuser, welche den Eingang in's Hotel erschwert; es ist ein ungefähres, aber nur ein sehr mattes Bild, welches ich hier entwerfe, denn das unaufhörlich sich selber rüttelnde und schüttelnde Kaleidoscop läßt einem keine Zeit, die Einzelheiten treu und genau zu zeichnen.

Astor-Hause bildet die Ecke von Broadway und Barclay Street. Letztere Straße zieht sich in grader Linie hinunter nach dem North-River auf eine der Hoboken-Fähren zu. Das Hotel selbst, trotz seiner Lesezimmer, seinem Telegraphenbüreau, seinem bar-room, welches eine Börse im kleinen für die möglichst ehrliche und möglichst unehrliche Geschäftswelt ist, bedeutet lange nicht mehr das, was sein Ruf von ihm sagt. Aber es hat das Eigenthümliche, sich von allen Hotels specifisch amerikanisch erhalten zu haben. Die Concurrenz hat es an Größe, Comfort und Eleganz längst überflügelt. Wir reden nicht von dem riesigen Metropolitan, dessen Front genau gemessen so breit ist, als die Strecke vom Eingang des Hotels Belvédère bis zum Eingang des Alster-Hotels in Hamburg, seinen Spiel- und Gesellschaftszimmern, seinen 72 französischen, englischen, deutschen und amerikanischen Köchen; auch nicht von dem fast vollendeten (1852) S. Nicholas Hotel, diesem Palast aus weißem Marmor, dessen Einrichtung die Verrücktheit des alles-überbieten-wollens auf die Spitze treiben soll. Broadway weist andere Hotels, wie Lafarge-Hause 2c. genug auf, welche Astor gleichstehen, wo nicht überflügelt haben. Aber dieses ruht noch auf seinen alten Lorbeeren, und wenn es seine Memoiren schreiben könnte, so hätte es den reichsten Stoff, denn es ist eigentlich das erste Hotel, womit New-York sich anmaßte, das europäische Gasthauswesen über die Achseln anzusehen, und es steht in seiner graubraunen Monstrosität noch immer so drohend da wie ein satter Bär, der nicht in seiner Verdauung gestört werden will. Dazu kommt noch, daß der Theil von Church=Street, welcher, parallel mit Broadway laufend, dem bezeichneten Hotel am nächsten lag und ein Quartier bildete, wie gewisse schöne Gegenden in Hamburg, deren H e i n e in seinem W i n t e r m ä r ch e n gedenkt, von der immer höher up town vorrückenden Geschäftswelt invasirt, und mit der wachsenden Größe der empire city die Eleganz und die Liederlichkeit immer weiter nach den A v e n u e s hingedrängt wird.

Die in Broadway einlaufenden Murray= und Warren=Street durchschneidend, einen Blick voll Sehnsucht in die Schaufenster der Money exchanges werfend, auf die Berge von Dooblons und spanischen Piastern — Gott mag wissen, ob sie echt sind! — sieht man auf der andern Seite Church park und City-hall, das Stadthaus. Es scheint in der Ferne mit seinen beiden Thürmen, einem riesigen Flußsteamer nicht unähnlich. Hier wird R e ch t g e p f l o g e n, doch ist das Gewühl so groß, daß man wenig davon merkt. — — Und jetzt sind wir an Chamber=Street, welche West=Street am North=River mit der mauschelnden Chatam=Street verbindet. Alle diese Querstraßen geben uns einen Fernblick auf den Hafen und das Wasser. Hier, an der Ecke von Chamber=Street, ist das großartige Etablissement von S t u a r t. Wieder ein vier Stockwerk hoher Steinhaufen aus weißem Marmor, das Ganze e i n kolossaler Laden mit einer Kleinigkeit von 200 Commis zum Verkaufen und hauptsächlich für Ladies eingerichtet. Der Mann soll im letzten Jahre blos an Handschuhen das nette Sümmchen von 250,000 Dollars en détail abgesetzt haben. So berichten die Zeitungen, welche seine Geschäftsbilanz pomphaft verkünden. Vielleicht beträgt die Summe einen Thaler und fünf Silbergroschen weniger, und der Humbug ist hier wie überall im Spiel.

Humbug! — Was ist das eigentlich für ein Ding? Es ist nicht unser Puff, es ist kein Betrug, es ist keine eigentliche Prahlerei. — In's Deutsche läßt sich das Wort gar nicht übersetzen, weit leichter in's Französische. Humbug ist der amerikanische esprit. Witz, Erfindung, Aufsehen, Anführung, Leitstern — alles dies und noch viel mehr drückt es aus. Es ist kein Betrug. Betrug heißt auf amerikanisch mock, und wie die französischen filous gewöhnlich viel esprit besitzen, so treiben die amerikanischen mock-men auch ihren Humbug. Aber jeder Humbug ist darum noch kein mock. Humbug treibt alle Welt hier, sogar der Reverend auf der Kanzel, um ein Auditorium anzuziehen.

Ich kann mir nicht verzeihen, daß ich bei Barnum's Museum Barnum's würdigen Schwager, Mr. Genuine, Hutmacher, dessen großartiger Laden dicht an das Museum stößt, übersehen habe, doch ich hatte noch keine Zeit gehabt, an den Humbug zu denken. Mr. Genuine ist nämlich der weltberühmte Mann, der für ein Billet zum ersten Concert der Jenny Lind 500 Dollars gezahlt hat. Man thue deshalb Mr. Genuine nur nicht den Schimpf an, ihn für einen Kunstenthusiasten zu halten; er würde dieselbe Summe für einen abgerichteten Canarienvogel gezahlt haben, wenn er dasselbe dadurch hätte erreichen können. Nein! Mr. Genuine ist ein so trockener, calculirender moneymaker, wie je einer in den Vereinigten Staaten in seinen eigenen Schuhen stand, und versteht von Kunst und speciell von Musik genau so viel, wie der Esel vom Lautenschlagen. Aber Mr. Genuine hatte sich als höherer Hutverkäufer etablirt und mußte seinem Schwager eine horrible Rente zahlen. Da gerieth Barnum auf eine gescheite Idee. „My dear brother — in — law —, you want an advertisement in allen gedruckten Papierbögen und Schnitzeln dieser unserer Vereinigten Staaten.

Das würde euch, aproximativ gerechnet, vielleicht zehn tausend Dollars und darüber kosten. Ich, euer Schwager Barnum, schaffe euch das billiger.

Und so geschah es. Mr. Genuine zahlte seinem Schwager 500 Dollars für ein Ticket zum ersten Concert der Lind, das Geld blieb in der Familie, und nachdem der New-York-Herald Namen und Stand des excentrischen Hutmachers verkündet hatte, rasselte Mr. Genuine durch alle Zeitungen der Union, machte jedes englische Blatt unsicher, ging mit Ausschmückungen und Vergrößerungen in die französische und deutsche Journalistik über, kurz machte die Runde um die Welt, wie die große Seeschlange. Was nach New-York kam, wollte den verrückten Hutmacher sehen, der um den allerschmählichsten Spottpreis die brillanteste Welt-Reclame, und sich — denn mundus vult decipi — mit 500 Dollars zum reichen Mann gemacht hatte. Die schwedische Nachtigall colportirte trillernd seine Adreßkarten in alle fünf Erdtheile hinaus, und es giebt von New-York bis Schöppenstädt kein so obskures Blättchen, welches diese wahre Geschichte unter der Rubrik „amerikanischer Kunstenthusiasmus" nicht seinen Lesern mitgetheilt hätte.

Doch wir waren bei Chamber-Street. Die glänzenden prachtvollen Läden beginnen. Was der menschliche Geist nur erfunden hat, liegt hier in Gewölben, oft tiefer als unser Bazar, in deren hinterster Hälfte auch bei Tage Gas gebrannt werden muß, aufgestapelt, prahlend, schreiend, zum Kauf herausfordernd. Andere Städte haben in ihren Ladeneinrichtungen hundertmal mehr Geschmack, die Magazine des Broadways überblenden alle. Umsonst blickte ich hie und da nach den Fenstern im ersten oder zweiten Stockwerk hinauf, um Menschen zu entdecken. Business, nichts als Business!

Ich war hungrig geworden und trat in den Dining-Saloon von Delmonico. Ein neuer Humbug. — Durch den großen Speisesaal (man ißt hier beiläufig gesagt exquisit) ging dicht unter der Decke eine eiserne Welle hin, welche einen großen Fächer durch das ganze Local hin in rotatorische Bewegung setzte und unaufhörlich eine sanfte angenehme Kühlung auf das essende, trinkende und verdauende Publicum niederfächelte. Die Welle stand mit dem Heißwasserreservoir in Verbindung und wurde durch Dampf getrieben.

Eine biedere real turtle-Suppe und eine halbe Flasche — es war eigentlich nur eine viertel Flasche Philadelphia Ale, hatte meine Sehnerven gestärkt und ich trollte weiter. — Red-, Huane-, Worth-, Leonhard- und Franklin-Street vorbei. Hier, an der Ecke der letztgenannten Straße lag International-Hotel, wo ich am Abend zuvor in dem prachtvollen Taylor-Saloon „schlampampt" hatte. — Folgen noch drei oder vier Blocks und ich stehe vor Canalstreet, der großen Verbindung des Northriver mit Division-Street.

Abermals ein Lärm und Gepolter wie in Wall-Street. Eine neue Eisenbahn, welche vom Broadway an den Fluß führt, Güterkarren, Treiber und Lastträger, Stores mit „Yankee notions," von der duftenden Zwiebel bis zum stinkenden pickled makreel, wühlen nach dem Wasser zu auf, während durch diesen neuen Centralpunkt der Luxus und Reichthum des Broadway, unbekümmert um rechts und links, hindurchschneidet.

Ich hatte eben glücklich einen freien Augenblick benutzt, um durch eine Lücke auf die andere Seite dieser Querstraße wieder den Broadway zu erreichen, als mir ein prunkhafter Leichenzug entgegenkam. Auf einem schwarzen, von zwölf Pferden gezogenen, Baldachinwagen, erblickte ich ein Ding, ähnlich einer egyptischen Mumie. Leidtragende zu Fuß umgaben die Carosse und quetschten sich so gut wie möglich durch die Omnibusse, Wagen, Reiter und Fußgänger hindurch. Hinter dem Leichenwagen folgten etwa dreißig Equipagen. An der Spitze des Ganzen marschirte ein Trupp ebenfalls schwarz ausstaffirter Musikanten und blies eine klägliche Trauermelodie, welche Note für Note so klang, als wenn man das Lied „O du lieber Augustin" in Moll- statt in Dur-Tonart spielte.

So auffallend dies Gepränge sein mochte, kein Mensch nahm hier sonderlich Notiz davon; ich erfuhr aber durch einen anderen Fremden, der, wißbegieriger als ich, sich nach dem Namen des Verblichenen erkundigte, dem man kaiserliche Ehren (zwölf Rosse) erwies, daß — — es Humbug eines Mr. Snuggs sei, der eine neue Erfindung „metallic coffins" (Bronce-Särge), in die Mode bringen wolle und zu dem Zwecke eine ambulante Musterexhibition seiner neuen Erfindung in einem fingirten Leichenbegängnisse veranstaltete. Und das in dem puritanischen New-York, dessen Sonn- und Feiertage die Menschen noch mehr zur Verzweiflung bringen möchten, als dies in England der Fall ist.

Am Broadway-Theater erblickte ich einen alten Zettel vom vergangenen Sonntag angeklebt, mit der Unterschrift in halbfußlangen Buchstaben „Sacred concert." Heiliges Concert! Das Programm lautete: Gebet aus der Oper „Moses" von Rossini. — Ouverture aus „Fra Diavolo" von Auber. — Steierische Alpenklänge, Walzer von Strauß u. s. w. Und das in dem puritanischen New-York, wo Sonntags kein Omnibus fährt, wo die Pistole, mit welcher man sich todtschießen möchte, vor Langeweile nicht losgeht. Man setzt den lieben Gott an die Casse und läßt den Teufel tanzen.

Die Ehre der Erfindung der Sacred concerts gebührt den Deutschen. Diese hatten in der Battery eine sonntägliche Matiné musicale et dansante veranstaltet, über welche sich die Haare auf den blonden amerikanischen Glaubensscheiteln sträubten. Der Reverend von Trinity=Church denuncirte den Scandal und die Behörden der Stadt schickten einen glaubens= festen und handfesten Constabler nach Castle Garden, der die Gesellschaft hinaus chaffirte. Was thun die Betheiligten? Am folgenden Sonntag derselbe Witz, aber am Eingang ist mit ellenlangen Buchstaben zu lesen: „Sacred concert," und dagegen hatte kein Bonze noch Constabler etwas einzu= wenden. Die Amerikaner machten das Ding sofort nach. Die Amerikaner machen alles nach, was praktisch und ver= nünftig ist, und die Sacred concerts sind in die Mode ge= kommen, und man verehrt den Höchsten mit „Bum — Bum —, Bum=Bum=Bum!" und geht von der Kirche in die Tanz= und Musikclubs.

Jenseits Canalstreet beginnen bereits die genteelen Orte. Die vornehme Damenwelt wird sichtbar. Beim Allah! es sind reizende Erscheinungen, diese feinen, transparenten Ge= sichter, mit den scharf geschnittenen Augenbrauen, diese blonden Creolinnen! Und ich glaube, wenn ich nicht hätte weiter müssen und neue Länder entdecken, ich würde mich hier zwischen Canalstreet und Unionplace auf jedem Schritt ein= mal verliebt haben. Ach! das ist vorbei. — Wie bald — und ich schwimme wieder auf dem Salzwasser, und ich mache in einem Canoe jene Reise, die Herr P. in Hamburg im Frei= schütz beschrieben, und „Vom Rande des Grabes" titulirt hat, und diese allerliebsten Ladies sehen mir wahrhaftig nicht aus, als könnten sie nicht leben, ohne 14 Tage lang mit einem Individuum, wie ich, in den Urwäldern zuzubringen. Aus diesem Grunde sah ich den Damen mehr auf die Füße, als in die Augen. Die Füße sind klein zum Küssen, der Spann hoch, der Gang und die Haltung verrathen eine fast kindliche Grazie, die Formen sind schlank, aber doch weich und plastisch, und wenn mich so ein Dämchen im Vorüber=

gehen mit ihren schwimmenden großen Augen voll ansah, und wenn der halbgeöffnete Mund und die ein wenig stolz zurückgeworfene Oberlippe die blendenden Zähne sehen ließen, da verwünschte ich mein Schicksal, daß mir keine Gelegenheit gegeben wäre, ihnen zu beweisen, daß das Grab nicht discreter sein könnte, als ich es bin. — — —

Das Grab, — hier an der Ecke von Bleekerstreet war das Metallic coffin magazine. Die ganzen Schaufenster waren vollgestopft mit den Särgen. Es waren lange schmale, den Ondulationen des menschlichen Körpers entsprechend geformte Kasten von gepreßter Bronce oder einem ähnlichen Metall. Umdrehen kann man sich in einem solchen Sarge nicht, der Kopf ruht in einem runden Behälter, an welchem über dem Gesicht eine flache, ovale Fensterscheibe angebracht ist. Ich zählte in dem offenstehenden Laden 22 Kunden, welche vielleicht ihren eigenen Bedarf für kommende Zeiten einkauften. Ein Amerikaner ist dazu fähig. Da diese Särge fast alle gelblich oder braun angestrichen waren, so erregte das Geschäft auch keinen düsteren Eindruck. Neben an, rechts, hatte sich bereits eine Handlung etablirt, welche nichts als Trauer=Utensilien zu verkaufen hatte; die andere Nachbarschaft war ein Pastetenbäcker.

Ein paar Häuser weiter fesselte meine Aufmerksamkeit ein riesiger Laden, wo ich durch Spiegelscheiben, wie wir sie in Hamburg von solcher Größe nicht kennen, eine Menge Wagen aufgestellt sah, von der prachtvollen Staatscarosse bis zum leichten spindeldünnen amerikanischen Gigg, welches aus einem kleinen Korbsitz für eine Person, zwischen zwei großen dünnen Rädern gleichsam schwebend, besteht. Man bekömmt solche Wägelchen im Preise bis zu 60 Dollars herab, und sie bilden einen bedeutenden Export=Artikel nach den westindischen Inseln.

Ich besah mir noch den Laden, als ich einen nicht allzu leichten Schlag auf die Schulter fühlte. Den Kopf zurückwerfend, erblickte ich — Tulpe und den Lüneburger Commis, Herrn Müller, meine beiden Reisegefährten.

Der Lüneburger Commis prangte im steiffsten Sonntagsstaat eines Bremer Jünglings, den sein Principal über das Thema der Predigt examinirt, welche er höchst wahrscheinlich geschwänzt hat, aber auf seinem Antlitz stand deutlich die Niederlage seiner practischen Lebensansichten geschrieben, und seinen Mund umspielte zurückgetretener Empfehlungsbriefe Nutzlosigkeit.

Anders dagegen Tulpe. Dieser war cheer up. Er hatte bereits Arbeit gefunden als Cigarrenmacher, seine Anzahl Probewickel gemacht, und sollte morgen seine Stelle antreten. Sein Principal hauste in einem Laden in der Bowery, und durch dessen Vermittelung war es unserem Schiffsgespenst gelungen, Board und Lodging in Christiestreet bei einem deutschen Schneider zu erhalten.

Tulpe lud mich ein, ihm nach einer famosen deutschen Bierkneipe in der Nähe seines Geschäftes zu folgen. Wir schlenderten also alle drei noch eine Strecke Broadway aufwärts, eine tüchtige Strecke bis zum reizenden Union Square, und kehrten in die Bowery um.

Ich möchte behaupten, Bowery ist der demokratische Broadway. Dasselbe Gewühl von Menschen, Abends wo möglich noch dichter, als in der Hauptstraße New-Yorks. Aber die Läden wie die Menschen, die Hotels und Theater haben hier mehr einen populairen Jahrmarktsanstrich. Auch wird viel deutsch hier gesprochen, indem der Kleinhandel hier in Bowery gewiß zu zwei Drittttheilen in den Händen unserer Landsleute ist. Außer einem amerikanischen giebt es sogar zwei deutsche Theater in dieser Straße. Das eine, „Stadttheater von New-York" ist fast so schlecht wie unser

Hamburger Stadttheater zu werden verspricht. Ich habe hier in New-York mich einmal mit dem „Fra Diavolo" von Auber anführen lassen und wünsche selbst einem Hamburgischen Director keine so harte Strafe für seine Sünden. Viel besser ist das Theater im Volksgarten, wo man für die Trauer- und Schauspiele, die man für 10 Cents Entrée zu sehen bekommt, wenigstens durch ein im Eintrittspreis inbegriffenes Glas Bier einigermaßen entschädigt wird. Außerdem kann man im Volkstheater im Hintergrunde des Parterres, während Louise in den Armen Ferdinands an Kabale und Liebe und an einem elenden Gran Arsenik verendet, mit der Windbüchse nach der Scheibe schießen, oder in einem Seitenzimmer „Meine Tante, deine Tante" besuchen. Das Stadttheater dagegen ist so lasterhaft, sich einen Kunsttempel zu nennen. Im „Fra Diavolo" war das Beste, daß der Darsteller der Titelrolle keine Stimme hatte, und unter allen Musikstücken wurden nur die Flintenschüsse im letzten Act präcise ausgeführt. Ich bin, von einem hypochondrischen Freund verführt, noch einmal hingegangen, und habe mir für gutes Geld schlechte Waare angesehen. Man gab Lessings's „Nathan der Weise," und ich bemerkte zur Ehre der Deutschen in New-York, daß das Haus in allen seinen Räumen eine entsetzliche Leere zeigte. Aus Menschlichkeit gegen die Darsteller hielt ich aus im Parquet, bis Nathan die Worte sprach:

„Kein Mensch muß müssen."

Das denke ich auch! rief ich, und lief davon.

Tulpe, Herr Müller und ich waren die Bowery hinuntergegangen, bis nahe an die Stelle, wo sie von Grandstreet durchschnitten wird. Hier ließ uns der Berliner ein paar Stufen hinabsteigen und wir befanden uns in einem ziemlich geräumigen Bierkeller. Deutsche Seidel klapperten mir zum Willkommen mit ihren Zinndeckeln entgegen; einige verlorene Heckerhüte verkündeten die Retirade von Rastadt; die Wände waren mit Robert Blums, Heckers, Trütschlers, Dortüs und anderen Blut= und Fluchtzeugen deutscher Freiheit verziert; auch eine vor Altersschwäche gelblich gewordene Abbildung des Hambacher Festes fand sich vor, auf welcher der Dr. Wirth auf einer Tonne stand und aussah, wie ein jacobinischer Gambrinus. Die Gesellschaft würde man in Europa eine gemischte genannt haben. Feine, aber durstige deutsche Kaufleute, Schmiede mit rußigen Gesichtern, Clerks von Notaren, Aus=, rectius Einwanderer und auch einige amerikanische Runners bevölkerten dieses Souterain der Gemüthlichkeit.

Man trank gutes Bier und rauchte schlechten Taback. Frankfurter Bratwürste aus Hundefleisch, Rettige mit Salz ec. himmelten Einen in's Vaterland zurück, und wer nicht durstig war, konnte es werden. Es waren, soviel ich auf den ersten Blick mir zu beurtheilen erlaubte, lauter schwarz=roth=goldene Seelen mit weiten Lungen und weiterem Schlunde, jeder Einzelne eine „Rede an's deutsche Volk" in american leather cloth eingebunden.

Aber es schienen mir vernünftige, praktische Leute zu sein, denn sie benutzten ihre Zungen, um zu essen und zu trinken — manche soffen auch — und ließen die deutschen Fürsten damit in Ruhe. Erst nachdem ich die Ueberzeugung gewonnen hatte, daß mir kein deutscher „Landesvater" in's Glas fallen, und das Bier verderben würde, ließ ich mich nieder und vertrieb die letzten Spuren von Caussidieres Champagner vom gestrigen Abend mit einem Häringssalat, der einen leichten Beigeschmack von Leberthran umsonst durch schlechten Essig zu verdecken suchte, diese Mängel aber glücklicherweise dadurch ersetzte, daß er sich frei vom Knoblauch gehalten hatte.

Der Häring, der hier als Antikatzenjammerianer zerschnitten worden war, hatte gewiß einen Theil des Netzes verschluckt, in welches er so leichtsinnig gewesen war, hineinzugehen, denn ich fand ein Stück Bindfaden in dem aschgrauen salzsauren Brei. Man stirbt nicht daran.

Drei Seidel standen vor uns und wir kramten unsere Erlebnisse der ersten vierundzwanzig Stunden aus.

Der Lüneburger Commis hatte sich frühzeitig mit seinen Empfehlungsbriefen auf die Beine gemacht und in seinem Wirthshause die Meldung hinterlassen, daß er nicht zu Tisch kommen würde, denn er schloß von der Bremer Sitte, wo ein Empfehlungsbrief für einen jungen Mann eine Anweisung auf ein Mittagessen ist, auf New-York, und hatte im Geiste bereits über die zehn oder zwölf Adressaten, die er bei sich führte, culinarisch disponirt. Er zeigte mir die Copie eines dieser Schreiben, denn er hatte sie copirt. Es war von Gebrüder K. in Bremen an das Banquierhaus D. in New-York ausgestellt, und lautete (Herr Müller schenkte mir die Copie als Fidibus):

„Wir geben uns das Vergnügen, in Herrn Müller einen jungen Mann bei Ihnen zu introduciren, der in dem namhaften Geschäft des Herrn N. N. hier zur vollsten Zufriedenheit seines Principals conditionirt hat, und wünschen, daß diese Zeilen, welche wir nicht in die Rubrik eines gewöhnlichen Empfehlungsschreibens bringen, dazu dienen mögen, den fleißigen, fähigen und redlichen jungen Mann, zu dessen Acquisition wir jedem Hause im Voraus Glück wünschen, behülflich zu sein. Sollte sich Ihnen selbst, oder durch Ihre gütige Vermittlung, eine Gelegenheit darbieten, unsern Herrn Empfohlenen seinen Fähigkeiten angemessen zu employiren, so dürfen Sie sich unsers Dankes versichert halten. Zu Gegendiensten u. s. w. u. s. w."

Diese Angel wurde in Beaverstreet in der Office des

Herrn D. mit großer Zuversicht ausgeworfen. Herr D. überlas die Epistel, während er dem „Herrn Empfohlenen" nicht einmal einen Stuhl anbot, erkundigte sich nach dessen Wohnorte und schloß: well, sobald sich Etwas findet, werde ich Sie benachrichtigen lassen.

Eine Handbewegung war das Zeichen zur Verabschiedung. Sammt seiner Hoffnung auf wenigstens ein Mittagessen an die Luft gesetzt, hatte der Commis die beste Lection im Studium amerikanischer Verhältnisse bereits erhalten und versuchte sein Heil bei einem Herrn L. in Frontstreet, welcher mit seinem frühern Principal in directer Verbindung stand. Dieser Gentleman war bedeutend höflicher, bat den Lüneburger, seinen Hut auf dem Kopfe zu behalten, bedauerte sogar, ihm keine Cigarre offeriren zu können, weil der Vorrath ausgegangen war, nahm dagegen eine von dem Empfohlenen an, und erkundigte sich eine volle Stunde lang nach augenblicklichem Stand und Ruf sämmtlicher Bremer Firmen. Als der freundliche Mann damit fertig war, und sich über Einen und Anderen seine Notizen gemacht hatte, sagte er zuletzt: „Mein bester Herr Müller, Sie hätten keinen unglücklicheren Platz wählen können, als gerade New-York. Ich stehe Ihnen dafür, Sie werden in einem Jahre hier noch keine Stelle gefunden haben. Die Stadt ist überschwemmt mit jungen Leuten, welche auf Anstellung warten. Indessen, ich will mir Mühe geben. Kommen Sie in 14 Tagen oder 3 Wochen einmal wieder vor."

Das war Hinauswerfen Nr. Zwei.

Der dritte Adressat expedirte ihn sofort, indem er ihn an den ersten, Herrn D. in Beaverstreet wies, der ihm am besten Auskunft geben könne.

Der Vierte war verreist. Der Fünfte ließ den Brief durch einen Commis öffnen, und so ging es weiter. Die

Briefe waren abgegeben, die Adressaten aßen zu Mittag ohne den Herrn Empfohlenen, und der Herr Empfohlene schickte sich an, trübselig nach seinem traurigen Wirthshaus zurückzuschleichen, als er auf Tulpe stieß, der in seinem Hotel (denn solche Leute haben Glück) seinen jetzigen Brotherrn getroffen hatte und von diesem sofort als Cigarrenmacher engagirt worden war.

Herr Müller spülte den schmerzlichen Schlußpunkt seiner Erzählung mit einem Seidel Bier hinunter und fragte mich, wie es mir ergangen wäre? Ich bemerkte ihm, daß meine Empfehlungen nur Anweisungen auf Empfehlungen nach dem Süden seien und die Leute mit solchen billigen Artikeln in der ganzen Welt freigebig sind. Aber doch ward auch mir ein wenig unheimlich zu Muthe. Hier in Nord-Amerika und in der Stadt New-York spricht man schlechtes Englisch, welches ich verstand. In jenen Ländern, von denen auch meine Vorstellungen etwas confuser Natur waren, und welche ich zu bereisen gedachte, wird noch schlechteres Spanisch gesprochen, welches ich nicht verstand. Ja, mir kam der Gedanke, was kann aus Deines Vaters Sohn werden, der viel Genie und Gaben besitzt, aber nicht einmal gelernt hat, ein Paar Stiefel zu besohlen? Ich hätte die Hälfte meines Geldes darum gegeben, ein gelernter Tischler oder Schlosser, oder Lederkünstler zu sein; denn was hilft Einem selbst Genie, wenn man nicht praktisch ist und nicht von seinen Renten leben kann. Der liebe Gott hat das sehr seltsam eingerichtet, weil gewöhnlich nur die Dummköpfe von ihren Renten leben. Er hat den Dummköpfen gerade so viel Verstand gelassen, daß sie für geniale Leute keine Pensionen aussetzen. Für vier Groschen spielt jeder Millionair den Mäcen, und die Unsterblichkeit erkauft er sich nicht, wie jener große Römer, durch Protection des Talentes, sondern durch irgend ein Hospital für alte Betschwestern, ein Mausoläum für seine mit einer

Ballettänzerin vielleicht verpuffte Jugendkraft, einen himmlischen Einband zum Register irdischer Sünden.

Das Schicksal des Lüneburger Commis ließ mich meine Eagles und Dollars mit noch einmal so viel Ehrfurcht betrachten, und ich schrieb folgenden Vers in (Karl) Heine'scher scher Manier in mein Taschenbuch:

> Seid umschlungen, Millionen,
> Und ein Paroli der Welt,
> Wenn ich rette all mein Geld
> In Westindien's theuren Zonen!

Ich muß eine eigene Attractionskraft ausüben. Der Lüneburger Commis proponirte mir beim vierten Seidel, mit mir nach Nicaragua zu gehen. Der Vorschlag, mit mir am projectirten Canal durchzustechen, gefiel mir aber ganz und gar nicht. Mir zitterte Madame Meier's Kuß noch durch die Glieder. Ich lehnte daher das Anerbieten unter dem Vorwande ab, daß ich mit einer geheimen Mission vom Hamburger Senat beauftragt sei, die verschiedenen hanseatischen Consulate an der Westküste zu inspiciren, und daß der Hamburger Senat es mir zur Pflicht gemacht habe, keinen Menschen mehr aus seiner Bahn zu lenken, und daß ich in Nicaragua selbst erst weitere Verhaltungsmaßregeln erhalten würde. Und da man beim vierten Seidel mehr glaubt, als beim ersten, ließ mich Herr Müller in Ruhe.

Wir trennten uns spät am Nachmittage. Herr Müller schwankte, Kummer im Herzen und jetzt acht Seidel Bier im Leibe, mit Tulpe nach Hause, wenn man es nach Hause nennen darf; ich ging ebenfalls nach meinem Quartier.

Meine Effecten waren bereits dort. Mrs. Cook führte mich in mein Zimmer. Ein Bett, ein Stuhl, ein Tisch, auf welchem das Waschgeschirr stand, eine kleine Commode und ein schmaler Spiegel an der weißen gemalten Wand, war mein Mobiliar in diesem fashionablen Boardinghouse.

Die Gentlemen hier haben ihr business in town', erklärte und entschuldigte die Dame vom Hause die spartanische Einfachheit. Die Wahrheit zu gestehen, kam mir mein Zimmer unheimlich vor. Die vollendete Ungemüthlichkeit. Wollte ich ungestört schreiben, so mußte es auf dem Waschtisch geschehen. Ungenirt sein, daran war, ohne auf Comfort zu verzichten, nicht zu denken. Im Parlour quälte mich der Backfisch, deutsche Lieder zu singen, oder die Gentlemen erzählten mir von der bald bevorstehenden Election des Mr. Pierce zum Präsidenten, von einer großen Demonstration, welche in einigen Tagen zu Ehren dieses Demokraten stattfinden werde und dergleichen. Ich that ihnen den Gefallen und erklärte mich ebenfalls für Mr. Pierce, denn der Mann hatte mir nie Etwas zu Leide gethan, und wenn ich mit Mrs. Cook plauderte, welche eine Whigh war, und für General Scott schwärmte, erklärte ich mich für General Scott, denn der Mann hatte mir ebenfalls nichts zu Leide gethan, und weder der eine noch der andere dieser beiden honorable gentlemen presidents in spe verschafften mir ein bequemeres Zimmer in Mrs. Cook's Boardinghouse, New-York, 4th Street, United States.

Am folgenden Tage besuchte ich einen alten Bekannten, R. in East-New-York auf Long-Island, der sein Dasein durch Daguerreotypiren verschlechterte. Diese mechanische Kunst ist hier eine wahre Landplage, und in New-York wird bald kein Haus mehr zu finden sein, auf dessen Dach nicht ein Glaskasten die Anwesenheit eines Likeneß-Fabrikanten verräth. Mein Freund R., der in der Stadt New-York unfehlbar genöthigt gewesen wäre, seinen eigenen Apparat mit allen Chemikalien aufzuessen, hatte sich rechtzeitig nach dem Neste auf Long-Island geflüchtet und war so klug gewesen, seine glückliche Ankunft daselbst, etwaigen nachahmungslustigen Concurrenten seines Handwerks nicht durch pomphafte Anpreisungen in den Zeitungen zu verrathen. Er hatten den ersten besten Jungen gemiethet seine Karte in alle Häuser geschickt, und harrte nun der Ernte dieser stillen Aussaat.

Um zur railroad zu gelangen, welche von Brooklyn, East-New-York berührend, nach Jamaïka auf Long-Island führt, fuhr ich im Omnibus nach der South-Ferry. Es war meine erste Fahrt auf einem amerikanischen Flußdampfer und ich erstaunte, wie einfach und doch wie praktisch hier Alles eingerichtet war. Das Schiff — ein flat boat wie alle — hatte vorn und hinten ein Steuer. Fuhr es von New-York nach Brooklyn über, so ward das Steuer vorn (ich muß schon diese unnautischen Ausdrücke gebrauchen, denn diese Steamer haben weder einen eigentlichen „Stern" noch „Gallion") festgelegt. Ebenso waren zwei Thürme an Bord für die Steuerleute, und jedesmal dreht der dirigirende Steuermann vorn das Rad, welches durch Ketten und Flaschenzüge mit dem Ruder in Verbindung steht, denn der Steuermann ist zugleich „look-out". — Dank dieser Einrichtung, braucht das Boot nicht zu wenden. Es fährt gerade in den elastischen Holzdock hinein, stößt mit dem Schnabel in die, dessen Form entsprechende, Aushöhlung der Landung, die Wagen fahren an Backbord vom, an Steuerbord an Bord, die Menschen rennen nach, allerhöchstens eine Minute Aufenthalt, und fort geht's! — In dunkler Nacht ist das ein prachtvoller Anblick, wenn man die grünen, gelben, rothen und blauen Lichter, welche diese Schiffe am Mast tragen, über den Fluß schweben sieht, während die hellerleuchteten Salons an Bord, mit ihren vielen Fenstern sich wie schwimmende illuminirte Casernen ausnehmen. Die Menschen zeigen eine Hast, als ob Jemand mit der Peitsche hinter ihnen her wäre. Ehe das Boot ans Land stößt, springt bereits Alles hinüber, als ob das Leben davon abhinge, den Hals zu wagen.

Die ganze Ueberfahrt dauert etwa 4 Minuten, trotzdem

das Schiff sich förmlich durch Fahrzeuge aller Art hindurch wühlen muß. Und welch' einen majestätischen Anblick bietet diese Ostseite von New-York dar! Hier am East-river liegen alle jene großen Clipperschiffe, wie jene große Riesenflotte der specifisch-amerikanischen fore and aft Schooner. Hier sind die Dry-Docks, die Werfte, hier, unfern Old-Slip, erreicht das Gewühl der Karren mit Yankee-Waaren, welche nach allen Theilen der Erde verladen werden, einen solchen Höhepunkt, daß oft die Straßen stundenlang ohne Lebensgefahr nicht passirt werden können. Ja, dieses New-York ist groß, es ist am größten auf dem Wasser und an seinen Quais. Mag das rührige Wesen der Menschen dazu beitragen, die Mannigfaltigkeit der Transport- und Communicationsmittel, welche sich hier häufen, mag es sein, was es will, auf mich hat der East-river von New-York einen betäubenderen Eindruck gemacht, als die Themse bei London; einen freundlicheren, heitereren unbedingt.

Brooklyn war vor ungefähr zehn Jahren ein Nest von 9—10,000 Einwohnern. Es zählt jetzt an 120,000 und ist größer als Hamburg. Man nimmt an, daß es mehr als zur Hälfte aus Deutschen besteht. Alles ist hier neuer, geleckter, als down-town von New-York, und dennoch sieht man den Straßen das Unvollendete einer rising-city an, in welcher sich die Contraste noch näher berühren. Es ist mit New-York die Verbindung an fünf verschiedenen Orten durch „Ferries" unterhalten, welche Tag und Nacht gehen, so daß jede Minute eine Fahrt gemacht wird, oder 1440 Fahrten täglich. Das macht im Jahr, einige Ausfälle abgerechnet, 525,000 Fahrten. Und sollte wirklich — was nicht der Fall ist — alljährlich ein Steamer in die Luft fliegen, was macht das procentweise aus? Man vergegenwärtige sich diese Zahlen und behaupte dann noch mit europäischer Pedanterie, daß in Amerika mehr Unglücksfälle auf Steamern passiren, als bei uns! Eigentlich müßten obige Zahlen verdoppelt genommen werden, da dieselben Fahrten auch von Brooklyn nach New-York stattfinden. Es ist lächerlich, in einem Lande, wo über eine Million Menschen fortwährend auf Reisen ist, ein Geschrei durch alle Welt zu erheben, wenn dabei etwas vorfällt. In keinem Lande reist man so viel, als eben hier.

Die Long=Island railroad beginnt unfern der Landung des New=Yorker South-Ferry Bootes. Ich löste mein Ticket, hatte noch eben Zeit, einzusteigen, und fort ging der Zug, zwei Minuten im Tageslicht, dann in die Erde hinein unter den Straßen weg, bis wir außerhalb Brooklyns aus dem Tunnel wieder in's Freie kamen.

Mein Freund lag in Hembärmeln auf der Fensterbank und ließ das linke Bein und eine Pfeife von ungeheurer Länge zum Fenster hinaus baumeln, als ich auf seine Behausung zuschritt. Er bewohnte ein ganzes Haus solo und versah, gegen einen Rabatt von 25 pCt. von der Originalmiethe eines kleinen Zimmers, welches er ursprünglich für sich als Wohn=, Schlafzimmer und „Atelier" gemiethet hatte, Portier=dienste in Abwesenheit der den Sommer über in Saratoga wohnenden Hauseigenthümer. Aus dem Portierstande hatte er sich zum Hausherrn ad interim ernannt und über alle Räume im Sinne seiner Kunst verfügt. Nachdem er sämmtliche Kupferstiche, Lithographien rc. aus allen Räumlichkeiten zusammengesucht, hatte er das Parlour damit ausgeschmückt, in aller Eile noch ein Paar Hunde und Katzen, einige Straßenjungen im Murillostil dazu daguerreotypirt, und die Localität seine „gallery" genannt. Das Hauptstück in dieser Gallerie bestand aber in dem Daguerreotyp des Präsidenten Jackson nach einem Oelgemälde, unter welchem in großen Buchstaben „Nach der Natur aufgenommen" stand, „denn," bemerkte er, „die Leute hier wissen den Teufel Etwas davon, daß unsere Kunst in jener Zeit noch gar nicht erfunden war."

Neben dem Parlour befand sich — das Haus hatte nur eine Rez-de-Chaussée — das Schlafzimmer des verreisten Ehepaars. Freund R. hatte es zu seinem „Laboratorium" gemacht, und es stank darin nach Jod und Brom, daß man Nasenbluten bekam.

Auf meine Frage, wie die Geschäfte hier gingen, antwortete er mir:

„Ich mache das Leben. New-York ist noch zu nahe und die Opposition (Concurrenz) zu groß. Meine beste Zeit des Tages fängt bald an. Mittags kommen meine Kunden, und wenn ich einen halben Dollar statt eines ganzen für die likeness nehmen wollte — worunter aber meine reputation litte, würde ich alle Welt hier abnehmen können. Das kommt zuletzt, wenn ich die gentry abgelesen habe."

Es pochte. Eine ganze Familie, real yankee, Mann, Frau, drei in die Saat geschossene Töchter, zwei glupig aussehende Rangen von 8 bis 9 Jahren und ein unvermeidliches Baby producirten sich und wünschten ihre collective-likeness auf einer half size plate ausgeführt zu haben.

Der Unglückliche! Sein ganzer Apparat war ein Miniaturding, eine bloße Spielerei und höchstens zu ¼ Platten eingerichtet. Mein Freund R. war aber nicht der Mann, sich dadurch einschüchtern zu lassen.

„All right!" sagte er. „Ich werde die likeness nach einer neuen von mir erfundenen Methode machen, die Gruppe in zwei Abtheilungen."

„Yes," versetzte der Gentleman, nur müssen wir Alle verschlungen sein. You know, ein family-picture."

R. octroyirte mir sofort die Stelle eines Gehülfen, versprach mir die Hälfte des Reinertrags, rückte einen zweiten Apparat zurecht und überließ mir die drei Jungfrauen und den einen der beiden Rangen, die ich, mit Rücksicht auf die kleinen Platten, so eng in eine Gruppe zusammenquetschte, als es nur möglich war. Der Junge war sehr ungezogen und verlangte unaufhörlich, „Bob" sollte mit von der Partie sein. „Bob" war der zwei Meilen in der Runde berühmte Hausköter der Familie, von dessen vortrefflichen Eigenschaften — die Bestie stahl u. A. wie ein Rabe — das Haupt der Familie in der zweiten Gruppe meinem Freunde ein Lied vorsang. Ich beschwichtigte den kleinen Schlingel damit, daß ich ihm versprach, morgen ein likeness für „Bob" zu machen, und der Junge setzte den Preis dafür auf einen halben Dollar fest.

Endlich saßen sie wie die Oelgötzen. Die jungen Gänse mit langgerecktem Halse — of course full in face! — der junge Hund mit zusammengekniffenen Lippen. Die Platte, gehörig jodirt und bromirt, wanderte hinter das Objectivglas, — Stop! — ready! — that'll do! — Ich ging in's Laboratorium, quecksilberte meinen Wouvermann zu Tage und fand, daß das Bild abscheulich verbrannt sei. Der Gentleman fand es einfach schlecht, allein mein Freund R. demonstrirte ihm sofort, das wäre Rembrandt'sche Manier und er solle nicht urtheilen, bis nicht das Bild in square wäre.

„I know, I know, Rafael Rembrandt!" bestätigte der Amerikaner.

Ich war begierig, zu erfahren, was R. mit den beiden Platten beginnen würde. Nichts war einfacher. Nachdem die Bilder durch Vergoldung gehörig fixirt waren, ging's mit unglaublicher Geschwindigkeit an's Retouchiren. Jeder bekam einen Klecks Zinnober auf die Backe, die Farbe der Kleider wurde bestmöglichst imitirt, dann beide Platten neben einander gesetzt und die Ritze, wo sie zusammenstießen, mit fein ausgeschnittenem grünem Laubgewinde aus dünnem Papier verklebt. Eine ähnliche Einfassung erhielt das ganze Bild, so daß es aussah, als säße die ganze Familie in einem Busch. Um das Grelle der von mir aufgenommenen Gruppe zu paralysiren, war in der papiernen Laube oben eine Oeffnung gelassen, und damit angedeutet worden, daß der Sonnenstrahl voll auf die Jungfrauen gefallen sei.

Ein civilisirter Hamburger hätte uns das Bild an den Kopf geworfen. Der Gentleman von East-Newyork mochte vielleicht Aehnliches fühlen, denn er fixirte uns scharf mit seinen stechenden graublauen Augen. Als wir aber den Blick standhaft und mit dem größten Künstlerstolz aushielten, versetzte er überzeugt:

„Yes, I know, quite Rembrandt."

In diesem Augenblick kratzte und bellte „Bob" draußen. Das liebenswürdige Vieh wurde eingelassen und — — ich sollte mein Wort halten. Half Nichts. Ich mußte. „Bob" war ein Hund, der unter Brüdern eines Steines um den Hals und in's Wasser geworfen zu werden **werth** gewesen wäre. Ein schmieriger, widerwärtiger, triefäugiger Pintscher, und der Wau-Wau schnappte noch nach mir, als ich ihn beim Genick faßte und auf dem Stuhl festband.

„We cannot take the likeness of that fellow for less than a Dollar!" kam mir R. zu Hülfe.

„Well Sir," versetzte der „Pa", „get-on!"

Und „Bob" wurde von mir **daguerreotypirt**!

Er gerieth ein wenig „van Dyk," d. h. etwas grell dunkel, ich schob das aber auf den Umstand, daß Bob nicht stille gehalten hätte.

Sieben Dollars, Bob's likeness einbegriffen, waren „**gemacht**."

Ich mußte meinem Freunde Glück gebracht haben, denn die Bude ward den ganzen Tag nicht leer, und statt gemüthlich zu plaudern, hatten wir hard work mit Platten putzen, jodiren, bromiren, einrahmen und abnehmen. Es ging mit Steam! Als wir Abends unsern Raub — denn ehrlich gestanden, unsere Leistungen waren ein Raub an dem guten Geschmack — theilten, fielen, nach Abzug der Spesen, zwölf Dollars und zwei Cents auf meinen Antheil, denn wir hatten, um rascher zu arbeiten, die Arbeit getheilt und abwechselnd polirt und „aufgenommen." R. bat mich dringend, bald wieder zu kommen, ich sei eine famose „hand."

Das war das erste Geld, welches ich in der neuen Welt verdiente. Es waren nur lumpige zwölf Dollars, aber sie waren eben so leicht wie unverschämt gewonnen, und ich beschloß, für alle Fälle mich mit einer Anzahl Platten zu versehen, denn es war doch immer ein praktischer Anhaltspunkt in dem abenteuerlichen Leben, dem ich entgegen ging. Und als ich wieder auf dem Steamer stand, zwischen Brooklyn und New-York, blickte ich mit noch hundert Mal so viel Ruhe auf das Gewühl um mich her, und warf das erste Stück des gemüthlichen, scheinheiligen „Qu'en dira-t-on?" über Bord.

„Qu'en dira-t-on?" — Wer giebt uns auf dieser weiten Welt auch nur einen Cent aus purem Wohlwollen zu verdienen? Man versteht sich eher zu einem Dollar als Almosen. Wie viel Menschen mag es geben, die auf dem Altar des Scheines verhungern, weil ihr Nachbar vielleicht die Nase rümpft, wenn sie nach einem honetten Handwerk greifen! Ich fange an, einzusehen, daß die Freiheit eines Volkes nicht sowohl in seinen papiernen Verfassungen und Gesetzen besteht, als vielmehr in der Freiheit der Thätigkeit, daß je weiter der Spielraum der Arbeit, desto glücklicher, freier und selbstständiger der Bürger ist. Der Amerikaner mag Recht haben mit dem, was wir „Menschenverachtung" nennen. Er verachtet eine falsche Sentimentalität, die der Thatkraft des Individuums den Fuß des Vorurtheils auf den Nacken setzt; aber wie er keine hyperkritischen Prätensionen an seinen Nächsten stellt, so verlangt er von ihm auch nicht das Aufgeben seiner Individualität und acceptirt jeden selbstständigen Menschen, gleichviel, weß Standes oder Handwerks, als einen gentleman. Er giebt Nichts, aber — er verlangt auch Nichts umsonst, und ich bin überzeugt, sollte ich am Broadway meine Rembrandt'schen Daguerreotypen einmal mit Erfolg in einem großen Saloon exhibiren können, und hätte ich meine Dollars damit gemacht, so würden mir die State-rooms der vierten Avenüe so wenig verschlossen bleiben, wie Herrn Aspinwall, vorausgesetzt, daß meine Manieren ebenfalls den Schliff eines Gentleman hätten.

Ich fange ferner an, unsere europäische Intimität zu hassen, welche Freundschaften bei einem Diner schließt, welche mit nichts kostenden Worten uns das Herz auf dem Präsentirteller entgegenbringt, und uns einen moralischen Fußtritt giebt, sobald wir die Hand nach dem Herzen ausstrecken, und ich bin fest entschlossen, wenn mir Mr. „Bob," dem ich eigentlich diese real-philosophischen Ansichten zu danken habe, einmal begegnen sollte, ihm die schönste Wurst zu kaufen, welche je die Schaufenster eines charcutiers zierte. — — —

Die Moral von Allem, mit welcher ich an's Land stieg, ist: Man soll jedem Menschen entweder gründlich helfen, oder ihn gründlich sich selber überlassen. Und darum: Es lebe Amerika!

Am nächsten Tage flanirte ich in Down-Town, dem untern, dem East-river zugelegenen Geschäftstheil der Stadt. Wie im Broadway und seinen unmittelbaren Nebenstraßen das Ladengeschäft, so residirt hier in Front-, Water-, den beiden William-, Beaver-, Broadstreet ꝛc. ꝛc. das En-gros-Geschäft. Die Straßen bieten mit ihrem Gewühl das Bild eines Theaters ohne Decorationen dar. In den zum Theil recht düster aussehenden Steinhäusern drängen sich die Comptoire wie die Zellen in einem Bienenkorb. Auf den freien Plätzen nahe dem Wasser rollen Hunderte von zweirädrigen

Karren mit Waaren zur Verschiffung, so daß oft schon eine gewisse Routine dazu gehört, mit den Augen eine Lücke zu finden, wo der Körper beim Durchschlüpfen nicht unfehlbar unter die Räder kommen muß. Einer solchen Völkerwanderung von Karren ausweichend, gerieth ich in Waterstreet, und las an einem Hause den Namen eines Hamburger Kaufmanns, an welchen ich einen Empfehlungsbrief besaß. Da ich den Herrn zudem persönlich kannte, trat ich näher. Er hatte von meinen Reiseplänen gehört, und erzählte mir in der ersten Minute bei einem Glase Wein, daß er meine bevorstehende Ankunft in Nicaragua bereits einem dortigen Freunde, einem deutschen Arzt, Dr. Hermann Behrendt, gemeldet. Mehr konnte ich nicht verlangen.

Weiter schlendernd, gelangte ich nach Old Slip, einen freien Platz am East=River, und stieß hier auf Dr. Ludwigh, der sofort meinen Arm nahm und mich bei Henry Möring, welcher sein Comptoir hier Nr. 19 hatte, zu introduciren.

Die Introduction war kurz, aber der Empfang ein herzlicher. Herr Möring war so glücklich, in den ersten fünf Minuten unserer Bekanntschaft meine Zuneigung zu gewinnen, und ich war noch glücklicher, seine Protection und das Versprechen, mir in meinen Plänen behülflich sein zu wollen, gewonnen zu haben. Mir ist unter Deutschen selten ein so lebendiger, rühriger Mann vorgekommen, wie Möring. Durch und durch amerikanisirt, hat er gleichwohl sich frei von allen jenen nachäffenden Aeußerlichkeiten erhalten, die bei unseren Deutsch=Amerikanern fast immer zur widerwärtigen Carricatur werden. Ich sage das nicht, weil ich dem Mann zu Dank verpflichtet bin, denn ich kenne in meinen Urtheilen über andere Menschen kein subjectives Gefühl, aber ich ergreife mit Vergnügen diese Gelegenheit, ihm nach jahrelanger Zeit, wo uns das Schicksal zu wiederholten Malen zusammengeführt

hat, meinen Dank auszudrücken, nicht sowohl für die vielen
Gefälligkeiten, die er mir erwiesen, als für die praktischen
Rathschläge, die er mir ertheilt hat.

Der Abend, den ich bei ihm in seiner Wohnung zubrachte,
gehört zu den angenehmsten, die ich in New-York verlebt habe.
Ich glaubte mich in einen Hamburger Familienkreis versetzt,
welche unstreitig — wie langweilig auch unsere großen
Gesellschaften — tausend Procent angenehmer sind, als so
eine sterile Yankee-Reunion. Außer Dr. Ludwigh traf ich
noch mehrere gebildete Deutsche dort, die mir aber den Thee,
den mir die Dame vom Hause reichte, bemüht waren, durch
haarsträubende Schilderungen von Nicaragua zu verbittern.
Julius Fröbel war erst vor Kurzem zurückgekehrt, hieß es,
und liege abwechselnd am Fieber und an klimatischen Geschwüren danieder. Der Maler Wilhelm Heine, dessen Schilderungen von dem Lande ich in der „Illustrirten Zeitung"
mit so großer Spannung verfolgt hatte, hinge, behauptete
man ferner, nur noch mit einem Faden am Leben. Die
Canalisation sei der reine Schwindel des Herrn van der
Bilt, Raub und Mord an der Tagesordnung, mit einem
Wort, man grub mir mein Grab und aß Butterbrod dazu.
Nur Ludwigh und Möring machten Opposition. Ludwigh, weil er ein Freund Squire's, des enthusiastischen
Autors des bekannten Werkes über Mittelamerika war, und
sich lebhaft für diese Länder interessirte, Möring, weil er
als Kaufmann in ihnen ein neues Emporium des Südens
erblickte.

Ich will nicht leugnen, ich befühlte meine bis dahin
noch gesunden Gliedmaßen mit verstohlener Zärtlichkeit, und
liebäugelte im Gedanken schon mit dem weniger gefährlichen
Metier eines vacirenden Likeness-Fabrikanten innerhalb der
Grenzen der Vereinigten Staaten. Als mir aber Ludwigh
versprach, mir durch den preußischen Gesandten in Washington

Empfehlungen an alle Präsidenten und Minister der fünf centralamerikanischen Raubstaaten zu verschaffen, da — wer hätte da widerstehen können! — fühlte ich das neuspanische Geheimerathsdiplom schon in meiner Tasche und entschloß mich, allen Fiebern und Geschwüren zum Trotz, nicht die Rolle des Peter in der Fremde zu spielen.

Ein deutscher Arzt, der gewiß das Seinige redlich dazu beigetragen hatte, den „Metallic coffins" Absatz zu verschaffen, versicherte mich zum Ueberfluß, daß die Welt nicht stillstehen würde, ohne mich. Und das machte den Punkt zu der Nichtaufgabe meines Entschlusses.

Ludwigh hielt Wort. Der Vertreter Friedrich Wilhelm's IV. schrieb an den Gesandten von Guatemala, Don Rafael Molina, und dieser schrieb an Don Juan Carrera, Don Hic und Don Hoc, kurz an alle Minister Central-Amerika's. Die ethnologische Gesellschaft in New-York beglückte mich mit dem Entwurf zu einem indianischen Dictionair, d. h. einem Heft alphabetisch geordneter englischer Worte, zu deren indianischer Ausfüllung jedesmal ein Raum offen gehalten war. Möring verschaffte mir Briefe an englische, französische und amerikanische Consuln und Kaufleute, dazu gerechnet die Introductionsschreiben von Hamburg, und ich kam mir fast eben so praktisch vor, wie mein Reisegefährte, der Lüneburger Commis aus Bremen.

Bei alledem gefiel mir New-York mit jedem Tage besser, und ich nahm mir fest vor, wenn meine undankbare Vaterstadt einmal zu der vernünftigen Einsicht kommen sollte, mir eine Rente von zehntausend Mark Banco jährlich zu einem nur einigermaßen günstigen Course auszusetzen, ich mein Geld in New-York verzehren würde, einen Entschluß, den Dr. Ludwigh — nota bene nach beendigter Reise — billigte und sich sogar erbot, mich zum „lawyer" abzurichten. Aber der Mensch verfehlt hienieden nur zu oft seine wahre Bestimmung, und meine undankbare Vaterstadt consumirt viel zu viel Roastbeaf und Rauchfleisch, um eines so gescheiten Einfalles fähig zu sein.

Auf Möring's Rath bestellte ich mir Passage auf einem Segelschiff, welches zufällig nach San Juan de Nicaragua in Ladung lag. Der Steamer dorthin gebraucht gewöhnlich zehn Tage, die Passage betrug (1852) state room die Kleinigkeit von 100 Dollars. Der Eigenthümer des „Wild pigeon," eines neugebauten Clipper fore and aft Schooner, ein zierliches kleines Ding von 100 Tons measurement, versprach mir, in längstens vierzehn Tagen werde die „fast sailing craft" die Reise machen — bei Verlust der Fracht! — und forderte nur 25 Dollars. Da ich leidenschaftlich gern auf See bin und mir vier Tage länger nicht in die Waagschale fielen, verdiente ich mir durch Ersparniß die Differenz von 75 Dollars, die ich besser in New-York zu verzehren gedachte, als an Bord des „Northern light," des Steamers, der stets seine tausend Passagiere bis zur ersten Station nach San Francisco befördert, und wo man eingepöckelt wird wie die Häringe. Ich schloß ab.

Nach einem Besuche an Bord, wo ich mich dem Master Scisson, einem hübschen sonnengebräunten jungen Kerl, vorstellte, der anfänglich nicht erbaut schien, daß ihm sein Rheder Passagiere octroyirte, trieb ich mich am Hafen umher, als ich mich am North-River, unweit der Albany-Böte, bei meinem Namen gerufen hörte. Es war ein unglücklicher Zwischendeckspassagier, welcher alle sieben Plagen Egyptens auf Amerika hernieder fluchte, weil er in dem gelobten Lande nur eine Anstellung als — Heizer auf dem „Cesar van der Bilt," einem prachtvollen, in Reparatur begriffenen Albany-Boot gefunden hatte. Das war schon wieder ein Enttäuschter. Er lud mich ein, an Bord zu kommen. Hilf Himmel, welch' eine Verwüstung! Da war in dem gran-

8*

biosen Salon Alles kurz und klein geschlagen, als ob eine
Keilerei in einem ganz neuerfundenen Style stattgefunden
hätte. Mein deutscher Landsmann gab mir den Aufschluß
etwa folgendermaßen:

„Diese gottsakermentschen Hunde von Amerikanern!
Aber hier giebt's keine Polizei. Daheim wären die Kerle
in's Zuchthaus gekommen! Aber das fragt den Teufel nach
Leben und Eigenthum!"

Die Sache verhielt sich aber so. Vor ungefähr vier=
zehn Tagen war eine race abgehalten worden zwischen dem
„Cesar van der Bilt" und dem „Oregon," einem anderen
Steamer, welcher einer concurrirenden Linie angehörte. Die
Wette war contractmäßig aufgesetzt und ging um 5000 Dollars.
Die Behörden von New-York konnten die Sache selbst zwar
nicht hindern, aber sie befahlen, daß die ganze Mannschaft
auf beiden Schiffen nur aus „volunteers" bestehen sollte,
und keine Passagiere mitgenommen werden dürften. Das
bet kam zu Stande und das race fand statt. Die beiden
Schiffe hielten einander eine Zeitlang gegenseitig im Schach.
Sei es nun Bestechung, oder was sonst im Spiel war, genug
es fand sich, daß das Feuerungsmaterial an Bord des „Van
der Bilt" seinem Zweck nicht genüge. Der Capitain, die
Steuerleute schäumten vor Wuth, die Exaltation theilte sich
der Mannschaft mit. Nachdem der ganze Proviant an Speck
und Schinken in den Ofen gewandert, und das Gleichgewicht
mit dem „Oregon" fast wieder hergestellt war, ergriff der
Capitain eine Axt und gab durch sein Beispiel das Zeichen
zu einer Demolirung des Schiffes. Die kostbarsten Meubeln
wurden zertrümmert, die Spiegel zerschlagen und die vergol=
deren Rähme in's Feuer geworfen, Terpentinöl nachgegossen,
die mit den reichsten Stukkaturarbeit n belegten Thüren und
Holzwände der Staterooms, die Betten, Tische, das Piano

wurden von Beilschlägen zerschmettert, und hinein mit ihnen in's Feuer!

Sie würden das ganze Schiff in den Ofen gesteckt haben, wenn der Vorsprung, den der „Oregon" gewonnen, sie nicht endlich von der Nutzlosigkeit ihres wahnsinnigen Treibens überzeugt hätte. Als selbstgeschaffenes Wrack kehrte das Schiff zurück, ausgepfiffen vom Mob. Die Wette und 5000 Dollars waren verloren und par dessus de marché für nahe an 15,000 Dollars freiwillige Havarie gemacht.

Und — wird man es glauben! — beide Schiffe waren für diese Fahrt gegen das „blown up" versichert gewesen.

„Und mit solchen Hundsfakermentern muß ich nun leben!" schloß der Deutsche seine Erzählung. „Aber so wie ich das Geld zusammen verdient habe, gehe ich nach Deutschland zurück. Yes! das thue ich! —"

Ich dachte: mein Junge, wenn du das Geld zusammen verdient hast, wirst du das Geld vertrinken, und wenn du dir mit amerikanischem Gelde erst einmal einen amerikanischen Rausch gekauft hast, und siehst, daß der Katzenjammer hier derselbe ist, wie in der ganzen Welt, dann wirst du wieder nüchtern und bleibst hier, wie Millionen vor dir geblieben sind und Millionen nach dir bleiben werden. Fare well!

Fare well, armer Landsmann! Es giebt aber hier noch eine andere Classe von Menschen, deren Loos dem deinigen auch nicht vorzuziehen ist, wenn sie auch nicht den Ofen auf Mr. van der Bilt's Steamer heizen. Das sind die Farbigen. Mit sittlicher Entrüstung las ich an einem Waggon der Harlem=Rail=Road die Worte: „Coloured people admitted." Denn ich habe die „Déclaration des droits de l'homme" schon im Confirmanden=Unterricht auswendig gelernt, und der Thermometer meiner Bewunderung des freiesten

Volkes der Erde fiel um einige Grade, als ich die kastenartige Etiquette an dem Eisenbahnwagen sah.

Daß im Süden, in Louisiana und anderen Staaten, jene Grenzlinie zwischen farbig und weiß scharf gezogen sei, hatte ich aus Büchern gelernt; aber hier, in dem aufgeklärten New-York, wo der Neger ein freier Mensch ist, wenn er auch kein freier Mann sein darf, solche direct gegen die droits de citoyen verstoßenden Sitten, — das hatte ich nicht erwartet!

Ich glaubte einen Sixpence nicht besser verwenden zu können, als indem ich mir ein Ticket nahm, und, da die Bahn unfern meines Boarding-Hauses vorüberführte, die Strecke in einem Wagen mit farbigen ladies and gentlemen mitmachte. Wir Menschen sind alle Brüder; philosophirte ich, den fragenden Blick beantwortend, den mir der Conducteur beim Einsteigen zuwarf, und nahm meinen Platz ein.

Die Wahrheit zu gestehen, wäre ich sofort wieder ausgestiegen, hätte sich der Zug nicht schon in Bewegung gesetzt gehabt, denn es roch in dem Waggon, als ob man zehn Bisamratten kapaunt hätte, und nächst dem Geruch der Heiligkeit, ist mir kein Odeur so fatal, als Moschus. Zum Unglück befand ich mich zwischen einer citronfarbigen, höchst corpulenten Dame in zeisiggrünem carrirten Seidenkleid, mit einem blauen Sammetfederhut, und einem nicht minder feisten Lord Ebony eingeklemmt, hatte als vis-à-vis die trostlose Aussicht auf die sterile Brustsahara einer Mulatto-nurse, während die übrigen Plätze mit einer ganzen Farbenabstufung vom schwärzesten Neger bis zur blendendweißen Quadroon besetzt waren, welche Alle, ohne Ausnahme um die Wette, nach Moschus dufteten.

Ich hielt denn auch nur — kein Mensch wird mir das verdenken — bis zur nächsten Straßenecke in meiner philantropischen Situation aus, und legte den Weg zu Fuß zurück.

Wenn man seine Nebenmenschen liebt, so folgt daraus noch lange nicht, daß man sie beriechen muß; mein Herz schlägt für Alle, meine Nase aber ist mein Eigenthum, trotz Proudhon.

Mit der freien Luft kehrte natürlich mein Philantropismus zurück, und ich präparirte mir unterwegs einen ausgezeichneten englischen Speech zusammen, den ich bei Tisch nach der Suppe auch wirklich hielt, und dessen Thema in immer enger gezogenen Kreisen sich um die Gleichberechtigung aller Menschen drehte. Die Ruhe, ja die kirchhofähnliche Stille, mit welcher man mich anhörte, machte die Schwingen meiner Beredsamkeit wachsen. Ich wurde enthusiastisch, gerieth in Pathos, steigerte mein Gefühl bis zur souverainen Vernichtungskraft eines Junius-Stils und suchte gerade nach einer recht effectvollen Schlußwendung, als mir einer der beiden männlichen amerikanischen Boarders (gleichzeitig erhielt ich einen verstohlenen, aber darum nicht minder kräftigen Rippenstoß meines Freundes und Landsmannes S.) den Faden abschnitt, mit den Worten:

Stop a little, Sir! — Wir haben, fuhr der Yankee im trockensten Methodistenton fort, Lord God sei Dank, die Landplage der Sclaverei nicht, und wenn man sie heute einführte, würden Sie im ganzen Staate New-York keine zehn Menschen finden, welche davon Gebrauch machten. Ich für meinen Theil bin Abolitionist, aber ich reservire mir das Recht, mich nicht gleichzustellen mit einer Race, welche ohne unser Verschulden in's Land gekommen ist, deren geistige und körperliche Eigenthümlichkeit uns geistig und körperlich widerwärtig berührt, und welche sich, als Race, nie uns assimilirt. Ich liebe nicht — with respect for the ladies — den flavour eines Farbigen; ich gebe sehr wenig auf das Zeugniß eines Menschen vor Gericht, dem die Verschmitztheit eine Raceneigenthümlichkeit ist, wie dem Engländer sein Phlegma, dem Franzosen sein Schauspielertalent, dem Spanier seine Grandezza, dem Deutschen seine Träumerei. (Der Gentleman gebrauchte das Wort „ideology.") Ich kann diesen Menschen das Recht, meine Gesetzgeber im Congreß zu sein, so wenig einräumen, wie ich einem türkischen Priester zugestehen würde, mir Vorschriften im Christenthum zu machen. Ich gebe Ihnen zu, daß der Terceroon geistig und körperlich höher steht, als der Mulatte, daß der Quabroon geistig und körperlich höher steht, als der Terceroon, aber ich gebe Ihnen zu bedenken, daß wir Amerikaner, als eine rising country, unsere Race desto reiner zu erhalten gezwungen sind, um uns zu schützen gegen die Infectionen einer Race, die Sie selbst nur oberflächlich kennen, und welche Sie im Süden zu studiren Gelegenheit haben werden.

„Very well, Mr. Douglas! very well!" erscholl es von allen Seiten; „Go on!"

„A few words more," sagte mein Antagonist. „Ihr eigener Geruchsinn hat Sie aus dem Waggon getrieben, und Sie flohen nur vor der Maske. Was Sie selbst aber instinktmäßig gefühlt, darüber müssen Sie uns keinen Vorwurf machen, die wir die Sache kennen, und ich darf Ihnen sagen, es ist anderer Stoff in einem weißen Mann, als in einem schwarzen.

Ohne unhöflich zu sein, konnte ich füglicherweise das Gespräch nicht fortsetzen. Ich war jedoch keineswegs überzeugt, und mir schwebten im Geiste die „Jasminen im rabenschwarzen Haare der braunen Schönheiten von Nicaragua" vor, die der Master Heine so malerisch in der Illustrirten Zeitung beschrieben hatte, und ich beschloß, den Glauben an die droits de l'homme noch nicht fahren zu lassen.

Da meine Abreise auf den dritten Tag festgesetzt war, so wollte ich den schönen Herbsttag noch zu einem Ausflug nach Staaten Island und Hoboken benutzen. Mrs. Cooks ältester Sohn begleitete mich. Wir fuhren von der Battery bis zur Second Landing auf Staaten Island und legten den Weg bis fast zum äußersten Ende der Insel zu Fuß zurück. Hier, unweit der Stelle, wo sich die Villa Aspinwalls befindet, schweift der Blick nach Osten zu über das hoch am Horizont aufsteigende Meer, eine dunkelblaue auf- und niederwallende endlose Fläche, auf welcher die Schiffe mit ihren weißen Segeln wie eingestreute Perlen erscheinen. Die ganze Pracht der stolzesten Bai der Erde, das ganze Entstehen und Werden einer neuen Welt lachte uns von den Ufern aus entgegen. Ich hätte den herrlichen Anblick noch besser genossen, wäre nicht Master William ein so unleidlich prosaischer Cicerone gewesen, welcher mit genauester Genauigkeit den Namen jedes Hauses, jeder Kirche nannte, und mir den Werth dieses und jenes Stück Landes vorrechnete.

Die Sonne neigte sich bereits zum Untergehen, als wir, über New-York zurückgekehrt, in Hoboken landeten. Wenn eine Stadt, wie New-York, in ihrer Nähe eine Idylle dulden kann, so mag Hoboken als solche gelten. Die Amerikaner geben es wenigstens dafür aus. Mir erschien es wie eine Verschwörung, in fünf bis sechs Jahren eine lärmende, große Stadt fertig bringen zu wollen. Diese palastähnlichen, casernengroßen, fashionablen Boardinghäuser, neben theerduftenden Docks, diese im Stile von Bondstreet erbauten sogenannten Landhäuser, diese Hunderte von halbfertigen Bauten, welche allenthalben in die Ländlichkeit hineingekleckst waren, gaben mir einen curiosen Begriff von der amerikanischen Vorstellung einer Idylle. Und dennoch, geht man den River aufwärts, so befindet man sich plötzlich und ohne merkbaren Uebergang in einem Haine, welcher der Anfang der lieblichsten Waldlandschaft zu sein scheint, und wo es erlaubt sein würde, selbst sentimental zu werden, wenn nicht am andern Ufer des Flusses die Hauptstadt in ihrer ganzen Länge und Fronte sich zeigte. Die „elysean fields" nennt man das Plätzchen, wo solche Contraste dominiren. Umsummt von Tausenden idyllischer Moskiten, umzirpt von Grillen, eine reine balsamische Luft einathmend, sieht man vor sich, seiner ganzen Länge nach hingestreckt, den Koloß der Prosa — New-York, rasselnd, rollend, schreiend und lärmend. Die entzückende Athmosphäre eines jener unvergleichlich schönen Spätherbstabende, des indian summers um sich, vor sich den Dunstkreis der Stadt, mitten aus einem Plätzchen, welches von der Welt vergessen zu sein scheint, in die Mitte der Welt hineinstarrend, bemeistert sich unser die Unruhe, ja die Sehnsucht nach der Welt, und ich glaube, ich habe Recht, wenn ich behaupte, um ganz New-York herum ist kein Winkel, wo man New-York vergessen könnte. Der Vergleich, den so mancher Hamburger anstellt, indem er Staaten Jsland als die Elbgegend, Hoboken als die Alsterparthie betrachtet, wird erdrückt durch Schiffs=masten, Theer, Lärm und Gewirr.

Wir saßen auf der Rückfahrt nach Canalstreet auf einer Bank am Bord des Steamers, als eine kleine Gestalt auf mich zugetrippelt kam, die Arme ausbreitete und mit den Worten: „Seid Ihr's? seid Ihr's denn wirklich?!" sich zum Sprunge anschickte. Ich fuhr rasch von meinem Sitze empor, und ich glaube, der Kleine schoß mir zwischen meinen Beinen hindurch.

Es war aber Niemand anders, als — der tugendhafte Bürger Jonassohn aus Hamburg, beider Rechte Doctor und der Volksrechte Candidat dazu. Das Reminiscenzlein aus dem Hamburger Bürgerverein, der „Repräsentant des Patriotismus Hamburger Juristen" auf der denkwürdigen Volksversammlung in Neumünster, stand in seiner ganzen Kürze vor mir. Er erkundigte sich theilnehmend nach Ham=burg, und ich sagte ihm, Hamburg erkundige sich auch nach ihm. Der „Bürger" hatte bereits eine Art Carrière gemacht.

Bei Gelegenheit des großen Processes gegen die Cuba-Expedition hatte er als Dolmetscher figurirt, dabei juristische Kenntnisse entwickelt, welche in Hamburg nie vollständig gewürdigt worden waren, sich seit der Zeit mit Praxis beschäftigt, und zum Schluß hatte ihn eine Dame geheirathet. Uebrigens war er noch immer derselbe, denn er lud mich auf den folgenden Tag zu einem Champagner-Frühstück bei Delmonico ein, und ich war auch noch immer derselbe, und — hütete mich, hinzugehen.

Ich habe den Bürger Jonassohn seit der Zeit nicht wiedergesehen. Ueberhaupt, seit ich hier auf dieser westlichen Hemisphäre mich aufhalte, ist es mir, als müsse ich den alten Menschen abstreifen, und ich ging in der That den vielen Bekannten der Heimath eher aus dem Wege, als daß ich sie aufsuchte. Vor allem begoutirte mich das Flüchtlingsthum. Ich habe es zwar nur aus deutschen Zeitungen kennen gelernt, bin aber übersatt davon geworden. Diese Herren schlagen da hinten und vorne aus, wie alte Hengste, welche eine junge Stute sehen; kritisiren die amerikanischen Zustände in abstract absprechender Weise, und sind mit ihren Urtheilen über jedes Ereigniß schon fix und fertig, bevor das Ereigniß selber vielleicht stattgefunden hat. Obenan steht mein galliger Freund Heinzen, eine bärenbeißig brave Seele, jede Phrase noch immer ein Elephantentritt. Und er hunzt die amerikanischen Staatsmänner herunter, als ob es preußische Zollbeamte wären, die ihm eine Brochüre confiscirt hätten. Ich habe von jeher so meine eigenen Schrullen über das politische und revolutionäre Märtyrthum gehabt, und bin immer der Meinung gewesen, wenn man dem Feinde einmal die Ehre angethan hat, vor ihm bis nach Amerika Reißaus zu nehmen, so müsse man kein Kriegsgeschrei machen, da man keinen Krieg führen kann. Amerika und Theorien! Das ist gerade so, als ob die neue Welt blos deshalb entdeckt wäre,

damit deutsche Professoren in ihr Häuser bauen und Kinder
zeugen. Ich bin der Meinung, wenn eine geistige europäische
Größe sich bis über den Ocean verschlagen läßt, so soll sie
einen andern Menschen anziehen; sie soll **lernen und ver=
gessen.** Politik ist an und für sich ein trauriges Hand=
werk, welches kluge Leute nur zur Verdauung treiben sollten.
Jedes Volk ist genau so frei, als es in seiner **Majorität
frei sein will,** darum sind die Schulmeister zuletzt die
praktischsten Politiker. Ich nehme es keinem Menschen übel,
wenn er das Handwerk treibt, ich hab's selber getrieben, aber
man soll dabei seinen Feinden nicht in die Hände arbeiten,
indem man es seinen Feinden möglich macht, einen **unschäd=
lich** zu machen. Diese Lebensweisheit empfehle ich allen
Politikern aus Erfahrung und Ueberzeugung, denn man con=
servirt sich ganz erstaunlich gut dabei!

Mein „Wild pigeon" sollte in zwei Tagen in See
gehen. Es war daher nachgerade Zeit, daß ich mir irgend
einen Lebensplan vorzeichnete. Aber was für einen Plan?
Ich hatte in Hamburg und New=York geschäftliche Verbin=
dungen angeknüpft, ich hoffte vague, meinen Namen bei dem
grandiosen Werk der Canalisation unsterblich zu machen; aber
einmal den Fuß auf diesem verzweifelt prosaischen Boden
Amerikas, stellten sich alle Pläne, Projecte und Illusionen
als Dunstgebilde heraus. Facit aller Calculationen war die
Frage: Rückwärts oder Vorwärts? Natürlich das Letztere.
Sehen, Lernen, Erfahren; ohne das ging es nicht. Da ich
mir aber selber und meiner zum Sybaritismus geneigten
Natur nicht recht traute, so fing ich damit an, einen recht
vernünftig=leichtsinnigen Streich zu machen; ich entblößte mich
selber von Mitteln. Diesen vernünftigen Entschluß hatte ich
meinem Reisegefährten, dem Lüneburger Commis zu ver=
danken. Der praktische Mann hatte im Vertrauen, daß die
Adressaten seiner Empfehlungsbriefe Etwas für ihn thun

würden, erst sein ganzes Geld, dann seine Effecten aufgegessen und das Sprichwort hier zu Lande bewährt: „Es ist kein Segen im deutschen Gelde." — Und das ist wahr, denn die meisten Einwanderer werden erst dann etwas, wenn sie nichts mehr haben. Herrn Müller traf ich eines Abends als Logenschließer im deutschen Theater.

Bleich und kummervoll hatte ich ihn zuletzt verlassen, smart und wohlgenährt fand ich ihn wieder, und er erzählte mir, daß er Aussicht habe, für einen deutschen Farmer in Jersey demnächst Gemüse in der Gemüsehalle zu verkaufen gegen eine Commission von 25 pCt.; er müsse nur erst 50 Dollars beisammen haben, um eine Caution zu leisten, da der Farmer auf seine Empfehlungsbriefe an die ersten New-Yorker Häuser hin keinen Credit eröffnen wolle.

Die Hauptsache, philosophirte ich, ist, wenn man in die weite Welt hineinflanirt, daß man mit einem ganzen Rock auf dem Leibe wieder nach Hause kommt. Noch besser aber, wenn man einen ganzen Rock wieder vorfindet. Ergo: Zurück nach Europa mit all meinen Habseligkeiten an Garderobe, Büchern u. s. w. Mein portativer Daguerreotyp-Apparat, ein kleines ledernes Köfferchen mit der nöthigen Wäsche, ebenfalls tragbar, und meine Waffen; ferner sechs Unzen Chinin gegen perspectivische Fieber, einen Blankett von Indian rubber mit Flanell gefüttert, um selbst auf feuchtem Boden trocken schlafen zu können, und eine Decke, mit der man bei uns die Pferde zudeckt, das war Alles. Ich habe einmal von einem Weisen gehört, ich glaube, der Kerl hieß Asmus, welcher gesagt hat, „omnia mea mecum portans." Will auch versuchen, ob das geht. Und was nun the power of the world, money, anbetraf, so sperrte ich meine Adler (Eagles) bei Möring ein, der sie mir mit 6 pCt. pro Anno zu füttern, und stets zu meiner Verfügung flügge zu halten versprach.

Meine ganze Baarschaft, wenn ich in San Juan del Norte an's Land trat, sollte aus 100 Dollars, nicht einen Cent darüber, noch darunter bestehen. Ich habe mich nie so wohlgefällig im Spiegel betrachtet, als nachdem ich diese Dispositionen hinter mir hatte, und entschlossen war, zu Allem entschlossen zu sein.

Um meinen Aufenthalt in New-York, und die Befriedigung meiner Neugierde mit einem Schlußpunkt zu versehen, blieb mir noch der Besuch eines Ortes über, dessen Aeußeres mein Auge schon öfters angezogen hatte. Es war Barnum's Museum. Ich kann und darf den Leser mit einer Beschreibung desselben nicht verschonen, verspreche ihm aber, daß sie eine so kurze und rasche Skizze sein soll, wie man sie nur im Geschwindschritt entwerfen kann.

Wenn Barnum das gesammte Inventarium der Curiositäten seines Museums bei mir versichern wollte, ich würde allerhöchstens zehntausend Dollars darauf zeichnen. Und ich würde ihm zur unerläßlichen Bedingung machen, bei keiner andern Gesellschaft weiter zu assecuriren, denn Vorsicht ist die Mutter der Weisheit, und in Museen giebt's immer feuergefährliche Stoffe, die mit zehntausend Dollars über und über bezahlt sein würden.

Wir besitzen auf dem Spielbudenplatz in St. Pauli bei Hamburg verschiedene Menagerien, wo in gar grauslichen Gemälden am Eingang Krokodille Menschen ohne Messer und Gabel verspeisen, wo wilde Indianer mit fürchterlichen Riesenschlangen verschlungene und verschlingende Gruppen bilden, und man liest darüber die Worte: Nicht zu glauben, ohne zu sehen! Wir haben zum Weihnachtsmarkt auf dem Gänsemarkt ein Kasperletheater, von 12 Fuß Länge und 8 Fuß Breite, wo uns die Schlacht bei Waterloo in Lebensgröße versprochen wird; wir haben ein Oberalten-Collegium, von welchem die Verfassung behauptet, daß es „das

Auge und Ohr der Stadt" sein solle; allein das Alles zerfällt in Nichts gegen den Humbug in dem Barnum'schen Palais, Ecke Parkrow und Broadway. Es ist, nachdem man hier seinen Viertel Dollar Entree bezahlt hat, schwer, einen Anfang und ein Ende zu finden. Es ist eine Insolenz, welche, die Daumen in die Armlöcher der Weste gestemmt, den Hut tief in den Nacken geschoben, uns gerade vor die Füße spuckt. Und dennoch, — wenn man für Humbug sein Geld ausgeben will, so findet man hier seine Rechnung, denn man wird für den hundertfachen Eintrittspreis behumbugt.

Schon auf der Treppe erblickt man neben dunkler Leinewand in einst vergoldeten Rähmen, welche Oelgemälde darstellen sollen, gute deutsche Bilderbögen an die Wand geklebt. Der eine stellt Ali Pascha von Janina, der andere Graf Diebitsch Sabalkansky dar; noch weiter hinauf sind die Wände beklebt mit Bögen, auf welchen preußische Husaren abgedruckt sind, echtes Neu-Ruppiner Fabrikat, das Stück einen Sechser en détail.

Neben der Eingangsthür zu den Sälen ein dito Bilderbogen mit Jenny Lind als hochrothe Regimentstochter.

Jetzt das Museum selbst. Einen Augenblick glaubte ich mich zu dem Trödler Alexander am alten Steinweg versetzt, hätte mich die Geräumigkeit der Barnum'schen Säle nicht aus der Täuschung gerissen. Ausgestopfte Vögel, Antiquitäten, Minerale, Waffen, Schnitzwerke ꝛc. ꝛc. producirten sich in langen Glasschränken so gemüthlich durcheinander, so total ohne Wahl und Geschmack zusammengebracht, daß der geübteste Classificator sich nicht hätte durchfinden können. Da lag z. B. ein javanesischer Dolch neben „a piece of wood" vom Hause, welches Christoph Columbus auf Domingo bewohnt hatte; die Haare eines indianischen Scalps bedeckten zum Theil die Splitter eines Mastes von dem Schiffe So- und So, welches im Jahre So- und So bei

So= und So untergegangen war. Vor einer Büste (aus Gyps) von Jenny Lind stand eine Flasche, welche Asche vom Vulcan Coseguina in St. Salvador enthielt, die beim letzten Ausbruch desselben bis nach Jamaika hingeflogen war, wo man sie gesammelt hatte. Ein Pantoffel der Kaiserin Katharina von Rußland lag auf einem Stück Haut der großen Seeschlange. Ein Kanoe eines Esquimeaux war behangen mit Schnurrpfeifereien, angeblich aus der Garderobe Napoleon's und Wellington's. Berge von alten Töpfen und Geschirren, wie man sie auf der Karre kauft, waren zwischen Korallen und Seesternen aufgestapelt, und jedes Stück mit einer fabelhaften Etiquette versehen, die ihm Werth verleihen sollte. Recht hübsche und zahlreiche Naturalien verschwanden effectlos bei dieser Zusammenstellung, und zum Ueberfluß stand in der Mitte des Saales 1. auf einem hölzernen Sockel eine Broncebüste von Jenny Lind. Im Saale 2. schnappte ein großer Affe, den man in einem Glaskasten eingesperrt hatte, nach Luft. Im Saale 3. zerrte ein kleines Aeffchen, außerhalb des Kastens angebunden, jeden Vorübergehenden in oft sehr unanständigen Attitüden am Kleide. Im Saale 4. lag in einem Glasbehälter ein großes geschliffenes Stück Glas mit der Inschrift: „Ko=hi=noor." Dies waren die Brennpunkte der Sehenswürdigkeiten in den resp. Sälen.

Der Catalog redete von einem Wachsfiguren=Cabinet. Es befand sich in einem Nebensaal. Hier sah ich — nein, es war zu schamlos! — einige dreißig Dinger, die ein anständiger Mecklenburger Gutsbesitzer Bedenken tragen würde, als Vogelscheuchen in seinen Erbsenbeeten anzustellen. Eine Fratze mit zerfressener Nase, oben auf einem festgeschnürten Bündel angeheftet, über das Ganze eine Uniform von rothem Cattun gezogen, zu deren Maßnahme ein Pachter Feldkümmel Modell gestanden haben mochte, stellte nichts Geringeres als Lord

Wellington vor, wie der Zettel besagte. Queen Victoria trug eine Krone aus Goldpapier, und hätte ohne dieselbe und ohne die erläuternde Etiquette füglich für das Ebenbild einer verwachsenen Harfenistin gelten können. Napoleon sah aus wie ein Schornsteinfeger, Washington glich Robert Macaire. Die Costüme waren von Motten zerfressen, und was die Motten übrig gelassen hatten, verzehrte der Schmutz. Gaukler auf den Jahrmärkten kleiner Städte sind hundertmal besser costümirt als diese Figuren. Von Proportion der Formen keine Spur. Das Einzige, was hätte passiren können, wäre Jenny Lind gewesen, die ebenfalls in Wachs poussirt war und in weißem glaced Shirting-Kleide mit Goldfransen (?) und schmutzigen Händen neben irgend einem furchtbaren Highwayman stand. Das war Mr. Barnum's Wachsfiguren-Cabinet.

In demselben Locale waren diverse mechanische und electrische Apparate aufgestellt, die der Catalog mit den curiosesten Namen bezeichnete, deren Bestimmung kein Mensch errathen konnte, die sich aber durch ihre große Einfachheit auszeichneten. Ein Perpetuum mobile bestand aus einer Drehscheibe, welche ruhig auf dem Tische lag, und eine astronomische Uhr war mit der Büste Jenny Lind's geziert und orgelte unabläßig „Heil Dir, mein Vaterland!" — Ein indianischer Riese (dessen Sandalen ungefähr einen halben Fuß dick waren) aus Irland, spazierte als weitere Merkwürdigkeit hier auf und ab und stank zehn Schritte voraus nach Whisky.

In dieser und ähnlicher Weise waren alle Säle drapirt und decorirt. Nur eins verdiente wirklich Beachtung. Es war „the happy family." In einem großen Drathkasten, auf welchem in Porcellan die Büste von Jenny Lind prangte, sah man Katzen und Mäuse, Füchse und Hühner, Eulen und Tauben, Marder und Kaninchen, Schlangen und Kanarienvögel in holder Eintracht bei einander wohnen. Mr. Barnum hält diesen Kasten hoch in Ehren, denn er ist der Grund zu seinem Vermögen gewesen und hat mit Jenny Lind zusammen die Reise durch die Vereinigten Staaten gemacht. Eine solche „happy family" kann man leicht herstellen. Man thut die Vögel, wenn sie noch nicht völlig flügge geworden sind, mit den noch nicht von der Muttermilch entwöhnten Säugethieren zusammen und behält für letztere die Milchnahrung bei, und sie zanken sich ihr ganzes Lebenlang weniger als Kammermitglieder in einer einzigen Sitzung. Die Schlangen sind die harmlosesten Thiere von allen, nur müssen sie stets in vollgefressenem Zustand erhalten werden. Die „happy family" ist ein unterhaltendes Schauspiel für kleine Kinder und ein lehrreiches Schauspiel für große Kinder. —

Barnum's Museum wäre unvollständig, hätte es nicht auch ein Theater aufzuweisen, in welchem sechsmal des Tages ein und dasselbe Stück gespielt wird. In diesem Theater ist der Zuschauerraum trefflich benutzt. Die Ränge liegen amphitheatralisch über einander und man genießt als Publicum zugleich die Annehmlichkeit eines Schwitzbades. Angenehm ist in dem Etablissement, daß einem nichts erklärt wird. Die Etiquetten jedes Gegenstandes ersetzen den Cicerone, und wenn man lesen kann, und ein gläubiges Gemüth besitzt, sieht und staunt man seinen Preis von einem Vierteldollar reichlich heraus. Barnum ist aber auch ein dankbares Gemüth. Jeden leeren Winkel seines Etablissements hat er mit Jenny Lind in Oel, Gyps, Holz und Metall ausgefüllt. Sie hat ihn aus dem Bankerott herausgesungen und er ehrt ihr Andenken, oder thut wenigstens so. — Nächst Jenny Lind ist das Museum reich an Reminiscenzen aus der ungarischen Revolution. Ich sah einen Handschuh von Haynau, eine der beiden Pistolen, welche Görgey vom Kaiser von Rußland zum Geschenk erhalten haben soll; einen alten Hut von

Kossuth, eine Mütze von Dembinsky, ein Stück aus der Krone des heiligen Stephan u. s. w. — Als Kossuth hier anwesend war, soll Barnum ihm alles Ernstes das Anerbieten gemacht haben, Kossuth möge sich bei ihm engagiren lassen; er, Barnum, würde die Staaten mit ihm bereisen und ihn für Geld sehen lassen. Sicher, daß die Kriegskasse des revolutionären Comité's in London voller geworden, wenn Kossuth auf das Anerbieten Barnum's eingegangen wäre. — — — Barnum, erzählt man, habe es nicht begreifen können, daß Menschen, die stets bereit sind, sich todt umsonst sehen zu lassen, nicht zuschlagen, wenn sie sich lebendig für schweres Geld sehen lassen können, und er meinte, der Kaiser von Oesterreich ließe sich doch auch für theures Geld sehen, und der König von Preußen auch! — —

Das war Barnum's Museum, welches bis jetzt noch jeder Besucher New-Yorks mit Befriedigung — verlassen hat.

Mein Freund, der Lichtbildfabrikant, war untröstlich ob meiner Abreise. Wir hatten mehrfach zusammen gearbeitet und jedesmal, wenn ich East-New-York mit meiner Anwesenheit beglückte, strömten die Kunden, welche à la Rembrandt fixirt sein wollten, uns zu. Trotzdem ich meinem Leichnam nichts abgehen ließ, hatte mir mein Aufenthalt in New-York, der sich auf fast fünf Wochen ausgedehnt, kaum zehn Dollars gekostet, und daß ich nicht hundert gemacht, war meine eigne Schuld. Ich hatte aber zweierlei gelernt, was tausend werth war, nämlich:

Erstens: daß in diesem Lande auf keiner Arbeit der Fluch des Vorurtheils lastet, und folglich zweitens: daß es leicht sei, sein Leben zu machen, wenn man keine Arbeit mit dem Auge des Vorurtheils betrachte. Im Hegel habe ich das nicht gelernt! — — —

O Ihr Barbaren des Ostens!

Leicht wie ein Vogel im Herzen nahm ich am Abend

des 14. Octobers meinen Thee zum letztenmale bei Mrs. Cook ein, sang deutsche Lieder, plauderte, scherzte, lachte, nahm Abschied von meinen Mitboardern, da ich mit Tagesanbruch an Bord sein mußte, legte mich schlafen, träumte von meinen Lieben, et — vogue ma galère!

Es incommodirte sich am andern Morgen auch keine Seele meinetwegen. Die rule of the house ward nicht gestört, und da es vor acht Uhr kein Frühstück gab, so wurde mir nicht einmal eine Tasse Kaffee zu Theil, den ich zum Glück noch rechtzeitig am Bord vorfand.

Der Lüneburger Commis, Logenschließer und Gemüsehändler in spe, Herr Müller, hatte sich am Pier Nr. 6, East-River, eingefunden, um seinem Schlafcameraden nochmals die Hand zu drücken. Er entsetzt sich ob der Nußschale, der ich mein Dasein anvertraut habe, es fällt ihm ein, daß ich an einem Freitag in See gehe. „Mein Freund," sage ich ihm, „wohl ist es heute Freitag, aber es ist auch der Geburtstag des Königs von Preußen, und similia similibus sagen die Homöopathen. Eine dicke Zähre rollte über seine Wange; ich glaube, es war ein guter Mensch, und ich reichte ihm meine Brandyflasche, aus welcher er wieder und wieder eine „Thräne" nahm.

Drittes Kapitel.

Abreise von New-York. — Der „Wild pigeon." — Wie man eine Leichenrede auf sich selbst hört. — Little Inagua. — Der Süden. — Cuba. — Jamaika. — Eine Haifischjagd. — „Penzen." — St. Andrew-Island. — Die Mosquitoküste. — Erster Eindruck. — Ein Lotse aus Greytown. — Die Mündung des San Juan. — Die ersten Palmen. — Anblick von Greytown. — Dreistig'eit besser als Empfehlungsbriefe. — „New-York-house." — Ein Enttäuschter. — Die Transitcompagnie des Herrn van der Bilt. — „Mañana!" — Greytown. — Der König von Mosquitia. — El rey de los Zapilotes. — Vor dem Urwald. — Sheppard's Lagune. — Die Eingebornen und die Bevölkerung von Greytown. — Ein Boardinghaus an der Küste. — Die Canalisation ein Humbug. — Verbindungs- und Handelswege nach dem Innern. — Zwischen zwei Fieberkranken. — Differenzen mit dem Patron einer Piragua. — Dr. Sigaud. — Bestimmte Abfahrt ins Innere. — Wie man hier zu Lande „sattelt" und wann man „reitet." — Gepäck ins Boot. — Neuer Aufschub. — Ein Adjutant des Königs Ludwig von Bayern. — Endlich!

„And now I'm in the world alone,
  Upon the wide, wide sea:
But why should I for others groan,
  When none will sigh for me?

Perchance my dog will whine in vain,
  Till fed by stranger hands;
But long ere I come back again,
  He'd tear me where he stands."

Diese Worte meines Lieblingspoeten Byron spazirten auf meiner Zunge hin und her, wie meine Füße hin und her auf dem Deck des Fahrzeuges, welches mich weit, weithin down-South bringen sollte, spazirten. Sie kamen mir wieder und immer wieder in den Sinn und wollten nicht weichen. War es doch genau genommen das erstemal in meinem Leben, daß ich eine Reise in ein Land antrat, wo ich keine Seele kannte und wo mich keine Seele kannte. Und hatten mir meine Beobachtungen in New-York schon einen kleinen Vorgeschmack gegeben von der Gemüthlosigkeit der socialen Formen in der neuen Welt, so mußte jetzt, wo ich einer Zone zusteuerte, in welcher, die Sprache inbegriffen, mir alles fremd war, der Barometer meiner etwa noch vorhandenen Illusionen ganz bedenklich sinken. Daß ich es eingestehe, auch in meinem Schädel sah es ein wenig verschwommen aus im Hinblick auf die Zukunft, als ich am Pier Nr. 6 East-River dem Mastenwald von New-York mein Lebewohl sagte.

An einem warmen sonnigen Augustmittag unter Lärm und Geräusch auf einem überfüllten Auswandererschiff hatte ich Hamburg verlassen, begleitet von Glück- und Segenswünschen von Verwandten und Freunden. Ein naßkalter Octobermorgen, ein trüber wolkenbedeckter Himmel schnitt mir ein schiefes Maul zu, ein Landsmann, dessen Hoffnungen hier gestrandet waren, drückte mir die Hand zum Abschied, als ich von New-York schied. Ein einziger alter Mann, der reichlich seine Sechszig auf dem Nacken haben mochte, bildete, außer mir, den einzigen Passagier, welcher das schlüpfrige Deck beschritt, über welches ein feuchter Ost-Nord-Ost eine nasse Sprüh von halb Regen, halb Nebel hinfegte. Die Jahreszeit schien ihre Pudelmütze aufgesetzt zu haben, das heitere New-York lag griesgrämig da, die am Ufer liegenden Fahrzeuge knarrten schwankend den Morgengruß dem trüben

Tag entgegen und der Wind pfiff gellend durch die Takellage, und die Ferryböte ließen aus ihrer Steampfeife auch nur Töne hervorbringen, welche so hohl und heiser klangen, als ob sie den ersten Winterkatarrh bekommen hätten. Kein Geplauder, kein Gesang, kein Scherzen, kein Lachen und kein Weinen. Unter dumpfem Grunzen machte die Mannschaft ihren Gang um die Ankerspille und holte den Anker ein. Eben so prosaisch ruhig wurde ein Segel nach dem andern losgemacht, und so trieb das Schiff in die Mitte des Stromes, faßte den Wind, legte sich beträchtlich in Lee und jagte davon, daß das Wasser über die Gallion ohne Unterlaß sich das Deck entlang ergoß, und nur auf dem kaum 1½ Fuß höhern Quarterdeck ein einigermaßen trockenes Plätzchen zu finden war.

Der „Wild-Pigeon" machte seine erste Reise. Es war ein scharfgebauter schlanker Klipper, „fore and aft Schooner." Masten und hull schwarz angemalt. Die Größe betrug 100 Ton Maaß. Die Schanzkleidung war höchstens zwei Fuß hoch, der Reeling am Quarterdeck dagegen reichte mir noch nicht einmal bis ans Knie. Der Capitän war — obgleich ihn als Amerikaner mein Leben eigentlich gar nichts anging — menschenfreundlich genug, mich auf die Bequemlichkeit des Ueberbordfallens mit den Worten aufmerksam zu machen:

„Take care, Sir, if ye get sick, you'd better go down stairs."

Die Besatzung des kleinen Fahrzeuges bestand inclusive des Capitäns und Steuermanns aus sechs Mann. Der Koch war zugleich Steward und mußte, wenn er mit seiner Küche klar war, sailors-Dienst verrichten. Capitän und Mate arbeiteten gleichfalls wie die Matrosen und standen in dieser Beziehung auf dem Fuße völliger Gleichheit.

Master Sciffon war, wie ich bereits angedeutet habe,

ein hübscher junger Kerl, dem das kastanienbraune gekräuselte Haar recht nett zu dem weather-beaten Seemannsantlitz stand. Er war vor einiger Zeit als Miner in Californien gewesen, hatte Gold gesucht und gefunden, und als er genug zu haben glaubte, hatte er seinen Seemannsberuf wieder ergriffen, indem er einen Antheil an dem Fahrzeug erkaufte, welches er jetzt commandirte. So etwas kommt in den Staaten seit der Entdeckung des Goldlandes häufig vor. Junge Burschen verlassen ihren Beruf auf einige Zeit, machen die Tour, und setzen sich im voraus die Summe fest, die sie im Eldorado entweder finden oder rasch verdienen können, und kehren dann friedfertig in ihre Heimat zurück, und greifen aufs neue zur Axt, zum Pfluge, oder zum Hammer. Californien wird von dem Amerikaner die Hochschule „to become smart" genannt, und ich glaube gern, daß Mühen und Strapazen und der Aufenthalt daselbst ganz geeignet ist, jene care the devil about-Naturen zu schaffen, die uns seit der Entdeckung der Goldlager so häufig aufstoßen.

Das vollkommenste Gegentheil des Capitäns war sein Mate. Eine vierschrötige Gestalt mit einer blondgesunden Bauernphysiognomie, schwärmte er für ein stilles Farmerleben. Er erzählte mir, daß er noch so lange fahren werde, bis er fünfhundert Dollars erübrigt habe, um eine kleine Farm in Tennessee zu kaufen. Das Seeleben verabscheue er und habe es nur gewählt, to make money a little quicker. — War er auf der Wache, so hörte man ihn ohne Unterlaß singen:

„O carry me back, o carry me back,
To old Virginia shore!"

Unser Steward war ein höherer Mulatte aus New-Orleans, welcher ein schlechtes Französisch und ein noch schlechteres Englisch sprach. Der Bursche war übrigens gebildeter als seinesgleichen auf Schiffen zu sein pflegen. Mir wurde er dadurch einigermaßen interessant, daß er auf dem Schiffe gedient hatte, welches Kossuth und seine Getreuen aus Costantinopel geholt. Auf der ganzen Reise mit der speciellen Bedienung des ungarischen Agitators betraut, hatte ihm dieser beim Abschied eine goldene Brustnadel geschenkt, die der Afrikaner hoch in Ehren hielt.

Der Passagier, welcher außer mir die Reise mitmachte, war ein alter Knabe, ebenfalls aus New-Orleans, ursprünglich auch Seemann. Er hatte in den Zeitungen so viel von der Nicaragua-Transit-Road gelesen und von der theuren Passage auf den Steamern des St. Juanflusses, daß er made up his mind, und calculirte, es sei gut, wenn den theuren Steamern des Herrn van der Bilt eine Opposition gemacht werde. Wo Dampfschiffe gingen, schloß er, müssen auch Segelschiffe gehen können, und ohne an die Windstillen und Stromschwellen des berühmten und berüchtigten Flusses zu denken, hatte Mr. Jonathan Baker einen kleinen Schooner gekauft, der, Kiel oben, auf dem Deck des "Wild Pigeon" festgestaut lag. Ich glaubte anfangs, ich hätte einen Tollen vor mir, als ich den Lebensplänen und Calculationen des alten Feuerfressers lauschte. Wohl versuchte ich es, ihm begreiflich zu machen, was ich selber von dem Fluß und den Communicationen auf demselben wußte. Auch der Capitän sagte ihm, er möge solche Ideen nur fahren lassen und mit seiner Craft nach Jamaika oder St. Andrew Island gehen, um Früchte nach Greytown zu bringen.

"Well, Gemmen! I want to see!" war die lakonische Antwort, mit welcher er einen Strahl brauner Jauche des unvermeidlichen fine cut Cavendish seitwärts spritzte.

Mich dagegen machte die Bemerkung Früchte von Jamaika nach San Juan de Nicaragua bringen, stutzen. Ich hatte mir eingebildet, in einem Tropenlande, und noch dazu in einem solchen, welches bereits innerhalb der Aequatorial=Zone liegt, wachsen einem die Ananas und Bananen nur so in den Mund hinein, und wunderte mich des höchsten, als auf meine Frage, was denn das für Früchte sein könnten, mir der Bescheid wurde: „all kind of fruits, Pineapples, Banans, Plantains, Mangos, Oranges etc."

Das hatte ich nun davon, daß ich Bücher und Reise=beschreibungen gelesen! Enthusiasten, die ihre Nase in ein Land hineinstecken, übertreiben alles Gute und Schlechte und machen den Leser confus. Da habe ich vor meiner Abreise noch einen und den andern kennen gelernt, der mir fabelhafte Dinge erzählte, alles rosafarben gesehen hatte und unter andern die Ananas auch am Wege wachsen ließ. Und jetzt vernahm ich zu meinem Erstaunen, daß man nach einer Küste, welche mir als der fermentirendste Boden der Welt geschildert worden war, einige hundert Meilen weit her Früchte und Gemüse auf den Markt brächte! Ich konnte das nicht begreifen und wollte es vielleicht nicht begreifen, denn ich war eben noch grün. —

Auch auf den kleinsten amerikanischen Schiffen herrscht die lobenswerthe Sitte, daß jeden Tag frisches Brot gebacken wird, und das amerikanische Soda=Biscuit ist Kuchen im Vergleich zu unserm nichtswürdigen Hamburger und Bremer Schiffszwieback, mit welchem man mit aller Leichtigkeit sei=nem Nebenmenschen ein Loch in den Kopf werfen kann. Das Essen an Bord war einfach, aber reinlich und gut, und an Preserves war kein Mangel. Die Cajüte war in Verhält=niß zur Größe des Schiffes ziemlich geräumig, enthielt zwei Betten, abgesehen von zwei Betten in einem über dem Wasser=spiegel am Steuer belegenen Raum. Man konnte darin sitzen, stehen und liegen. Aber eine Inconvenienz ganz anderer

Art sollte ich bald kennen lernen, und so komisch es war, wird es mir doch zeitlebens im Gedächtniß bleiben.

Wir waren über die Barre hinaus und in See. Das kleine Fahrzeug benahm sich jetzt manierlicher als auf dem River, wo es durch die kurzen Wellen wie unsinnig dahin schoß. Die See ging hoch, der „Wild pigeon" nahm Raison an. Graciös flog er die langen hohen Wellenberge hinauf und schwebte auf der andern Seite leicht in die Tiefe nieder, oder er wand sich geschickt zwischen den Wellen hindurch und hielt sein Verdeck rein von Wasser. Es war eine Bewegung, so angenehm wie das sanfte Wiegen in einer Hängematte, keine Spur von dem dröhnenden Stampfen großer Schiffe.

Nach dem Thee, zu welchem ich ein erkleckliches Quantum Brot und Molasse genossen hatte, sah ich mich nach den Hausgelegenheiten um, welche in keinem Haushalt, weder zu Wasser noch zu Lande, fehlen dürfen, und die meiner europäischen Anschauungsweise zufolge auch überall zu finden sein mußten, außer etwa bei Canadiern, die noch Europa's übertünchte Höflichkeit nicht kennen und sich seitwärts in die Büsche schlagen. — Diese Hausgelegenheiten konnte ich jedoch nirgends entdecken, und ebensowenig einen Busch. Ich fragte daher den wachhabenden Matrosen — denn es war bereits Nacht — welchen Cours ich zu steuern habe? —

„Just there, Sir, right down from the Bob-stay." Schön. — Nun ist aber das Bob-stay eine dicke Kette, welche vom Klüverbaum an den Bug in ziemlich schräger Linie gespannt ist, so schräg ungefähr wie das Kirchthurmseil eines Seiltänzers. Pechschwarze Nacht war es ohnehin, und das Wetter lud auch nicht zum Turnen ein. Der Bursche wiederholte seine Auskunft, und zwar in einem so impertinent näselnden Yankeetone, als wolle er mir zugleich die größte

Sottife sagen über die landrattenhafte Ungeschicklichkeit, die er bei mir vorauszusetzen sich den Anschein gab.

„Thank you, Sir," antwortete ich und war mit einem Satz über die Schanze, und setzte den Fuß fest auf besagten Bob-stay. Ich hörte noch, wie der Mann mir nachrief:

„Take care, it 's dark!"

Aus der Noth eine Tugend machen geht an, nur muß dann die Tugend nicht wieder zur Noth werden. Ich aber fühlte mich plötzlich mit Vehemenz — ins Wasser getaucht, und es brodelte und schäumte mir um die Ohren herum. Ein Glück, daß ich festhielt, ob mir auch alle Glieder im Leibe knackten. Denn der „Wild pigeon," unter dessen stark vergoldeter Figur ich saß, hatte mich mit einem so tiefen Compliment begrüßt, hatte seinen Schnabel dermaßen gesenkt, und seinen Bug so tief ins Wasser getaucht, daß ich um ein Haar mich in Davis shrine wiedergefunden hätte. Triefend von Wasser und wüthend vor Scham, Aerger und ausgestandener Angst, voltigirte ich aufs Deck zurück und gelangte, unbemerkt von der Wache, in die Cajüte. Aber es giebt eine Nemesis! — Dem Lookout, welcher mich nicht hatte von meinem schwankenden und schwebenden Erholungs-Plätzchen zurückkommen sehen, war doch Angst geworden, denn er mochte wohl fühlen, daß ich ohne seine provocirende Auskunft bei Nacht keinen Gang gemacht haben würde, auf welchem schon mancher sailor bei Tage verunglückt ist. Und mit einem lauten Ruf „Man over board!" stürzte er nach dem Quarterdeck.

Alles wurde allarmirt, und ich hörte unten deutlich, wie der Kerl dem Capitän berichtete, daß der „Dutch Gentleman" kopheister in See gegangen wäre, ungeachtet — das waren seine Worte — „I gave him the warning."

„Well, — poor fellow! — she (das Schiff) is making ten knots; — impossible, to pick him up! Let go on."

Ich wußte jetzt doch wenigstens, wie meine Leichen=rede beschaffen war, und das ist eine Erfahrung, welche wenigen Sterblichen zu machen vergönnt ist. — — —

Master Scisson hatte aber in der Sache recht. Denn bei einer Zehn=Knotenfahrt, hoher See und dunkler Nacht ist es wirklich verlorene Mühe, einem unfreiwillig badenden Passagier beizuspringen.

Im ersten Moment de vivacité wäre ich beinahe aufs Verdeck gestürzt und hätte dem lügenhaften Berichterstatter einige Yankee=Schmeicheleien, wie „Damned rascal! son of a witch!" u. s. w. in die Zähne werfen mögen. Bald aber fühlte ich, daß es viel richtiger sei, den Menschen eine Nacht lang in dem Bewußtsein, mich gemordet zu haben, zappeln zu lassen. Ich schlüpfte daher in die im hinteren Raum angebrachte Nebencajüte (die wir scherzhaft the gun room nannten, weil dort der Wein= und Schnapskeller war) in eine Koje und schlief so fest wie ein Ertrunkener nur schlafen kann.

Am folgenden Morgen, als ich in die Hauptkajüte zu=rückkroch, sah ich Master Scisson, wie er sich anschickte, meinen werthen Namen als „ertrunken" ins Loggbuch ein=zutragen.

„Where the devil do you hail from?" rief er auf mein „good morning, Sir!"

Ich stellte mich natürlich gänzlich unwissend. Niemand aber war froher als mein Mörder. Der Mensch erwies mir hundert kleine Gefälligkeiten, und wo er konnte, suchte er mir einen Dienst zu leisten.

Der treffliche Ost=Nord=Ost, mit welchem wir New=York verlassen hatten, stand volle drei Tage und kam uns herrlich zu Statten, den großen Golfstrom zu durchkreuzen, um mit dem vollen Passat fast ganz südlich steuern zu können. Es war ein eigenes Gefühl, als ich nach drei oder vier ziemlich rauhen Tagen und Nächten am Morgen aufs Verdeck ging, und mir eine lauwarme südliche Luft bei völlig wolkenlosem Himmel entgegenströmte. Die Sonnenscheibe war eben zur Hälfte aus der See getaucht, und gerade vor ihrer goldenen Kugel zeichneten sich am Horizont die Conturen einer nord=weststeuernden Bark ab. Die See wogte sanft wie ein wal=lender kornblumenfarbener Teppich, und Schaaren kleiner **fliegender Fische** schossen in stoßweisem Fluge, dann und wann die Wellen berührend, in geringer Entfernung an uns vorüber. Die Luft war balsamisch rein, zum Trinken! Die Rosatinten, welche das aufgehende Tagesgestirn auf die wal=lende Azurfläche hinhauchte, bildeten, durchblitzt von dem milchweißen Schaum einzelner kecker aufspringenden Wogen ein Farbenspiel zum Entzücken schön. Und am Horizont, wenn das Auge langsam über die weite Fläche dahin glitt, schien das Meer der Sonne nachsteigen zu wollen, schienen sich Stücke vom Ocean loszureißen, und sich an die Sonne zu hängen, die, eine schaumentstiegene Venus, rascher und rascher sich emporhob am Firmamente. Es war der Süden, der mir seinen ersten „Guten Morgen" sagte! Wir waren heraus aus den holprigen Regionen, wo das Meer entweder in der matten Heiterkeit der Ermüdung glänzt, oder in tage=löhnernder Manneskraft brummt und stürmt. Die Natur giebt der See hier ihre regelmäßigen Luft und Wasserströ=mungen, läßt die Sonne sich in den Mund scheinen und genießt ihr Leben, wie ein Lazzarone, bis sie ihre Launen be=kömmt und dann aber auch zur Furie in ihren **Orkanen** wird.

Ich habe, so lange ich denken kann, kein solches inner=liches Wohlbehagen empfunden, als an diesem Morgen.

75 Grad (Fahrenheit) in der Luft, hingegossen aufs Verdeck, so lang ich war, den Kopf in die Hand gestützt, wünschte ich, ein Maler zu sein, um das einfache und schöne Einerlei auf die Leinwand zu bringen. Das ist der Hauptreiz des See-lebens für den Reisenden, daß er sich der Sorgen entschlägt. Sie helfen ihm hier zu nichts, und die Nothwendigkeit ver-bannt den Spleen, dessen unsere sattelfeste Philosophie auf dem Festlande nicht Herr zu werden vermag. So lange die unendliche Hochstraße aller Nationen uns auf allen Seiten umgiebt, dürfen wir sagen:

No eye to watch, no tongue to wound us,
All earth forgotten, — all heaven around us!

Ja, man ist auf See im Himmel. Einige hören sogar die Engel singen, wenn sie auf dem Bauch liegen und see-krank sind. Dann halten sie den Himmel für einen Dudelsack und ächzen mit ihm um die Wette. — Gott sei Dank, ich blieb auch diesmal verschont, und die Mannschaft hatte sich umsonst gefreut, meinen Antheil von der Tafel zu erhalten.

Genau genommen, kam mir Schiff und Mannschaft zuweilen vor wie ein Pirat. Das saloppe Aussehen der wenigen Matrosen, der Steuermann, der barfuß einher-spazirte, der Capitän, der sich ebenfalls das Ding bequem machte, und anfing, sich aller überflüssigen Kleidungsstücke zu entledigen, Mr. Jonathan Backer, eine zwar gutmüthige, aber doch confiscirte Seehundsphysiognomie, endlich ich selbst, angethan in grober Drillhose, welche ein Gürtel an den Hüften festhielt, den Oberkörper mit einem rothen Flanell-hemd bekleidet, der eine Taback kauend, der Capitän Segel-werk ausbessernd, eines jeden Attitüde in der vollständigsten Nonchalance, ohne Rücksicht auf Grazie oder Aesthetik — das alles auf diesem schnellsegelnden Torfever (denn viel größer war der „Wild pigeon" nicht), — in der That, wir hätten uns in unserer liebenswürdigen Natürlichkeit sogar in Hamburg entweder gar nicht, oder — für Geld sehen lassen können, als eine kleine Bande Filibustier.

Am fernen, fernen Horizonte tauchte ein bläulicher Fleck auf. Es war little Inagua, eine Insel, die, wie ich glaube, noch zur Bahama=Gruppe gerechnet wird. Am nächsten Morgen, als ich das Deck betrat, lag westwärts in einer Entfernung von höchstens 8 (engl.) Meilen eine lange Kette mattblauer Gebirge vor uns. Es war die Insel Cuba. Wir hatten in der Nacht den Wendekreis des Krebses passirt und befanden uns jetzt innerhalb der tropischen Zone. Das Land lag zu weit ab, um selbst mit dem Fernrohr mehr zu unterscheiden, als daß die Ufer völlig unbewohnt seien. Die Höhen waren bewaldet, doch ließen sich die Formen der Bäume ebensowenig deutlich erkennen, da die Luft landwärts ein wenig dick war.

Wir behielten das Land den ganzen Tag über in Sicht. Nach Sonnenuntergang verstärkte sich der anhaltend günstige Wind. Master Scisson schwur, seine little craft mache ihre 11 Knoten, und er würde den Morgan, eine große Bark, welche drei Tage vor uns, gleichfalls nach San Juan bestimmt, New=York verlassen hatte, schlagen. Die Nacht war nach dem heißen Tage, wo ich mich vergebens nach einem Fleckchen Schatten gegen die senkrechten Strahlen der Tropensonne umsah, wunderbar erfrischend. Dennoch widerstand ich obgleich Neuling dem Versuche auf Deck zu schlafen.

Der Himmel war leicht bewölkt, aber er schien nach Süden zu in Flammen zu stehen. Ich konnte das Auge nicht wegwenden von dem prachtvollen Wetterleuchten, von den bizarren Formen, welche die hundert und aber hundert Blitze an das Firmament warfen. Bald glich es dem plötzlichen Ausbruch eines Vulkans, und es war unheimlich, keinen Donner zu hören, bald schoß es wie ein Gewirr feuriger Schlangen durcheinander, hier zerriß es die Wolken und zau=

berte in grellster Helle auf eine Secunde die fantastischen Formen einer Fata=Morgana hervor, dort glich es einem plötzlich auftauchenden Lichtmeer von mehr als Tageshelle, kurz es war ein Feuerwerk, wie es die Phantasie des genial= sten Pyrotechnikers nicht würde erfinden können. Um uns her aber flammte, leuchtete, sprühte in Millionen Funken und phosphorglänzenden Klumpen die schäumende See, und in unserm Kielwasser wirbelte das nächtliche Licht des Meeres in langen, langen Furchen hinter uns her. Im Norden und Osten und Westen funkelten die Sterne, und die Sternbilder unserer Zone, der große Bär voran, waren wieder um einige Grade tiefer am Horizont als am Abend zuvor. Hinter uns der sinkende Polarstern, vor uns die flammenden Boten der Aequatorialzone, die fernen Gewitter der temporales in der Regenregion, das leuchtende Meer, die glitzernden Sterne, die zahlreich fallenden Sternschnuppen, Licht und Finsterniß im Wechseltanz — es war eine prachtvolle Nacht. Und ihre Poesie wurde — wird man es glauben! — erhöht, als einer der Matrosen auf dem mir tödtlich verhaßten Instru= mente Accordion ein altes Negerlied von abscheulich trivialer Melodie herunterspielte, denn es bildete den reizendsten Con= trast, und ich war nicht sentimental genug, um mir schon jetzt eine glutäugige Spanierin zu wünschen, welche mit mir und der Mandoline schwärmte und sonst allerhand Allotria triebe. Komme ich doch früh genug in das Land, wo ich die Sennoritas und die sanften Indianerinnen an der Quelle studiren kann. Und ich werde sie daguerreotypiren und werde mir ein ganzes Herbarium von Lichtbildern anlegen, und werde mit ihnen lustwandeln unter Palmen und Platanen, und ihnen Räubergeschichten erzählen von Hamburg und seiner Umgebung. Es kann gar nicht ausbleiben: ich mache Fortüne. Es verliebt sich eine steinreiche Creolin in mich, schenkt mir ihr schönes Herz und ihre schönern Plantagen, und ich werde gerührt sein und Herz und Plantage annehmen, und sie wird entzückt sein, einen „most distinguished writer and traveller," wie Don Felipe Molina in meine Empfehlungsbriefe an die Präsidenten und Minister von Centralamerika geschrieben, zum Haustyrannen zu erhalten. — Nous verrons!

Der nächste Morgen zauberte uns den prachtvollen Anblick der blue mountains von Jamaica vor Augen, welche wie eine Kette von Hochalpen in einer Entfernung von 15 (engl.) Meilen vor uns lagen. Wir segelten in die Windward passage hinein. Da aber, gegen 11 Uhr Vormittags, fiel plötzlich der Wind total ab und wir lagen vollständig becalmd auf dem Wasser. Der Wild pigeon steuerte nicht im mindesten mehr. Die Hitze ward unerträglich; der Schatten, den die Segel warfen, wurde immer kürzer. Das Wasser an Bord war so warm geworden, daß es nicht zu trinken war. Ich half mir, so gut es gehen wollte, meinen Durst zu löschen, indem ich eine Flasche mit in Seewasser getauchten Tüchern umwickelte, und durch die rasche Verdunstung die Temperatur des Süßwassers so viel wie möglich herabdrückte. Ein paar Tropfen Brandy machten das Getränk einigermaßen genießbar.

Während ich so, schier verschmachtend — denn ob der glühenden Hitze schmolz das Pech in den Fugen der Deckbalken — beim Steuer lag, und nach Kühlung schnappend übers Heck weg in die See sah, erblickte ich einen glänzenden Delphin im Zickzack hin- und herschießen, und gleich darauf hob sich aus der durchsichtigen Tiefe ein wenigstens 15 Fuß langer grauer Lümmel von Haifisch in die Höhe. Die Bestie schielte mit ihren heimtückischen Augen gierig zu uns herauf, und es lag so viel Dummboshaftes in der Visage, daß es einem Menschen Ehre gemacht haben würde. Wir hatten wenigstens Zeitvertreib. Der Capitän wickelte ein Stück verdorbenes Fleisch fest in einen alten Lappen Zeug und warf das Paquet über Bord. Der Begleiter des Mr. Shark (Naucrates conductor) flog darauf zu, umkreiste es und stieß dann pfeilschnell wieder zu seinem Master zurück. Gentleman Shark kam bedächtig herangeschwommen, legte sich auf den Rücken und schoß in gerader Linie auf das Fleisch= bündel zu, welches er im Nu sich einverleibt hatte. Aber gleichzeitig, wie ein Blitz, sauste auch schon, von der Hand des Capitäns geworfen, die bereitgehaltene scharfe Harpune hinab und fuhr mit einem dumpfen Laut dem ungebetenen Gast in den Leib. Er ging abwärts; das Tau, an dem die Harpune befestigt war, wickelte sich ihm nach. Schon glaubten wir uns unserer Beute gewiß, als die Harpune nach= schleppte. Der Bursche hatte sich loszumachen gewußt und das Weite gesucht.

Das Wasser war von seinem Blute roth gefärbt, und das Blut hatte noch mehr Gesellschaft von derselben Sipp= schaft angelockt. Ich zählte mehr als zwanzig jener fatalen, aber Badende in tropischen Küstenländern warnenden Rücken= flossen, welche wie lateinische Segel aus dem Wasser hervorragen. Sechs bis acht der unheimlichen Gesellen in allen Größen präsentirten sich vollständig unter unserem Stern, hielten sich aber stets tief genug unter Wasser, um gegen nähere Bekanntschaft mit unserer Harpune gesichert zu sein. Da holte Master Scisson ein paar schwere Angeln herauf, die wir auswarfen, und fast gleichzeitig biß an der seinigen ein Delphin, während an der meinen ein junger Hai sich gefangen hatte. Das heißt — er hätte mich um ein Haar gefangen! Die Bestie hatte richtig angebissen und konnte von dem großen doppelten Widerhaken nicht los; ich aber hatte verabsäumt, das Ende des Taues, an welchem die Angel befestigt war, anzubinden, und so schnurrte die Leine dem davon eilenden Fisch nach. Schon waren nur noch

5 ober 6 Faben des Taues an Bord. Umsonst hatte ich die Füße darauf gestemmt; das Thier riß mir die dicke Schnur unterweg und ich fiel der Länge nach zu Boden. Da warf ich mich mit beiden Händen auf das entschwindende Tau, packte es — denn ich war in eine fieberhafte Jagdwuth gerathen — krampfhaft fest, und jetzt maßen wir unsere Kräfte, — der Hai und ich. Er wollte los, ich wollte nicht los. Das Tau hatte sich mir um die linke Hand wie eine Schlinge gewickelt und das Thier entfaltete eine solche Kraft, daß es mich näher und näher an den Rand des Heckes zog. Der Schmerz war unerträglich. Bei jedem Ruck, den der Fisch — niemand konnte ihm das verdenken — zu seiner Befreiung machte, war mirs, als ob mir alle Knöchel des Handgelenks zerbrechen sollten.

Die Pein wurde zuletzt so intensiv, daß ich nicht wußte, sollte ich über Bord springen oder nicht. Die Liebe zum Leben siegte. Ich warf mich zu Boden, stemmte beide Füße gegen den Reeling und schrie nach Succurs. Da kam Mr. Jonathan Baker aus der Cajüte und fragte ganz phlegmatisch:

„Halloh! what's the matter?"

„D—!" schrie ich, „don't you see? J'm going to hell!"

Das half. Mit seinen beiden Eisenfäusten packte Jonathan den Strick unterhalb meiner gefangenen Hand und brüllte nun seinerseits:

„Halloh! Two hands more to catch the fellow!"

Der Capitän, der mit seinem gefangenen Fisch gleich anfangs nach der Küche geeilt war, lief herbei, erlöste mich aus meiner Schlinge und zog gemeinschaftlich mit Baker die Seehyäne so weit an, daß sie eben nur noch mit dem Schwanz das Wasser berührte, und sich so zu Tode zappeln konnte. Der Hai schlug mörderlich um sich, kam aber nicht los, da der Widerhaken gleich vorn im Maul ins Fleisch eingedrungen war und er das Tau also nicht zu durchbeißen vermochte.

Endlich ward er heraufgezogen. Ich drängte mich heran, um meinen Feind in der Nähe zu betrachten. Schwapp! da schlug das Vieh nochmals mit dem Schweif eine Quart, und versetzte mir, seinem Mörder, einen so fulminanten Backenstreich, daß ich zu Boden stürzte und einen Augenblick glaubte, es solle mir Hören und Sehen vergehen. Der Hai arbeitete indessen seinen Todeskampf mit sehr wenig Resignation durch. Obgleich nicht viel über fünf Fuß lang, peitschte er mit dem Schweif das Verdeck, daß der Boden erdröhnte. Ein Stück Holz von einem viertel Fuß im Durchmesser, welches wir ihm vors Maul hielten, zerbiß er, daß die Splitter und Fasern des Holzes umherflogen, und erst als ihm einer der Matrosen mit einem Beil den Schwanz — das einzig Eßbare an dem Fisch — abhackte, beruhigte er sich und ging mit Fassung in eine bessere Welt ein, wo wahrscheinlich biedere Haifische nicht von Demokraten außer Diensten gequält werden.

Umsonst hatte ich gehofft, daß der Abend uns Kühle bringen würde. Die großen, schlaff hängenden Segel schlugen mit entsetzlichem Geräusch bei jeder Hebung des Schiffes gegen den Mast, daß der ganze Bord erdröhnte; die Atmosphäre war, was die Seeleute misty nennen; die Sonne ging in einem dicken Qualm, einem Höhenrauch nicht unähnlich, unter, und mit der rasch einbrechenden Nacht legte sich ein dumpfes Brüten über das Meer, das sogar das Athemholen erschwerte, fast wie in einem Dampfbade.

Wir hatten uns zum Abendessen beim Schein einer kleinen Oellampe in die Cajüte eingeklemmt, als Master Sciffon unruhig auf den Barometer sah, in dessen Röhre das Quecksilber gar bedenklich gefallen war. Kaum mit dem

Thee fertig, prüfte er den Horizont rings umher. Dann ließ er alle Segel einholen, und postirte sich neben den Mann am Ruder, die Augen fest nach Ost gerichtet.

Es war klar, es stand ein Sturm, wo nicht gar ein Orkan in Aussicht. Aexte, um die Masten zu kappen, waren bereit gelegt, Master S c i f f o n rieth mir, down stairs zu gehen, because it might be possible we should get hard work to night. Es wäre mir jedoch unmöglich gewesen, in dem dumpfen Loch mich einsperren zu lassen, und ich erklärte, à tout risque oben bleiben zu wollen. Die Luken wurden also fest geschlossen.

Mr. J o n a t h a n B a k e r hatte seine Oberkleider abgeworfen, ich desgleichen, und der alte Seebär meinte, indem er einen großen Klumpen Kautabak in den Rachen steckte:

„Well Sir, you may see a little of the service before to morrow!"

So verging eine Stunde. Alle fünf Minuten rief der Capitän, welcher den Horizont scharf im Auge behielt, dem Mann am Steuer zu:

„What have you now had?"

„South-West by West, Sir," war die heisere Antwort.

Es verging eine halbe Stunde.

„What have you had now?" lautete abermals die Frage.

„South-east by east, Sir."

„Dam! she does not steer at all!" murmelte Mr. J o n a t h a n.

„Try the flying-gib!" rief der Capitän.

Das Außenklüversegel ging in die Höhe.

„What have you had now?"

„South-east by east, Sir!" war die monotone Antwort.

Das Schiff steuerte nicht mehr!

Jetzt aber zeigte sich auf der Oberfläche der See ein seltsames Schauspiel. Eine lange riesige Welle, deren Gipfel von keinem Schaumkopf gekrönt war, kam wie ein schwarzer Berg langsam von Osten her herangerollt. Es war ein furchtbar beängstigender Anblick, als in der jetzt rabenschwarzen Nacht diese dunkle Masse dem Schiffe näher und näher rückte, und unwillkürlich warf ich mich in die Kniee, und packte mit aller Kraft die Wanten, denn ich glaubte, die See müsse sich mit ihrem ganzen Gewicht über uns stürzen. Aber das Schiff hielt sich brav. Es hob sich mit fabelhafter Geschwindigkeit bis auf den Gipfel des Wasserberges, und in diesem Augenblick empfand ich ein Gefühl, als ob ich urplötzlich in einer Schaukel bis zur Höhe eines Kirchthurms geschnellt würde.

Erst als die Welle unter und hinter uns weg weiter rollte, und die riesige Masse sich in die Nacht verlor, wagte ich wieder zu athmen. Es kam die zweite und dritte, es folgte Welle auf Welle. Unser Schiff trieb au hazard nach allen Strichen der Windrose. Dabei dauerte die lautlose Stille fort. Kein Lüftchen regte sich, die Hitze war erstickend. Und das vermehrte das Unheimliche. Wie tückische Gespenster rollten die schwarzen, schaumlosen Ungethüme auf uns zu, unser kleines Fahrzeug hoch überragend. Und — wenn man über Bord gerade senkrecht in die See sah, so wimmelte es buchstäblich von Haifischen um uns her, zwischen denen hindurch der leuchtende Delphin schoß. Ja, oft sah ich eine oder mehrere dieser widerwärtigen Bestien in matten Umrissen sich mit einer Welle heben und höher schwimmen, als unser Deck war. Ihre Bewegungen machten die Stellen, wo sie schwammen, phosphorescirend leuchten, und hätte die Situation erlaubt seiner Phantasie den Zügel schießen zu lassen, ich würde geglaubt haben, die Burschen wollten den Tod ihres Kameraden rächen.

Da, gegen Mitternacht, sprang eine scharfe Brise aus Süden auf.

„Put her about!" schrie der Capitän.

Und jetzt wurden alle Segel beigesetzt, nachdem gedreht war. Mr. Jonathan und ich arbeiteten tapfer mit. Plötzlich stürzte ein wolkenbruchartiger Regen vom Himmel nieder, daß wir Mühe hatten, mit „alle Mann" das letzte Segel in die Höhe zu bringen. Doch es ging. Und jetzt nahmen wir, nach Norden steuernd, reißaus vor dem Orkan, dessen Dünung es offenbar war, die wir bisher erfahren hatten. Uns nach jagte ein Gewitter, so furchtbar, wie ich es in meinem ganzen Leben nicht gesehen und gehört hatte. Es knallte hinter uns her, wie der verzehnfachte Schall eines Kanonenschusses, und die Blitze schienen uns zu umsausen, als würde mit Congreve-Raketen nach uns geschossen. Der Capitän und Mr. Jonathan waren leichenblaß und man sah es ihnen an, daß es ein verzweifeltes Spiel war, welches getrieben wurde, indem sie under full canvass in einer solchen Nacht vor dem Winde segelten.

Um 2 Uhr morgens sprang jedoch der Südwind wieder in den regelmäßigen Passat um, es wurde aufs neue gewendet und wir hielten unsern früheren Cours wieder ein.

„All danger is over!" lautete die beruhigende Erklärung.

Ich bin in der Nautik noch wenig bewandert, muß es daher dahingestellt sein lassen, ob Mr. Jonathan recht hatte, indem er mir, als wir uns endlich zur Ruhe begaben, selbstgefällig erklärte:

„On bord of any other vessel but an American, Sir, you would have been drowned."

So viel stand fest: als wir am nächsten Morgen wie einen matten Nebelstreifen die Küste von Sanct Domingo erblickten, sahen wir mehrere Masten, Tonnen und Tauwerk auf der See schwimmen, und gegen Mittag trieben in einer Entfernung von ungefähr 2 (engl.) Meilen zwei umgeschlagene Boote dicht hinter einander an uns vorüber. Die Wache wollte sogar bei Tagesanbruch Leichen gesehen haben. Es mochte also immerhin eine narrow escape gewesen sein, der wir uns zu erfreuen hatten.

Mit unserer Einfahrt in die karaibische See änderte sich das Klima. Regelmäßig zur Mittagszeit setzten scharfe Regen mit Gewittern ein, welche mit geringen Pausen bis abends anhielten.

„It rains here but once a year!" erklärte der Capitän scherzhaft.

In der That, in dem Strich zwischen Bluefield längs der Moskitoküste, Greytown, Chagres bis Carthagena, ist die rainy region noch weit vorherrschender, als Professor Berghaus es auf seinem Atlas erlaubt hat, wenigstens an den Küsten bis 15 (engl.) Meilen landeinwärts. Die Morgen bei Sonnenaufgang waren vollkommen klar und heiter; die See glänzte wie polirter Stahl, und auf den leicht gehobenen Wellen schaukelte sich der Portuguese man-of-war, ein Nautilus, dem die Seeleute diesen Spitznamen gegeben haben, wahrscheinlich als Kritik des gegenwärtigen defecten Zustandes der portugiesischen Marine. Hart am Bug unsers Schiffchens hatten sich seit zwei Tagen ein Paar Lotsenfische eingefunden, welche, mit den Schwanzflossen das Schiff berührend, nicht vom Platze wichen. Scharen von Quallen, in den brennendsten Farben schillernd, schwammen auf der Oberfläche des Wassers. Aber gegen Mittag änderte sich die Scenerie. Der Himmel hauchte sich schwarz an, einige dumpfe Donnerschläge verkündeten das nahende Gewitter, und bald nachher goß es auf uns nieder, als sollte die Sündflut hereinbrechen. Das war für mich die traurigste Zeit, denn die Cajüte, deren Eingang alsdann fest geschlossen bleiben mußte, glich einem Backofen, und ich sank häufig vor Ermattung auf dem Fußboden nieder, unfähig, ein Glied zu rühren. Ich hatte noch zu große Angst vor dem Fieber und scheute die Nässe deshalb. Ja, in solchen Augenblicken dachte ich mit Sehnsucht an unsern frischen Norden zurück, denn ich kannte in unserm verweichlichten europäischen Leben noch nicht die Macht der Gewohnheit, und glaubte, wenn ich in die Zukunft blickte, mich nach acht Tagen gebraten einmariniren lassen, und wieder nach Hause schicken zu können.

Die Sehnsucht, mit welcher ich daher am 26. October morgens 10 Uhr, nach einer reizenden Insel blickte, welche wir auf nur zwei (engl.) Meilen passirten, war groß. Es war das den Engländern gehörende St. Andrew=Island, ein Fleckchen Land, etwa noch einmal so groß als Helgoland. Eine Flagge wehte am Lande, mit unbewaffnetem Auge sah ich einige Wohnungen, umgeben von Bäumen und Pflanzen in den seltsamsten Formen. Und wie wässerte mir der Mund, als Mr. Scisson eine ausführliche Beschreibung von der Fruchtbarkeit des kleinen Eilandes machte. Wie beneidete ich den Gouverneur, der daselbst seinen Wohnsitz hatte, um seine Ananas, seine Melonen, Orangen und andere durstlöschende Früchte! Hätte ich an Bord commandirt, ich würde mein Steuer um ein Paar Striche mehr nach Backbord gedrückt haben, und hätte einen, zwei Rasttage in einer sichern Ufer=bucht gemacht. Es wäre romantisch dazu gewesen. Aber Master Scisson war ein prosaischer Yankee, dem nur daran lag, seine Fracht schnellmöglichst nach San Juan de Nica=ragua zu bringen und seine Frachtgelder einzucassiren. Mr. Jonathan Baker dachte ähnlich und kalfaterte seinen klei=nen Schooner, dessen Kielplanken von der Hitze gelitten hatten.

In zwei Tagen sollte ich wieder am Lande schlafen, ver=sicherte mich der Capitän. Aber was für ein Land. Damned country nannte er es. Ungesund bis zur Tödlichkeit, nur im Innern ein wenig besser. Schöne Aussichten! Dabei aber fand ich eine große Beruhigung in der europäischen Voraussetzung, daß in einem verdammten Lande die Menschen sich recht gemüthlich und herzlich an einanderschließen müßten, und mir machte nur das Sorge, daß ich befürchtete, die Leute, an welche ich adressirt war, würden mich nicht wieder fortlassen. Ich als gebildeter Europäer mußte ihnen ja wie eine Oase in ihrer Lebenswüste erscheinen, und so zitterte ich, wenn ich daran dachte, daß ich vielleicht als Opfer zu weit getriebener Gastfreundlichkeit fallen würde.

Ich denke jetzt anders!

Am 28. früh morgens machten wir Land. Aber was für Land. Wie ein langer schmaler Strich mitten durch einen trübfeuchten Eindruck gezogen, lag die Mosquitoküste vor uns; nur nach Südwest in weiter Ferne ragte der Kegel eines Berges, der mir als der Vulcan von Cartago in Costarica genannt wurde, über die Gegend hervor. Das Ufer schien Schilf, Sumpf und Wald zu gleicher Zeit zu sein. Von Menschen oder Cultur auch nicht die entfernteste Spur. Dem Boden entstiegen kleine Nebeldünste, eine tückische Malaria. — Weidenartige Stauden, riesiges Rohr, zitternde Grasflächen, die auf dem Wasser zu schwimmen schienen, und dahinter, eine große grüne Mauer — der Urwald.

Ich stand auf dem Quarterdeck und sah mir durchs Fernrohr die Augen wund nach Spuren von menschlichem Dasein. Ich suchte vergebens wenigstens die Masten einiger Schiffe zu erspähen. Welch ein Unterschied zwischen dem Tage, an welchem wir das Land der Vereinigten Staaten machten und dieser Ankunft in einem Lande, welches von Theoretikern bereits als das Emporium der ganzen westlichen Hemisphäre ausposaunt worden war. Dort, noch auf hoher See vor New-York die ganze übermüthige Regsamkeit eines jungen Riesen, der seine Kraft fühlt, das Zusammengehäufte von allem Neuem in der neuen Welt, das trotzige Siegesbanner der neuen Civilisation, welches von jeder Mastspitze, von jedem Gebäude flatterte, welches aus jedem Schornstein eines Dampfers in den goldenen jungen Morgen des indian summer hinausdampfte — hier ein üppig wallendes Leichentuch in Grün, eine unheimliche Stille, die mich, wenn man das Bild gelten lassen will, bei der Temperatur einer Aequatorialzone, — frieren machte! — — —

Ich weiß, ich werde in späterer Zeit vielleicht über mich selbst lachen ob dieser buchstäblich grünen Anschauung, die ich unter dem ersten Eindruck in mein Tagebuch schreibe, und ich will mit meinen Betrachtungen daher abbrechen, um mir später einmal nicht gar zu komisch vorzukommen.

Seit länger als einer Stunde wehte das sternenbesäete Banner von unserem Mast, um dem unsichtbaren Lotsen des unsichtbaren Hafens ein Signal zu geben, und schon brummte Mr. Jonathan verdrießlich: „I guess, they have no pilot at all in that country," als in weiter Ferne am Saum des Waldes ein einsam stehendes hölzernes Haus sichtbar wurde. Es lag am nordöstlichsten Ende der Bucht, auf welche wir, von Süden uns der Einfahrt in den St. Juan nähernd, zuhielten. Und jetzt kam auch ein Kanoe zum Vorschein. Es war nur ein ausgehöhlter Baumstamm, dabei aber so scharf und zierlich zugeschnitten wie die besten englischen Wherry=Boote. In dem Boot saßen drei splitternackte, schwarzbraune Kerle mit den schmierigsten Buschklepper=Physiognomien und triefenden Augen, gegen deren Vaters — ich wollte sagen: deren Mutter Haut, denn diese Leute pflegen entweder keinen oder mehrere Väter zu haben — die weiße Kleidung eines weißen Mannes, der im Stern des Kanoes sich hingekauert hatte, grell abstach. Es war der Lotse. Mürrisch=faul kletterte er auf unser Deck, und ließ sein Boot mit seinen marineros ins Schlepptau des Wild pigeon hängen. Ich erquickte mich sogleich an folgendem Dialog.

"Viele Schiffe im Hafen?" fragte Master Scisson.

"Kein einziges. Die Steamer haben ihren eigenen Lotsen, und es ist jetzt drei Wochen her, daß ich das letzte Schiff hinausgebracht habe."

"Ist viel Krankheit am Land?"

"Well, die Leute auf den Steamern sind fast alle sick. — Da gehen sie in den Busch, wollen jagen und kriegen das Fieber. Verdammter Platz! Ich gehe wieder nach den States."

"Kein Geschäft?"

"Well, sonst brauchte man sich nur auf die Straße zu stellen und zu lachen, und man hatte eine Unze verdient. Jetzt hat die Transit-Compagnie — Gott verdamme sie! — die Stadt todt gemacht. Die Californier werden gleich von Bord an den Riversteamer übergeladen, und kommen gar nicht an Land, weil in Virghn-Bay die Hauptstation ist. So ist das bißchen Handel nach dem Nicaragua-See gezogen. Kurz, Sie machen das halbe Leben und riskiren das ganze.

Während dieser wenig trostreichen Schilderungen waren mehrere Häuser zum Vorschein gekommen, und bald lag der Ort in seiner ganzen Ausdehnung vor uns. Ich kann nicht gerade sagen, daß der Totaleindruck aus der Ferne ein ungünstiger war. Die Häuser, sämmtlich von Holz, einige weiß angestrichen und mit grünen Jalousien versehen, andere auf Pfählen, über den Boden erhaben, ruhend, dazwischen die einfachen Rohrhütten mit Palmendächern der Eingebornen, zeichneten sich originell genug an dem dunkeln Waldhintergrund ab. Als wir uns dem Lande noch mehr näherten, und ich die ersten Palmen mit ihren üppigen Fächern sich stolz ausbreiten sah, und dahinter den ernsten Urwald, aus welchem mir jeden Augenblick neue und unbekannte, oder solche Pflanzenformen entgegentraten, die ich in unsern europäischen Gewächshäusern nur in siecher verkrüppelter Gestalt kennen gelernt hatte, da drängte allerdings das gänzlich neue Bild jeden anderen Gedanken zurück, und auf die Gefahr hin zehn Fieber zu bekommen nahm ich mir vor, daß mein erster Gang in jene dunkelgrüne Urvegetation sein sollte.*)

Gegen 1 Uhr mittags endlich gingen wir eine halbe (engl.) Meile von der Stadt entfernt vor Anker. Es war am 28. October 1852. Der Capitän klopfte mir auf die Schulter mit einem freundlichen „Be smart," (denn Seeleute sind Menschenkenner, und er mochte meine affectirte Heiterkeit wol nicht für ganz echt erkannt haben) und fuhr mit Mr. Jonathan ans Land. Ich blieb an Bord, unter dem Vorwande, beim Ausladen von Jonathan's Schooner behülflich zu sein, in Wahrheit aber, um mich und meine Gedanken zu sammeln, bevor ich den ersten entscheidenden Schritt auf die tierra firma des westindischen Continents that.

Man hat über den Hafen von St. Juan viel Geschrei gemacht, doch glaube ich keinem Hafen eine so schnelle Versandung prophezeihen zu können als diesem. In dem Einschnitt des Landes, welcher von Ost=Nord=Ost nach West=Süd=West zuläuft, bildet eine schmale Landzunge (Punta Arenas, Sand=Spitze), welche ziemlich von Osten nach Westen setzt, einen natürlichen Damm gegen den Ocean, dessen Brandung

---

*) Es wird hier wol am Ort sein daran zu erinnern, daß ich dies und das Folgende unter dem ersten Eindruck niederschrieb. Ich gebe es wieder, wie ich es in meinem Tagebuch aufgezeichnet habe. Ich lächle jetzt oft selbst über manches, was mir im Anfang ungewohnt, ja schrecklich vorkam. Ich habe den Ort und den berüchtigten Fluß später zu wiederholtenmalen besucht, als ich nicht mehr grün war, und an denselben Stellen, in denselben Situationen mich köstlich amüsirt, wo ich als Neuling, mit allen europäischen Vorurtheilen behaftet und unter dem Eindruck eines verfehlten Reisezweckes gar kleinlaut um mich sah. Ich bitte dies festzuhalten, da ich, um mein Gemälde nicht zu beeinträchtigen, an meinen Skizzen nicht ändern mag noch kann.

man laut brausen und donnern hört. Aber theils durch den Schlamm und Sand, das Wurzelwerk und die Pflanzenverwitterungen, welche der St. Juanfluß im Hafen ablagert, noch mehr aber durch die Rückwirkung der Flutwellen, welche mit voller Wucht gegen die äußerste Spitze der Landzunge anprallen, und vielleicht, ehe zwanzig Jahre vergehen, den ganzen äußersten Point losreißen, und die Barre erhöhen, muß das eigentliche Naturhafenbassin unpracticabel werden.*)

Die Stadt Greytown oder San Juan del Norte, wie es die Centroamerikaner nennen, oder St. Juan de Nicaragua, wie es in der officiellen Sprache dieser Republik gleichen Namens heißt, liegt gleichfalls auf einer Landzunge, gebildet durch eine der vielen Einschnitte, welche der Fluß an seiner Mündung ins Land macht, und lehnt sich südlich an einen vom Wald begrenzten kleinen See, Sheppard's Lagune genannt. Dieser Mr. Sheppard, ein Greis von fast 80 Jahren, ein Mulatte, ist der Abraham der Neuzeit von Greytown. Er hat eine zahlreiche Familie, und man behauptet, seine Descendenz erstrecke sich auch noch auf einen großen Theil der nicht seinen Namen tragenden braunen und gelben Natives dieses trostlosen Strandes.

Im Hafen lagen außer einigen kleinen Jamaika-Schoonern, deren Besatzung aus Negern, Männern, Frauen und Kindern bestand, welche Früchte nach Greytown gebracht hatten und sorglos schwatzend und singend ihre Mahlzeit auf Deck ihrer kleinen Fahrzeuge über einem Kohlenfeuer in eisernem Rost kochten, nur noch die beiden amerikanischen Steamer, der Pampero von New-Orleans und „the Northern light" von New-York, welche ihre Passagiere nach Californien gelößt hatten, und auf die Ladung Passagiere von Californien, welche von Juan del Sur, den Isthmus passiren mußten,

---

*) Dies ist im Jahre 1858 bereits wirklich geschehen.

warteten. Zeitweilig ruderte ein Kanoe nackter Eingeborner vorüber, welche mit ihren kurzen Rudern paddelten, und die Phantasie brauchte ich nicht übermäßig anzustrengen, um sie für Wilde in optima forma zu halten.

Am nächsten Morgen ließ ich mich ebenfalls ans Land setzen. Mein erster Gang war zu Herrn W., dem Consul der Hansestädte, einem jungen Mann, der kürzlich eine ältere Frau, die Xantippe seines früheren Associés B., geheirathet hatte. Diese Dame (eine Französin) erfreute sich in ganz Nicaragua des Rufes eines Drachen und stritt sich um den Vorrang mit Donna Enriqueta H., gleichfalls eine Französin und Frau eines Deutschen. Die Chronique scandaleuse erfährt man in der ganzen Welt immer zuerst.

Herr W. las meinen Empfehlungsbrief mit süßem Lächeln durch und schnitt ein Gesicht wie ein auf den Schwanz getretener junger Kater, der sich bemüht heiter zu bleiben. Seine erste Frage war, ob ich in Greytown meinen bleibenden Aufenthalt zu nehmen gedächte, und es lag darin ein solcher prononcirter Accent des Mistrauens und der Angst, in mir möglicher Weise einen mercantilen Concurrenten zu erhalten, daß ich nicht umhin konnte zu lächeln. Das Incognito eines most distinguished writer and traveller, unter dem mich Don Felipe Molina introducirt hatte, war hier zu Lande ein so brotloses Handwerk, daß der praktische Geschäftsmann voraussah, bei längerem Verweilen werde und müsse ich irgend ein business treiben.

Concurrenz an diesem Ort! — Herr W. gab sich alle erdenkliche Mühe, mir den Aufenthalt als ungesund zu schildern, Handel und Wandel als total ruinirt. Ich Aermster! Ich hatte in New-York gehört, daß mein Adressat sich kürzlich verheirathet habe, und träumte unterwegs davon, dem jungen Ehepaar die Flitterwochen in der tödtlichen Gegend, wo „der Mensch sich enger an den Menschen anschließt" (!)

burch meine liebenswürdige Unterhaltung zu verschönern. Ich
sprach in meinen Träumen, mit dem jungen Ehepaar im
Garten unter duftenden Orangenbäumen, in der Abendfrische
lustwandelnd, über Kunst und Literatur, italienische Oper 2c. 2c.
Und da fand ich einen fieberbleichen Menschen, einen häßli=
chen Drachen in seiner Gattin, welche zum mindesten hätte
seine Mutter sein können, und die er, wie die Médisance
sagte, nur genommen hatte, um der Liquidation des Geschäf=
tes zu entgehen. Die Frau führte das Regiment und f—te
wie ein Sergeant der Grenzgensdarmerie. Herr W. dagegen
pries mit wachsender Besorgniß für mein Dasein die Schön=
heit und das gesunde Klima von Granada, und schaltete
bei jedem Punkt seiner Rede die ausfragende Voraussetzung
ein, ich würde doch in einem so ungesunden, miserablen Nest,
wie Greytown, nicht lange verweilen.

Na warte! dachte ich, und mir schwebten mein Lüne=
burger Commis und seine Empfehlungsbriefe als Warnung
vor. Ich erwiderte ihm also: In Nicaragua denke ich aller=
dings zu bleiben. Entre nous, Herr W., mehrere Ham=
burger Häuser interessiren sich für ein Unternehmen nach
Nicaragua; ob nun an der Ost= oder Westküste (die West=
küste betonte ich) hängt von meinen Berichten ab. Entweder
Greytown oder Realejo. Ich beabsichtigte anfangs, mich
hier gar nicht aufzuhalten. Mein Accreditiv lautet auf Leon.
Ich wollte die Westküste zuerst bereisen; indessen da der
Steamer bereits den Fluß hinauf ist, so will ich vierzehn
Tage hier bleiben, um den Markt genau kennen zu lernen,
es wäre denn, daß ich zufällig die Fahrt in den nächsten
Tagen machen könnte.

Mr. W. erklärte sich sofort bereit, mir Passage auf
einem Fahrzeug zu schaffen, und zwar für den billigen
Preis von 60 Dollars bis Granada, exclusive Beköstigung.

Ich erklärte ihm dagegen, mehr als 20 Dollars würde

ich keinen Cent geben, hätte auch gar keine Eile, und — am Nachmittag desselben Tages hatte ich die Passage in einem Frachtbongo. Die Abreise war auf den folgenden Tag festgesetzt.

Mein nächster Besuch, nachdem ich aus den Trümmern meiner idyllischen Tropenträume mir wenigstens eine verhältnißmäßig billige Reise gemacht hatte, galt dem englischen Consul, Mr. Geddes. Dies war ein steifer, aber genteeler Mann.

„Würde sich freuen, mir von Nutzen sein zu können." Voilà tout. Ich bat ihn um Angabe eines anständigen Boardinghauses, und er gab mir seinen Criado mit, der mich in eine kleine Bretterbude, hart am Walde gelegen, brachte, allwo ein deutscher Orientale aus Polen, J—ky, einen Kleiderstore hielt, mit Schinken, Sardines rc. handelte, und Keeper einer Kneipe war, welche den stolzen Namen New-York-house führte. Hierher beorderte ich meine Siebensachen, und da ich an den Wirth zufälligerweise von einem deutschen Arzt in New-York ebenfalls empfohlen war, so reducirte der Hotellier den üblichen Preis von 2 Dollars auf 1½ pr. Tag.

Mein Wirth bot ein wandelndes Bild getäuschter Hoffnungen dar. Er hatte in New-York eine höchst lucrative Stellung als Buchhalter bei einer großen Fallitmasse aufgegeben, die ihn auf Lebenszeit würde beschäftigt haben. Angesteckt von dem California-Schwindel, hatte er alles zu Gelde gemacht und sich hier, in dem Hafen der Zukunft, etablirt, auf den Transit speculirend.

Er war ein ruinirter Mann geworden von dem Augenblick an, wo die Transitcompagnie ihre Factoreien nach Punta-Arenas hin verlegte und kein californischer Passagiertransport mehr in die Stadt kam.

Diese Transitcompagnie genoß überhaupt einen Ruf etwas weniges besser, als die ehrenwerthen Gesellschaften der

Cartouche, Rinaldini und anderer Notabilitäten höherer Industrie. In New-York wird z. B. verkündet, jeder Reisende nach San Francisco könne auf dem Steamer so viel Gepäck mit sich führen, als er wolle. Natürlich, daß mancher arme Teufel seinen ganzen Hausapparat mit sich schleppte, um in San Francisco billig eingerichtet zu sein. Kaum war aber das Dampfboot in Greytown angekommen, so präsentirten sich die Agenten der Compagnie und fingen an das Gepäck zu wägen, und ließen sich für jedes Pfund across the Isthme 1 Real = 10 Cents Fracht bezahlen. Schirme und Stöcke, Hüte und Mäntel, die man in der Hand hielt, wurden den Reisenden entrissen und gewogen. Die Menschen wurden förmlich ausgebeutelt. Als nun noch dazu kam, daß die Compagnie nach Punta-Arenas übersiedelte und die kaufmännischen Wegelagerer in Greytown sich auch um ihren Verdienst gebracht sahen, brach ein Schrei des Unwillens los, und jeder Shopkeeper und Gastwirth wurde zum Philantropen.

Zu meiner Freude hörte ich, daß mein Wirth gleichfalls die Reise flußaufwärts zu machen beabsichtigte, um sich einen besser situirten Platz für den Vertrieb seiner Waaren und Getränke aufzusuchen, und daß er in demselben Bongo Passage genommen habe. Als ich ihn darauf aufmerksam machte, er möge sich zur Reise fertig halten, da es morgen fortginge, lächelte er bedeutungsvoll und erklärte mir, daß mañana hier zu Lande so viel heiße als auf unbestimmte Zeit.

Mein erster Weg war natürlich mir die Umgegend anzuschauen. Mit meiner Flinte in der Hand, den Hirschfänger an der Seite, die Beine in hohen Wasserstiefeln, ging ich, ein echter Sonntagsjäger, hinaus auf die Straße. Die Häuser standen ziemlich weit von einander getrennt, die Anlagen der Straßen waren durchweg gradlinig. Manche leere Plätze führten pomphafte Namen, wie Palmerston Square, King

11*

George-Square 2c. Es war sogar ein Victoria-Square da. Die belebteste Straße, die zweite vom Strand aus, ist die Mainstreet oder Shephardstreet.

Wem Greytown eigentlich zugehört, weiß bis auf den heutigen Tag kein Mensch. Nicaragua reclamirt es für sich; Costarica behauptet, es gehöre zu seinem Territorium, und zum Ueberfluß ist noch jener fabelhafte König von Mosquitia da, den die Engländer erfunden haben, und in dessen Namen sie zuweilen einige Prätensionen laut werden lassen. Der Mosquito-König ist eine Art von Halb-Indianer, den die Engländer in England erziehen ließen und, mit einem Gouverneur versehen, wieder nach Bluefield, seiner Residenz, schickten. Die Indianer, welche zerstreut in den Wäldern umherleben, bringen ihm alljährlich Geschenke an Platanen, Mais, Thierfellen u. s. w., die er an die englischen Kriegsschiffe verkauft. Er läßt sich Mister King schimpfen, und trägt einen blauen Frack und Nankingbeinkleider. Dieser König aller Mosquiten muß von Zeit zu Zeit seinen Namen herleihen, damit die „Times" verkündigen kann, daß Greytown unter seiner Botmäßigkeit stehe. Gerade jetzt, hörte ich sagen, walte wieder eine solche englisch-mosquitische Differenz mit Nicaragua ob und diese Republik habe bei Castillo viejo am San Juan eine Observationsarmee gegen England von — 150 Mann aufgestellt! Daß solche wichtige politische Streitfragen hier unter 10° 58′ N. B. und 58° 42′ W. L. schweben, davon erfährt man zum Glück für das europäische Gleichgewicht drüben nichts! — Ich wünsche der kaffeebraunen Majestät alles Gute unter der Regierung höchstihres englischen Hofmeisters.

Gleich hinter meiner Wohnung, kaum zwanzig Schritte davon entfernt, begann der Wald. Der Boden bis dahin war mit Mimosen überwuchert, welche bei jedem Schritt, den ich vorwärts that, ihre nervös zuckenden Blattstengel niederfallen ließen. Scharen von schwarzen Zapiloten (Aasgeiern, Chatartes foetens) spazirten umher. Die Thiere waren ungemein dreist und ließen mich oft bis auf 3 Schritt herankommen, ehe sie mir, halb hüpfend, halb fliegend aus dem Wege gingen. Als ich mein Gewehr auf einen dieser schwarzen, gefiederten Bettelmönchen nicht unähnlich sehenden, Gesellen anschlug, rief mein Wirth mir zu, ich solle das hübsch bleiben lassen; auf die Tödtung eines Zapiloten ständen 5 Dollars Strafe. Die Zapiloten vertreten hier nämlich nicht nur die Stelle des Kummerwagens, sondern auch die des Abdeckers.

Man überläßt ihrem Appetit die Wegräumung menschlicher und thierischer Exkremente. Ein gefallenes Pferd, einen todten Hund und dergleichen giebt man sich nicht die Mühe, wegzuräumen. Man wirft den Cadaver unmittelbar auf die Straße, und die Zapiloten sind auch gleich bei der Hand, um den Leichnam in weniger als 24 Stunden bis zum geruchlosen, blendend weißen Gerippe abzunagen. Oft gesellt sich ein Geier größerer Art, ähnlich dem Condor, mit schönem, blaßrothem und weißem Gefieder, um den Hals einen flaumartigen Kragen, zu ihnen. Die Eingebornen nennen diesen Vogel el rey de los Zapilotes, weil, so lange er seinen Imbiß hält, die ganze Schar der schwarzen Aasgeier sich in ehrfurchtsvoller Ferne hält. Fliegt aber der gesättigte Geierkönig davon, dann stürzt sich die ganze Bande auf das gefallene Thier, von welchem sie bisher wol eher nur die Furcht vor der Größe ihres concurrirenden Gattungs-Collegen, als der Nimbus der Majestät fern gehalten hatte.

Ich stand jetzt am Saume des Waldes. Aber wäre auch der sumpfige Boden nicht gewesen, ich hätte doch nicht eindringen können. Wie eine undurchdringliche Mauer sperrte mir die Verwachsung von Lianen, dornigen Schlingpflanzen, mächtigen Bejuken (Lianen von holzartiger Natur), wilden

Platanen und Büschen den Weg. Ich kannte die weiche Beschaffenheit dieser Vegetation noch nicht, und wußte nicht, daß es nur eines einzigen Säbelhiebes bedürfe, um manchen dicken, saftigen Stamm zum Falle zu bringen. Ich folgte daher dem Saum des Waldes in östlicher Richtung und befand mich bald vor einer vom Dickicht umgebenden Lagune. Nie werde ich den großartigen schauerlichen Eindruck vergessen, den diese Primitiv-Natur des tropischen Urwaldes auf mich machte.

Zwischen den riesigen Farrenkräutern, hinter deren Blatt sich bequem ein ausgewachsener Mensch verbergen kann, hindurch rasselten colossale Kammeidechsen, oder blitzten die klugen Aeuglein der glänzend grünen Iguane gleich Miniatur-Alligatoren hervor. Muntere Geckos, in den brennendsten Farben schillernd, schlüpften an den Stämmen der Palmen auf und nieder, und von den riesigen, weit über die Wasserfläche hinausragenden Aesten des Chilemata (Hitzetödter; Chile heißt der spanische Pfeffer, symbolisch das Heiße, matar tödten), unter dessen Laubdach ein Bataillon Soldaten bequem Platz hat, und welches des Durchgangs der intensivsten Sonnenstrahlen spottet, wallten in langgezogenen Streifen blühende Lianen nieder und wiegten ihre blauen Glockenkelche auf der trüben Wasserfläche. Phantastisch vorgebogen drängte sich aus dem Dickicht das Riesenblatt der wilden Platane, überragt von schlankem Rohr, dessen fächerartige Krone leicht in der Morgenluft erzitterte. In kokettem Stolz blickte aus dem Waldesdunkel die prachtvolle palma real hervor. Auf den größten Bäumen hospitiirten oft dreißig und mehr Orchideen-Arten in den barocksten Formen und Gestaltungen. Nichts vernahm hier das Ohr als den Schrei eines einsamen Waldvogels und in der Ferne das tiefdumpfe Brausen des Oceans. Das Auge sah nichts als die wildeste Urnatur des tropischen Waldes.

Abstrahirt man von wilden Thieren und Menschen, so würde die lebhafteste Phantasie eines Malers kein solches Waldbild der Tropen componiren können, als Shephards Lagune. Dennoch macht das Ganze einen unheimlich beklemmenden Eindruck. Die Luft, welche man einathmete, lag schwer auf den Lungen, der morastige Boden, die Lagune selbst vor allem, schien der Kessel zu sein, in welchem die Natur hier alle die bösen Küstenfieber zusammenbraut, vom Wechselfieber an bis zum schlimmen Sudor frio. — Paul- und Virginia-Gedanken fanden hier sicher keinen Boden, und selbst jener malerische, verfallene Rancho, jenes halb eingestürzte Palmendach auf acht Pfählen, welches in eine kleine Uferlichtung hineingeklebt war, schien eher gemacht, um darin seinen letzten Lebensseufzer oder Lebensfluch auszuhauchen, als unschuldsvoller Liebe zum Asyl zu dienen.

Der Rancho barg eine ganze kleine Welt von Riesenspinnen, Scolopondern, Kakerlaken und Scarabäen. Vor Spinnen habe ich von jeher einige Manschetten gehabt. Und nun diese großen Mygalen, mit einem Leibe fast so dick, wie eine Walnuß! Ein halbes Dutzend davon würden selbst den Appetit des Jean Paul'schen Dr. Katzenberger gestillt haben. Die sechs- und achtbeinige, und die hundertfüßige Gesellschaft krabbelte und huschte bei meinem Eintritt wild durcheinander, und ich überließ ihr gern und willig das Feld.

Ich gelangte an der südöstlichen Seite wieder in die Stadt und schlenderte den Strand entlang, einen halben Kreis beschreibend, nach meinem Hotel zurück. Auf den Straßen trieben sich nackte Negerkinder beiderlei Geschlechts, mit dünnen Beinchen und dicken, aufgetriebenen Bäuchen, welche mit einer bedeutenden Kothkruste besetzt schienen, umher. Zähnefletschende dunkelbraune Weiber in keiner andern Bekleidung, als in einem bis an die Hüften befestigten zerlumpten Oberkleid, das sich in fadenscheinender Durchsichtigkeit an die Körperformen anlegte. Diese Schönen bliesen leichte Rauchwölkchen aus Papiercigarren und räusperten sich weit hinschallend bei jedem dritten Wort ihrer Conversation. Dieses unausstehliche Rülpsen, eine Folge des ewig verdorbenen Magens durch die schlechten Nahrungsmittel der zähen, ledernen Tortilla, der schwarzen Bohnen und der unreifen Platanos ist so unzertrennlich in der Unterhaltung der Natives, wie der Provinzialausdruck „sagt er" in den Gesprächen unserer Bauern. Unter dem männlichen Theil der vor den Thüren der zahlreichen Schnappskneipen herumlungernden Bevölkerung erkannte man die Nicaraguenser Physiognomien leicht heraus. Ein Dritttheil Tiger, ein Dritttheil Affe und ein letztes Dritttheil Schwein bildete, in eine verdorbene Menschenform gebracht, den Zambo von Nicaragua. Auf den ersten Anblick flößten diese Mischlinge von Neger und Indianer Furcht ein. Es schienen Kerle zu sein, die ihrem Nebenmenschen eines Cigarrenstummels wegen das Lebenslicht ausblasen könnten. Diese Furcht ward aber bald von dem Gefühl der Neugierde verdrängt, mit welchem man auf die affenartigen Halbwilden blickte, und der Ekel, den ich schließlich vor diesen porcusartigen Zerrbildern der Gottheit empfand, ließ mich die von unsern europäischen Ideologen aufgestellte brüderliche Wahlverwandschaft belächeln.

Die farbige Bevölkerung, etwa $^{15}/_{16}$ der Total-Einwohnerzahl von Greytown, besteht der Mehrzahl nach aus Nicaraguensern. Außerdem wohnen einige Bluefield Indianer vorübergehend hier und eine ziemliche Anzahl Mulatten aus Jamaica, und Neger aus Hayti, letztere meistens réfugiés des Kaiserreichs Napoleon Soulouque's. Es ist also ein Sprachengemisch von englisch, spanisch und französisch. Die intelligentesten sind die Haytineger und natürlich auch die körperlich am wohlgebildetsten. Sie sprechen über die Politik ihres Landes ziemlich vernünftig, aber so oft ich mich mit einem von ihnen unterhielt, bemerkte ich, daß bei einer gewissen Grenze der Gedankengang wie ein Faden abriß und die wirkliche autonomische Productivität ihrer Ideen ungemein dürftig bestellt war. Der Jamaica=Neger verräth durch seinen musculösen Körperbau eine andere Abstammung aus dem heimatlichen Afrika, als der zierliche Hahti=Neger. Die angenommenen Aeußerlichkeiten verrathen die englische Nachahmung, während der Haytianer die schwarze Parodie eines französischen Gamins ist. Der spanische Neger endlich hat nur die Grandezza dieser Nation angenommen, und namentlich sind die Bewegungen und der Gang des weiblichen Theils derselben, bei aller Salopperie — jeder Zoll eine Königin, was sich bei dem ganzen sonstigen Habitus von Schmutz und Unflätherei noch komischer ausnimmt, als die Erscheinung der Madame Pompadur auf Schreier's Affentheater. Es wäre wirklich schade, dachte ich oft bei mir, wenn es wahr wäre, daß alle Menschen Brüder sind. — — —

Die table d'hôte im New=York=House zählte ganze fünf Personen, den Wirth und dessen Frau mit einbegriffen. Der eine Gast war ein ältlicher Herr, Supercargo eines augenblicklich in Bluefield befindlichen Schiffes, welches er stündlich erwartete, um eine Partie Rothholz und Häute damit zu verladen. Der andere, ein hübscher groß gewachsener Blondin, dem Herr und Frau vom Hause viele Aufmerksamkeiten erwiesen. Er war auf dem Wege nach dem Goldland wegen Mangel an Geld zur Weiterreise hier sitzen geblieben, und lebte als Fuhrmann, dann und wann einen Dollar verdienend, wenn er einige Waaren=Collis vom Strand nach einem Store fuhr. Beide Herren waren Amerikaner, und beide litten am Fieber, und sahen aus wie der Kalk an der Wand. „Damned country!" war das dritte Wort, womit sie jeden Bissen des frugalen Mahles begleiteten. Ich empfand eine förmliche Angst, was ich genießen und nicht genießen sollte, und beschränkte mich endlich auf einige Bissen eines gebratenen Huhnes, dessen Fleisch das Alter seines Geburtsscheines an meinen Zähnen documentirte, und ein wenig Reis mit gebratenen Bananen.

Während des Essens vernahm ich, wie alles, was man über Nicaragua und die Canalisation des Isthmus in die Welt hinaus trompetet hatte, der schamloseste amerikanische Humbug sei. Die Transit-Compagnie hatte mit der Nicaraguenser Regierung einen Contract geschlossen, daß sie, die Gesellschaft, auf dreißig Jahre lang das ausschließliche Monopol erhalten sollte, Menschen und Waaren über den Isthmus zu befördern und für jeden Passagier einen Durchgangszoll von 1 Peso an die Republik zahlte. Ferner hatte sich die Compagnie verbindlich gemacht, innerhalb 9 Jahre einen beide Oceane verbindenden schiffbaren Canal herzustellen. Mit diesem Contract in Händen wirthschaftete Bruder Jonathan darauf los, d. h. auf seine Weise. Riversteamer wurden auf den Fluß und See gebracht, Maulthiere aufgekauft, um die Californier von Virgin-Bay am Ufer des Sees bis San Juan del Sur zu bringen, von wo aus sie mit den California-Steamern weiter nach San Franzisco spedirt wurden. An den Canal dachte die Gesellschaft nicht weiter, und mag ernsthaft wol nie daran gedacht haben. In 9 Jahren, calculirte sie, läßt sich schon ein hübsches Stück Geld zusammenschlagen. Abenteurer aller Art kamen herbei, und ließen sich in Greytown, oder Castillo viejo am Fluß, in Virgin-Bay am See und in San Juan del Sur am stillen Ocean nieder, jeder auf die durchreisenden Californier speculirend. Die Sache würde also dennoch ihr Gutes gehabt haben, indem sie Ansiedler in bisher unwirthbare Gegenden brachte. Allein indem die Compagnie, in Folge von Streitigkeiten mit den Localbehörden von Greytown, ihre

Entrepots nach Panta Arenas verlegte, und ihre Reisenden
gleich von Bord des Seesteamer auf die Flußdampfer brachte,
versetzte sie dem gehofften Aufblühen des Hafens einen töd=
lichen Schlag. Jetzt kam für meine Projecte noch dazu, daß
der Hafen San Juan del Sur ein wirklich und notorisch
tödliches Klima für den Europäer ist, wo selbst die Sucht,
Geld zu machen, nur wenige Leute zu bewegen vermocht
hatte, sich niederzulassen. Kaufmännisches Geschäft mit Im=
port und Export existirte in San Juan del Sur durchaus
nicht. Der Hafen war ungeeignet, die Spesen zu hoch und
die Communicationen zu mangelhaft. Nicaragua bis nach
der Stadt Managua, dem Sitz der Regierung, landein=
wärts, wurde von Greytown aus versorgt. Die Grana=
diner Kaufleute hielten zu dem Ende ihre Filial= und Spe=
ditionshäuser in Greytown, von welchem Ort aus die Waaren
in jene elenden Bongos oder Piraguas verladen, und nach
dem Innern verschifft wurden. Eine solche Reise dauert
10 Tage bis vier Wochen, je nach der Jahreszeit und dem
Wasserstand des Flusses. Die übrigen Städte des Landes
beziehen ihre ausländischen Waaren von der Westküste, und
hier ist Realejo der Hafen, während die Importeurs in
Chinandega oder Leon wohnen, weil Realejo auch eine jener
aimablen Ortschaften ist, wo niemand sein Leben ver=
sichern kann.

Mit dem Transit und den Canalprojecten für mich war
es also aus! Ich hatte die Zahl der smarten enttäuschten
Abenteurer vermehrt, saß an einer ungesunden Küste, hatte
vor mir einen undurchdringlichen Urwald, den ich nicht
anders als auf einem Flusse passiren konnte, über welchen
die schreckenerregendsten Berichte sogar schon in deutsche Local=
blätter übergegangen waren, hatte hinter mir einen Ocean,
hatte in der Tasche nur hundert Dollars und im Kopfe das

Bewußtsein, ein gewisses Sprichwort von „zu wohl sein und aufs Eis gehen" praktisch verwirklicht zu haben.

Die Schattenseiten dieses Landes traten eine nach der andern recht heimtückisch hervor. Die Nacht war eingebrochen und ich saß beim flackernden Schein einer von einer Brisera bedeckten Kerze, um zu schreiben, als Millionen von Motten mich umschwärmten, und Scharen von Termiten über den Tisch, an welchem ich schrieb, spazierten. Tausende von zappelnden Insecten, welche sich am Lichte verbrannt hatten, lagen um meinen Briefbogen, fielen mir auf die Feder, ins Dintenfaß. Große Käfer stießen summend ihre Köpfe an den meinigen, und gelegentlich schwirrten einige Caprimulgen unheimlich durchs Zimmer. Es war unmöglich, auch nur drei Worte in Frieden zu schreiben.

Gegen 10 Uhr verlangte ich zu Bett zu gehen. Mein Wirth führte mich eine Art Hühnersteige hinauf auf einen Boden, wo ich die beiden Amerikaner bereits auf ihrem Lager ausgestreckt fand. Die Betten waren eine Art von Scheren, über welche ein dickes Segeltuch gespannt war. Mein Wirth hatte es gut mit mir gemeint und mir eine Matratze, Kopfkissen und Bettdecke zurecht gelegt.

Aber in diesem Lande in einem fremden Bett schlafen, in welchem vielleicht, wer weiß wie viel, Fieberkranke schon gelegen, wohl gar darin gestorben waren, das war mir unmöglich! Ich warf den ganzen Kram hinunter, legte mir als Kopfkissen ein dickes Stück Holz, das ich in einer Ecke des Bodens fand, zurecht, ein Tuch darüber, um nicht gar zu hart gebettet zu sein, und deckte mich mit meiner eigenen wollenen Decke zu. Mein Zeug behielt ich am Leibe.

Nach kaum einer halben Stunde Schlaf, der sich mitten zwischen zwei mir gänzlich unbekannten Menschen erst sehr spät eingestellt hatte, weckte mich das klägliche Stöhnen des jüngeren meiner Schlafgenossen, bei welchem sich ein Fieber=

anfall in seiner ganzen Vehemenz declarirte. Der Mensch delirirte schrecklich und schwatzte das tollste Zeug von Mord und Todschlag, Lynchjustiz und dergleichen Dingen mehr zusammen. Vielleicht Reminiscenzen aus seinem eigenen Leben! — — Ich war noch Neuling und hatte mich noch nicht daran gewöhnt, to mind my own business, und machte daher Licht an, um dem Fieberkranken beizustehen. Das vermerkte aber der ältere Gentleman sehr übel. Er bat mich höflich, aber ernst, seine nächtliche Ruhe nicht zu stören. An das Fieber sei er gewöhnt, aber ans Nachtwandeln nicht. — Es dauerte keine fernere Stunde, als er ebenfalls zu frieren begann und entsetzlich stöhnte. Da lag ich also zwischen zwei Fieberkranken, nicht wissend, ob die Krankheit ansteckend sei oder nicht. Welch ein Contrast zwischen heute und heute vor 14 Tagen in dem üppigen New-York, im comfortablen Zimmer von Möring! Ich glaube kaum, daß es für einen Abenteurer, denn als solcher erschien ich mir jetzt, einen deprimirendern ersten Eindruck geben konnte. In meine Augen kam denn auch blutwenig Schlaf, trotzdem ich von Mosquiten und anderem Ungeziefer nichts zu leiden hatte.

Mein erster Weg am folgenden Morgen war ein Gang an die Playa (den Strand), um wo möglich die Abfahrt unseres Bongo zu beschleunigen. Ich traf den Patron des Fahrzeugs im Sande liegen, das confiscirte Zambohaupt in dem welken Schoß einer pomeranzfarbenen Dulcinea ruhend, deren Gesicht so von Blattern zerfressen war, als hätte der Teufel auf ihren Wangen Erbsen gedroschen. Er sang oder vielmehr quäfte ein spanisches Lied, dessen Refrain „mirando el sol, yo gano!" (In den Hals scheint die Sonne und nährt mich) eben auf keine besondere Arbeitslust schließen ließ.

Der Sprache noch unkundig, componirte ich mir aus einem Gemisch von Lateinisch, Italienisch und Französisch ein Idiom zusammen, das ich eitel genug war, für verwandt mit der Sprache des Cid zu halten, und machte mich dem Sonnenanbeter in der That verständlich, denn als er hörte, ich sei ein Passagier, sprang er schnell auf die Füße, aber statt erfreut über eine so angenehme Reisegesellschaft wie die meinige zu sein, krähte der Kerl ein „Carajo!" nach dem andern, schrie, daß er die Chopa seines Fahrzeuges nicht mitvermiethet habe, und sammelte seine Leute um sich, die mir ohne Ausnahme wie echte Gurgelabschneider vorkamen, sie zu Zeugen aufrufend, daß er eine solche Usurpation nicht dulden wolle. Die Herrschaften gesticulirten so wüthend, daß ich, dem die Sitten und Gebräuche dieser feigen Race noch fremd waren, unwillkürlich mein Bowhie=Knife in der Scheide luftete. Zum Glück ging ein Deutscher, ein Herr K. vorüber, welcher im Geschäfte zweier Mulatten in Granada (deren Vater sich durch Seeraub ein bedeutendes Vermögen erworben haben soll, mit welchem die Söhne jetzt speculirten) employirt war und rieth mir, dem Patron die ganze Chopa (dem mit Kuhhäuten bogenförmig überspannten hintern Raum des Fahrzeugs) abzumiethen. Man forderte sechzig Dollars dafür. Herr K. sagte mir aber sofort zu, daß er mir für zwanzig Dollars Fracht mitgeben würde, so daß die Passage für mich nicht höher zu stehen kam. Ich schlug ein, traktirte die wilden Teufel mit Schnaps, erntete dafür den Schmeichelnamen paysano (Landsmann), erhielt das Versprechen, noch heute Nachmittag spedirt zu werden, und brauchte in der That auch nur noch fünf Tage lang zu warten.

Mehr aus Langeweile, als aus einem andern Grund, besuchte ich einen alten Franzosen, Namens Sigeaud, an den ich in diesem Orte empfohlen war. Das war der einzige Mensch, der mich wirklich cordial empfing. Er war ein ehemaliger Grenadier der alten Garde Napoleons (des

Großen, nicht des Kleinen) gewesen und hatte die Welt von Moskau bis China gesehen, war ein eifriger Maçon und versorgte mich mit Tausenden von praktischen Rathschlägen. Seine einzige hervorstechende Schwäche war ein glühender Haß gegen Messieurs les Américoquins, die er zu mitrailliren für den sehnsüchtigsten Wunsch seines Lebens ausgab. Dann richtete sich seine lange hagere Gestalt steif in die Höhe, und die Augen funkelten unter den dichten Brauen hervor, als commandirte le petit corporal in eigener Person „En avant!"

Als ich meinem Wirthe J—y die frohe Botschaft mittheilte, daß wir noch heute Nachmittag abreisen würden, begegnete mir abermals sein ungläubiges spöttisches Lächeln, und er versprach mir, morgen Mittag sollte ich einen wilden Pfaubraten bei ihm in New-York-House essen. Er hatte recht. Es half mir nichts, daß ich alle Stunde nach der Plaza rannte in einem Geschwindschritt, der den Leuten bei der glühenden Hitze unglaublich vorkam, und mir nichts einbrachte, als daß mich die Amerikaner mit dem Spitznamen the flying Dutchman beehrten. Ja, um fünf Uhr nachmittags fand ich den Patron meiner Pirogue sammt seinen Leuten, acht an der Zahl, todt betrunken im Sande am Ufer liegen und um die Wette schnarchen.

Endlich am Morgen des dritten Tages kam der Hauptbefrachter des Bongo, ein Amerikaner, zu uns ins Haus, und meldete uns, daß die Abfahrt auf den Nachmittag drei Uhr festgesetzt wäre und er unser Gepäck abholen lassen würde.

Nachmittags stellte sich aber niemand ein, um unsere Sachen zu holen. Wir gingen an den Strand und trafen wirklich die Hälfte der Mannschaft noch nüchtern und beschäftigt, Ruder zu fabriciren, d. h. ein schmales Brett an das Ende einer langen ungehobelten knorrigen Stange zu nageln. Auf die Frage, wann es vorwärts gehe, tönte uns ein singendes mañana! entgegen, und wir trollten uns — ich voll Ingrimm, und mir das Recht der Handhabung einer Sclavenpeitsche wünschend, in mich hineinfluchend — nach Hause.

Alles war fertig. Proviant an Reis, Kaffee, Schiffszwieback, Zucker, Sardines, Pickles, Brandy ꝛc. **auf vierzehn Tage** lag sorgfältig eingepackt da. Die Wirthshausrechnung war bezahlt, und jetzt abermals einen Aufschub von 24 Stunden! Doch tröstete mich mein Wirth einigermaßen mit der sicheren Aussicht, die nächste Nacht schon weit von Greytown im Urwald schlafen zu können, und das war allerdings ein Trost für einen Menschen, der, wie ich, von Unruhe gejagt, um jeden Preis nur weiter wollte.

Gegen Mittag des folgenden Tages stellten sich denn auch wirklich drei braune Indianergestalten ein und schleppten unsere Habseligkeiten fort. — Niemand war froher als ich. Ich trieb meinen etwas schläfrigen Reisegefährtin zur Eile an und gönnte mir kaum die Zeit, nach dem Essen noch eine Tasse Kaffee zu mir zu nehmen. Begleitet von Madame J—y und den beiden in New-York-House wohnenden Amerikanern verfügten wir uns nach dem Landungs- und Abfahrtsort der Bongos, welcher am südöstlichen Ende des Ortes lag. Ungefähr zweihundert Schritt vorher sahen wir den Patron in einer Kneipe dem Glase zusprechen und sich wahrscheinlich Muth zur Reise trinken. Ich rief ihn an.

„**Ahoriiii** — — **ta! patron!**" schrie der Kerl heraus.

Die Pirogue lag beladen da. Unsere Koffer waren wohl placirt in der Chopa, aber von den Bootsleuten (marineros) war keine Spur zu sehen. Wir warteten eine halbe, eine Stunde. Nichts. Endlich kam der Patron etwas schwankenden Ganges, und eröffnete uns ganz naiv, daß wir uns mañana ja um drei Uhr nachmittags einfinden sollten! — —

Das war stark. — Wäre der Kerl nicht gar zu betrunken gewesen, wir würden ihn halb todt geprügelt haben. So war ein krampfhaftes, sich selbst ironisirendes Lächeln und ein gelegentlicher Tritt auf den bloßen Fuß, den ich dem Halbmenschen versetzte, das einzige Ventil unserer Galle, und unsere kleine Caravane trat langsam den Rückzug an, zu welchem ich mich jedoch nicht eher entschloß, als bis mein Wirth die Garantie übernommen hatte, daß mir nichts von meinem Gepäck würde entwendet werden.

Ich verzichte darauf, die rosafarbene Stimmung zu malen, welche mich in den nächsten 24 Stunden gefangen hielt, und als ob sich alles vereinigen wollte, mir meine Laufbahn in dem neuen Lande zu verleiden, machte ich an diesem letzten Tage meines Aufenthalts in Greytown noch die Bekanntschaft eines Herrn von Witzleben, ehemaligen Adjutanten des Königs von Baiern, welcher in der Geschichte der Lola Montez eine geheime Rolle gespielt haben soll. v. W. nämlich war gerade aus dem Innern von Nicaragua, jämmerlich vom Fieber gebleicht, zurückgekommen, um sich mit dem Bremer Schiff „die Creole," dessen Ankunft vor der Küste man erwartete, nach Bluefield einzuschiffen, und Arm und Degen dem fabelhaften König anzubieten. Einen heiteren Lebemann sah ich hier zu einer galligen Verbissenheit reducirt; keine Spur militärischer Adjutantengrazie war in dem schlaffen, welken Körper mehr zu finden, und die Worte: „das Land ist wunderschön!" womit er meine Fragen beantwortete, klangen eher wie der diabolische Hohn eines um eine Seele betrogenen Mephistos, als wie das Urtheil eines chriſtlichen Adjutanten des chriſtlichen Erbauers griechiſcher Kunſttempel.*)

Unter anderem erzählte er mir noch, wie vor kurzem ein preußiſcher Baron durch den bloßen Anblick von Greytown dermaßen erſchreckt worden ſei, daß er ſofort wieder mit demſelben Steamer nach New=York zurück reiſte. Glücklicherweiſe waren das die letzten Impressions de voyage, die ich von Menſchen hier erhielt, denn am folgenden Tage ging die Reiſe ins Innere in der That vor ſich, obwol ich mich mit dem Gedanken an einen abermaligen Aufſchub bereits vertraut gemacht hatte.

---

*) v. Witzleben iſt ſpäter auf der Reiſe durch das Umſchlagen eines Bootes beim Landen in Bluefield ertrunken.

Viertes Kapitel.

Eine Fahrt auf dem San Juanfluß und Nicaraguasee
bis Granada. — Die Piragua. — Erste Station. — Heimweh. —
Malerisches Bivouak. — Rio Colorado. — Die Ufer des San Juanflusses. — Bizarre Pflanzenformationen. — Ein nächtliches Monstreconcert des Waldes. — Rio Sarapiqui. — Ein deutscher Ansiedler. —
Wir stranden in — Baumzweigen. — Havarie und Proviantverlust. —
Europäischer Leichtsinn, den die Sonne bestraft. — El Raudal de
Machuca. — Ein blühendes Dampfschiff. — Fort Castillo viejo. —
Ein nicaraguensisches Observationscorps gegen England. — Militär
der Republik. — Die Commandantur und der Commandant. — Versuchte Prellerei. — Unblutiger Kampf mit der ganzen Armee. — Nica-
raguensische Tapferkeit. — El Raudal. — Alle Lebensmittel verdorben. —
Die schlimmste Nacht. — Dissenterie. — Blinder Lärm. — Eine Affen-
mahlzeit. — Zwei Vollblutindianer. — Amei enjagd. — Der Nicara-
guasee. — Die Aduana der Republik!. — Fort San Carlos. — Fra-
Diavolo. — Ein Mensch entdeckt. — Fieber. — Hunger und Miß-
verständniß. — Rückblick auf den San Juan und Beurtheilung des
Canalprojectes. — Wie man hier segelt. — Länje und — — — ! La
Boqueta. — Ein Besuch von einem Alligator. — Der Schmach riemen
als Hungerstiller. — San Miguelito. — Isla de San Bernardo. —
Papageienbraten mit gestohlenen Platanen. — Die letzte Krume. —
Hungersnoth. — Schneckenfahrt. — Ein Orkan als Retter in der
Noth. — Granada!

Der Bongo oder die Piragua, deren Bau wir uns
anvertrauten, war ein aus dem Stamme des Guanacaste-
Baumes (eines Baumes mit mimosenartigen Blättern, dessen
Höhe oft 120 Fuß und darüber erreicht, und dessen Stamm
der berühmten Montezuma-Eiche bei Mexico oft kaum
an Dicke nachsteht) fabricirtes Kanoe von etwa 25 Fuß

12*

Länge, an dessen Hintertheil, vor einem schmalen offenen Raum für den Steuermann, eine Anzahl halbkreisförmiger Stäbe befestigt war, über welche man zum Schutz gegen den Regen einige frische Kuhhäute gelegt hatte, welche einen entsetzlich mephitischen Duft aushauchten.

Das war die Chopa, 3 Fuß breit und 6 Fuß lang, welche uns als Cajüte diente. Am Boden des Fahrzeuges hatten unsere Koffer Platz gefunden, rechts und links war der Raum mit Reisbesen und ähnlichen Yankee=Notions vollgestopft, so daß wir beiden Passagiere neben einander gar nicht, hintereinander nur dann von der Chopa Gebrauch machen konnten, wenn einer von uns sich wie ein Hund auf den Koffern und zwischen den Waaren zusammenkauerte. Von der Chopa bis zur Spitze des Fahrzeuges waren vier Bretter angebracht für die rudernden Marineros bestimmt. Der Raum unter den Bänken war gleichfalls mit Waaren angefüllt, und eine Anzahl weiterer Kuhhäute lagen bereit, bei Regenwetter die verladenen Güter zu bedecken.

Der Bongo war etwa zwanzig Schritt vom Ufer vor Anker, d. h. ein schwerer Stein, an einen Strick befestigt, vertrat die Stelle desselben. Auf dem Rücken eines Zambo legten wir die Strecke durchs Wasser an Bord zurück, krochen mit langen Gesichtern in das Hundeloch hinein und harrten der Dinge, die da kommen sollten.

Nachdem wir eine volle Stunde in der heißen Nachmittagssonne geschmort hatten, kamen unsere Marineros, 8 an der Zahl, und schleppten auf den Schultern einen todtbetrunkenen langen Neger von reinster Tinte herbei, dem sie uns baten ein Plätzchen in unserer Chopa einzuräumen, und als wir dagegen heftig remonstrirten, warfen sie den regungslosen Körper des vollgesoffenen schwarzen Bruders wie einen Sack auf den Boden des Fahrzeuges unter die Bänke. Der Patron nahm hinten dicht bei uns, auf einem erhöhten

Brett stehend, Posto und steuerte das Kanoe mittelst eines Ruders, das viel eher einem Zaunpfahl glich.

Gott sei gepriesen und gedankt! wir fuhren fort.

Doch nein! ich nehme mein Dankgebet zurück. Nach fünf Minuten, während welcher Zeit wir bis in die Mitte des Stromes hineingerudert waren, flog der Stein wieder ins Wasser, die Ruder wurden eingeholt, und unsere Wilden fingen an, ganz gemüthlich ihre Cena (Abendessen) zu halten, welches in jenem widerwärtigen in lange Striemen geschnittenen, an der Sonne gedörrtem Kuhfleisch bestand, das die Amerikaner spottweise Yard-beef nennen, weil es nach der Elle verkauft wird. Aus der schmatzenden und dazu ihre rosquillos (hart geröstete Kuchen von Maismehl) knuppernden Gesellschaft qualmte uns ein Odeur entgegen, als ob des Teufels Großmutter ihren ganzen Vorrath von Knoblauch zu Markte getragen hätte.

Mein Reisegefährte sah mich an und ich ihn. Er seufzte den Namen New-York; ich dachte mit zusammengekniffenen Lippen an die freundschaftliche Henkersmahlzeit, welche mir die Blüte hamburgischer Jugend — die Koryphäen des „runden Tisches" bei Raake — in der hamburger Lesehalle gegeben hatte. Ach, sie denken vielleicht an mich! Und sie wähnen mich in blühenden Citronenhainen unter reizenden Indianerinnen, welche einen Federschmuck auf dem Kopfe und ein Feigenblatt an der Hüfte tragen. — —

J—y und ich, wir warfen unsere ethymologischen Kenntnisse zusammen und forschten mit wehmüthiger Resignation, ob alle Stationen unserer Reise so lang wären, wie die erste. Der Patron erklärte uns gutmüthig, es ginge erst morgen weiter, aber er habe auf den Strom gelegt, um sich mit seinen Leuten am Lande nicht mehr besaufen zu können, drei von ihnen hätten noch ein paar Realen Geld übrig zu diesem Costumbre de los marineros del pays.

Die Sonne war hinter den Wäldern untergegangen und vom Meere herein trat die Nacht, rasch und plötzlich, in aequatorialer Uebergangsmanier.

Die See warf ihre donnernde Brandung in dumpfen Stößen an die Landzunge, und die schweigenden Wälder schleuderten das Echo des Abendliedes, welches der Wind uns brachte, feierlich majestätisch zurück. — Auf den beiden nordamerikanischen Steamern wurde der Kessel geheizt. Summend und singend stieg der Rauch aus den Schornsteinen in die Höhe, die Cajütenfenster erglänzten in hellem Licht. Diese beiden Schiffe kehrten schon morgen in die Cultur und Civilisation zurück, während ich, eingeklemmt zwischen Kisten und Kasten, erstickend vor Stank und Hitze, triefend vor Schweiß, Muße hatte, über den sybaritischen Uebermuth nachzudenken, der mich fortgejagt hatte aus der genußreichen Heimat. Und als ich die Steamer summen und singen hörte, und als das Meer, das herrliche brave Meer, dessen Anblick mir die neidische Landzunge entzog, brandete und brauste, und als ich mich hinausträumte auf die azurnen Wegen da draußen, da kam ich mir vor wie ein Pudel, den man hinausstößt in eine feuchte, kalte Novembernacht, und düster sah ich in den düstern, finstern Urwald, in das ungelöste Räthsel der Waldschöpfung hinein.

Ich habe den Muth, es zu gestehen, daß mein Spleen einen Höhegrad erreichte, daß ich desertirt und nach den Vereinigten Staaten zurückgekehrt wäre, hätte unser Bongo am Lande gelegen und nicht auf dem Wasser. Und so ein verquertes Ding ist die menschliche Natur, daß es die Mosquiten waren, welche mich zur Weiterreise bewogen. Ja wohl, die Mosquiten! Seltsamer Weise hatte ich am Lande, vielleicht des gerade herrschenden Seewindes wegen, noch nichts von jenen sechsbeinigen Quälgeistern gespürt. Hier auf dem Wasser stellten sie sich ein. Zuerst eine, die mich widerlich durchdringend, singend umkreiste, bis sie mir die piqure d'essai versetzte. Dann folgten die übrigen und zuletzt sangen im Innern der Chopa Tausende dieser Thierchen und fielen über mich her, so daß ich gezwungen war, mich in meine dicke wollene Decke zu hüllen und meine Nasenspitze, die ich zum Athemholen frei lassen mußte, mit Cigarrendampf zu vertheidigen. Ich lernte von den Mosquitos aber, daß es noch manches gäbe, was ich zu lernen hatte und daß ich mich blamiren würde, wenn ich umkehrte, und das Neue der Situation siegte über das Peinliche derselben. Diese glückliche Organisation meines Naturells ist von jeher mein Schutzgeist in Widerwärtigkeiten gewesen und wird es hoffentlich bleiben bis an mein seliges oder — unseliges Ende. — Also noch einmal: vogue ma galère! —

„Ave Maria purissima! sin peccado concebida!" — — weckte mich im düstern Grauen des Tages ein melancholischer Gutturalgesang, von welchem der Patron unsers Bongo je eine Strophe vorsang, die dann von den übrigen 8 Marineros im Chor wiederholt wurde. Sie klangen, diese Töne, wie der Sterbegesang, mit dem man arme Sünder zum Galgen führt. Keine südlich weiche Modulation der Stimmen, höchstens dem schrillenden Tremulo alter Weiber ähnlich, schien mir, daß dieser Gesang der gebenedeiten Jungfrau eine eben so große Ohrenmarter als mir verursachen müßte. Nach dem Gesang folgte eine Oracion, und wieder plapperte in unverständlichem Gemurmel, so schnell, daß die letzte Sylbe eines Wortes immer von der ersten Sylbe des folgenden Wortes übergeschluckt wurde, der Patron die Strophen vor, welche der Chor dann nachmurmelte.

Ich fand mich auf dem Rücken quer über meinen Koffer liegend, den Kopf hintenüberhängend wieder, und wollte mich rasch erheben, allein mein Rückgrat war durch die ungewohnte Lage so steif geworden, daß mir die leiseste Bewegung des Körpers einen Schmerzensschrei erpreßte und mich mein Reisegefährte aufrichten mußte. Grau und trübe hing der Himmel über uns und ich suchte umsonst nach einer einzigen — Geige an demselben. Die beiden Steamer hatten sich während der Nacht empfohlen und das Meer donnerte monoton seinen Morgengruß über die Bai' hin. Ich entsinne mich nicht, je im Leben in einer kleinlautern morosern Gemüthsstimmung gewesen zu sein als in den Augenblicken, wo die ersten Ruderschläge das Wasser trafen und statt eines schnellsegelnden, das Wasser des Oceans durchschäumenden Clippers, ein miserables Kanoe auf der trübgelben glatten Fläche des San Juanflusses langsam in die Wildniß hineinfuhr. Düster und mismuthig warf ich mich, nach einem herzhaften Schluck aus der Cognacflasche, auf die Seite in eine etwas bequemere Lage, um von dem Schlaf der Nacht mich durch einen Schlummer des Morgens zu stärken, und es gelang mir, für eine Stunde die miserable Gegenwart zu vergessen.

Aber als ich die Augen zum zweitenmale an diesem Tage öffnete, da wich die Larmoyanz des verweichlichten Europäers dem Eindruck, den diese tropische Waldnatur auf jeden machen muß, dessen Gemüth nicht in den Salons der alten Welt in versumpfter Blasirtheit untergegangen ist. Es war mir, als entrollte sich nicht nur ein neues Bild, sondern auch ein neues Leben vor meinen Augen, und die Spannung, mit welcher ich der Entwicklung der magna carta der Natur und den Tableaux der Ereignisse entgegensah, brachte eine Metamorphose in meinem Schädel hervor, die mich nicht hätte erbleichen lassen, wenn man von mir verlangt hätte den Teufel auf flachem Felde einzufangen. Der Enthusiasmus ersetzte mir alles. Jede Furcht, jede trübe

Ahnung zerfloß wie Morgennebel vor den Strahlen der Tropensonne, und wenn man in diesen Ländern leicht sterben kann, so kann und muß man auch leicht leben. Ich schwor bei allen abgethanen und noch abzuthuenden Göttern, mich nie wieder dem moralischen Katzenjammer hinzugeben.

Das rechte Ufer des Stromes war mit Riesenschilf bewachsen, dessen grüne wallende und rasselnde Fläche eine schwimmende Fortsetzung der Breite des Flusses zu sein schien. Dahinter wurde die Fernsicht durch einzelne Ausläufer des Waldes begränzt. Am linken Ufer (also zu unserer Rechten) starrte uns das Dickicht von Manglaresbäumen entgegen, zwischen deren oberirdischen nackten Wurzeln, welche sich spinnenartig in den sumpfigen Boden eingekrallt zu haben schienen, bei hohem Wasserstand sich all der Schlamm und vegetabilische Schmutz festsetzt, dessen Verdunstung jene Gase producirt, welche die Fieber erzeugen, durch welche die Küste so in Verruf gekommen ist. Das Manglar lag grotesk verwickelt vor uns, ein wüstes, wildes Gewirr von Holz und Laub; Iguane von colossaler Größe huschten in dem Dickicht umher, und hie und da schoß eine Wasserschlange, welche sich, mit dem Schweife um einen Ast gewickelt, sonnte, bei unserm Annähern in die gelbe Flut.

Bei einer kleinen Inselgruppe im Fluß, Tres Tornos, machten wir gegen 12 Uhr halt. Der Bongo wurde unter das dichte Laubdach am Ufer gebracht, um vor den Sonnenstrahlen geschützt zu sein, und unsere Wilden gingen in puris naturalibus mit der Machete in den Wald, um dürres Holz zum Feueranmachen zu schlagen. Stahl und Stein entzündeten eine Lunte, welche in einem hohlen Alligatorzahn aufbewahrt wurde, und mittelst Blasen und Schwingen wurde das dürre Laub, mit welchem die Lunte umwickelt war, in Flammen gesetzt. Ein lustiges Feuer prasselte bald und schickte seinen Rauch langsam durch das grüne Blätterdach in die Höhe. Der Kochtopf der Marineros wurde zwischen dicke Holzklötze eingeklemmt, Wasser aus dem Fluß hineingegossen, und in einem und demselben Behälter brodelten bald Bohnen, Reis, unreife Platanen, Fett und Fleisch durcheinander, während reife Platanen (Maduras kurzweg genannt) neben dem stinkenden Yard-Beef in der Asche brieten. Auch wir eroberten ein Plätzchen an dem einfachen Herd, um in unsern zierlichen Blechkesseln unsern Reis zu kochen. Der Versuch, eines wilden Puters habhaft zu werden, mislang völlig. Zwar schoß ich das Thier vom Baum herab, aber es fiel in den Busch, und um da hineinzudringen, war ich vorläufig noch grüner als der Busch selber.

Unsere Marineros geberdeten sich, als handelte es sich um ein Frühstück bei Very, und nicht um eine Kost, die ein civilisirter Europäer erst zu schätzen lernt, nachdem er ein weniges mehr als verhungert ist. Um die Wahrheit zu gestehen, verwandte auch ich verhältnißmäßig viel zu wenig Sorgfalt bei der ersten praktischen Ausübung meiner culinarischen Weisheit, sondern ergötzte mich an den malerischen Gruppen der nackten, kaffeebraunen Gestalten, mit ihren unheimlichen Fratzen, und an der grünen Staffage dieses wilden Bivouacs, so daß mein Reis total verbrannte und ich auf die wohlschmeckende gebratene Madura und etwas Schiffszwieback und Käse reducirt war.

Bis drei Uhr nachmittags waren unsere Völker nicht zur Weiterfahrt zu bewegen und brachten uns dann kaum eine halbe Stunde weiter aufwärts.

Am zweiten Tage unserer Fahrt übernachteten wir am Rio Colorado, einem Abzugsfluß des San Juan, welcher diesem eine bedeutende Wassermenge entzieht, und dessen Schließung bei einer etwaigen Realisation des großen Canalprojectes unumgänglich nothwendig sein würde. Der San Juan hat am Colorado eine Breite von weit über tausend Fuß, und es liegen hier in dem weiten Bassin vier reizende bewaldete Inseln, dessen eine recht malerisch durch das Holzhäuschen und die Platanenpflanzung eines Amerikaners verziert ist. Den Colorado entlang wirft man einen Blick in den mächtigen Urwald, und ernst majestätisch spiegeln sich die Riesenbaldachine der mächtigen Stämme in den Fluten. Die Landschaft gleicht einem vom Wasser durchschnittenen Park, wie ihn die kühnste Gärtnerphantasie nicht großartiger zu erfinden vermöchte.

Der dritte Tag brachte uns gegen Mittag durch die Juanillos-Inselchen. Der Hauptfluß hat hier einen andern Nebenarm am linken Ufer, welcher in gerader Linie nach Greytown führt, allein seiner Seichtigkeit wegen nicht regelmäßig befahren werden kann.

Die prächtige Königspalme (nicht zu verwechseln mit der niedrigen palma real der Eingebornen) tritt hier häufig auf und nicht leicht mag es einen lieblichern Farben- und Lichteffect geben, als wenn die stolze, halb federbusch-, halb fächerartige Krone dieser Venus der Tropenflora, auf nacktem Stamm, das Buschwerk stolz überragend, an den rosablauen, aetherreinen Abendhimmel hingemalt zu sein scheint wie ein Frescobild. Die Natur beginnt von Juanillo aufwärts, zu — phantasiren. Das linke Ufer namentlich von wilden, mit seltener Regelmäßigkeit gleich hoch gewachsenen, stacheligen Alocarten oder Schilf begränzt, gleicht der lebendigen Hecke eines Parks. Die Convolvulen, welche die abgestorbenen Baumstämme überwuchern, und in tausend und aber tausend weißen, blauen und rothen Blütenglocken einen Farbenregen mit den bunten Kronenblüten wilder Passifloren zu machen scheinen, nehmen hier die bizarrsten Formen an.

Bald ist es eine mehr als sechzig Fuß hohe Le Nôtre'sche Hecke, bald sind es grüne Blumenportale, bald schießt es in die Höhe in Form eines Obelisken, noch häufiger bildet es die zierlichsten Lauben mit minaretähnlichem Dache. Die einzeln stehenden Bäume, deren Laubdach sich plötzlich wie ein flacher Schirm nach allen Seiten hin ausbreitet, als habe die Sonne selbst ihrem Hochaufstreben ein gebieterisches „Bis hieher und nicht weiter!" zugerufen, an den Uferausläufen die mächtigen ins Wasser niederfallenden Vehuken, die prahlerisch hervorspringenden Blätter der Riesenfarrenkräuter, der wilden Platane, die grünen Faunphysiognomien der Orchideen, welche aus den Aesten der Cedrelien herausgucken, — gewiß und wahrhaftig! bei jeder Vorspringung des Landes erwarten wir, eine prachtvolle Villa zum Vorschein kommen zu sehen, mindestens ist das Portal von jonischen Säulen getragen, Luxus und raffinirte Blasirtheit müssen sich hierher geflüchtet haben aus den schalen Salons der großen Welt, und die elegantesten Sünder haben ihren Tempel hier gebaut und feiern ihre Mysterien im Paradiese der primitiven Waldnatur, die von der Kunst zu Boden geworfen ist. — — —

— Doch nein. — Der Vorsprung des Ufers ist umschifft, und in schauerlicher Stille gähnt uns der Wald weiter entgegen. Wir haben eine Fata morgana gesehen, die wir mit den Händen greifen konnten und an deren Dornen und Stacheln wir uns die Finger blutig ritzten. Der Fluß, der Wald mit seinen phantastischen Bildern — der Rest ist Schweigen.

Der Abend sank hernieder, als wir bei einer andern Inselgruppe (Islas de los Culebras, leones, gigantes etc.) vor Anker gingen. Die Marineros empfahlen uns Stillschweigen, weil muchos mosquitos hier seien, welche nicht wissen dürften, daß Menschen anwesend wären.

Die Nacht brach rasch herein, und als das letzte Streiflicht des Tages von den Wipfeln der Bäume entschwunden war, lagerte eine tiefe schauerliche Stille wol eine Stunde lang über dem Forst. Da gab der gellende Pfiff eines einsamen Waldvogels zu einem Concert das Signal und der Wald wurde lebendig. Myriaden von Cycaden erfüllten die Luft mit ihrem zitternden Geschwirr, Eulen stimmten ihr dumpftönendes Nachtlied an; aber schauerlicher als dies ertönte erst von der einen Seite, dann rund um uns her, bald nahe, bald fern, das tiefe Gebrüll des Brüllaffen (Congos), das lang gedehnte Woahau! Woahau! welches unsere Phantasie anfangs für das Brüllen des in den Wäldern häufig vorkommenden Jaguars hielt. Aber auch dieser stieß von Zeit zu Zeit seinen heisern, rauhen Schrei aus und machte, daß ich die halbe Nacht wach und schußfertig blieb. Mit jeder Minute wuchs der unheimliche Lärm, jeder Augenblick brachte neue Thierlaute zum Vorschein, und selbst das Wasser blieb dem Walde die Antwort nicht schuldig, denn hie und da trieb ein Alligator ans Ufer, und winselte sein Wohlbehagen zu den gleich Diamanten auf dunkelblauem Sammet über uns funkelnden Sternen empor. Aus dem Uferschilf sprühten Milliarden glänzender Leuchtkäfer wie eine Funkengarbe in die Laubdächer empor, summten dicke Käfer, fächelte die Caprimulge (Morciegalo genannt), während große Nachtfalter gleich Gespenstern um uns herflatterten. Ich habe nie einen schauerlich erhabenern Eindruck empfunden, als hier, wo ich zum erstenmal den Urwald belauschte, und wie mir berühmte Touristen mitgetheilt, läßt der San Juan selbst den Orinoco an Waldeffecten hinter sich zurück. Der Orion mit den drei Gürtelbrillanten und der Riegel, in welchem wir mit bloßem Auge jeden Stern erblickten, stand fast im Zenith. Das Schiff der Argo, das flammende Kreuz des Südens, den Scorpion, ich sah sie heute zum erstenmale in ihrer vollen Pracht. Und von dem Himmel schien man die überflüssigen Sterne wegzuwerfen, die Sternschnuppen schossen, einen mattglänzenden Streifen hinter sich ziehend, in einer Minute zahlreicher aus dem blauen Aether hernieder als bei uns im Norden während der Dauer eines ganzen Sommers.

Unsere Marineros lagen, in ihre wollenen Decken gewickelt, bunt durcheinander und priesen den Schöpfer durch ihre sehr unangenehmen Schnarchtöne. Es war die Dissonanz im Concert monstre des Waldes. Doch bald trat ein neuer Sängerchor in Scene. Die Sancuden und Moskiten kamen in Wolken aus dem Walde hervor und betäubten unser Ohr durch ihr durchdringendes Singen, zu dem sie den Tact in unser lebenswarmes Fleisch stachen. Da half kein Wehen mit dem Taschentuche, kein Rauchen, kein Bestreichen der Hände und des Gesichts mit Citronensaft. Wir waren am nächsten Morgen so übel zugerichtet, daß an unserm ganzen Körper kein Fleckchen von der Größe eines Thalers frei von ihren Stichen geblieben war. Mein Enthusiasmus wurde mit Mückenstichen getödtet, und aus Desperation leerten wir eine ganze Flasche Cognac, und tauschten den nächtlichen Menschenjammer gegen einen K a t z e n j a m m e r am folgenden Morgen aus.

Alle Leiden aber waren vergessen, nachdem wir uns bei Tagesanbruch durch ein Bad im Flusse erquickt hatten. Die Furcht vor Alligatoren hinderte uns hieran nicht. Diese Thiere sind, wie viele wilde Bestien, besser als ihr Ruf und wagen sich selten an Leute, welche gemeinschaftlich baden und dabei tüchtig plätschern oder sonst Lärm machen.

Unser viertes Nachtlager hielten wir am rechten Stromufer des San Juan (Punto de Trinidad) an der Mündung des Sarapiqui. Wir hatten somit in vier Tagen nur 28 (engl.) Meilen gemacht. Auf dem linken Ufer hatte sich ein Deutscher, Namens H i p p, angesiedelt, an der costaricenser Seite wohnte ein Spanier, Don Chico (Francisco) Alvarado. Beide trieben ein ziemlich einträgliches Geschäft, indem sie an die vorüberfahrenden Californier Früchte verkauften. Die herrlichsten Platanale, die schönsten Melonenbäume (Papayos), unter deren Blätterkrone die saftigen schmackhaften Früchte unmittelbar an dem schlanken, nackten Stamme hingen, Orangenbäume von der Größe unserer Apfelbäume, in deren dunkelm Laube das Gold der reifen Früchte vermischt erglänzt mit Myriaden duftender Blüten; Ananasse, die Königinnen der Früchte, waren in die Wildniß hineingepflanzt und wucherten mit dem Unkraut um die Wette. Und trotz dieses scheinbaren Ueberflusses, trotz einer Anzahl gackernder Hennen, war es unmöglich, für Geld und gute Worte auch nur ein Ei zu bekommen. Die Hennen spazierten in den Wald, um ihre Eier zu legen, und die Eingebornen, viel zu faul um einen Verschlag zu machen, ließen sie gewähren, und stillten ihren Hunger mit Platanen, die ihnen in den Hals hineinwuchsen.

Die Platane (Pisang, musa sapientum) heißt „der Segen des Landes." Ich möchte sie eher den **Fluch** des Landes nennen, diese majestätische Frucht mit ihren riesenhaften, wie grüner Seidensammet glänzenden Blättern, ihren über 50 Pfund schweren Fruchttrauben, die wie eine Tiara in Gurken nicht unähnlicher Gestalt an dem saftigen Stamm, oft hundert an einer einzigen Traube (corona) hängen. War doch das Blatt, aus welchem Adam seinen ersten Frack schnitt, die Paradiesfeige, und seit jenen Tagen ist sie dem trägen Tropenbewohner sein ein und alles geblieben. Ich will mich nicht vertiefen in Betrachtungen, was aus diesem Boden bei seiner fermentirenden Productivität gemacht werden könnte. Die Barbarei seiner Bewohner hat ein Recht zu faulenzen, das ist unbestreitbar. Aber **Cultur und Civilisation** haben auch ein Recht, diese **faulenzenden Barbaren** zum Gedeihen der Menschheit zur **Arbeit zu zwingen**, und das ist eben so unbestreitbar;

denn wo die Natur in ihrer Primitivität ist, gilt das
Naturrecht und kein anderes! Quod erat demon-
strandum.

Den Sarapiqui herab wehte aus den Gebirgen Costa-
ricas ein verhältnißmäßig kühler Wind. Der Thermometer
zeigte in dem klaren, grünlichen Sarapiqui-Fluß nur 20 Grad
R. Die Luftströmung trieb die Mosquiten vom Ufer weg,
und so schliefen wir und die ganze Mannschaft an Bord
unseres Bongo, das am Ufer unter überhängendem Buschwerk
befestigt war. Gegen Mitternacht trat ein Gewitter ein, und
ein Aguacero (Platzregen) stürzte prasselnd vom Himmel.
Zum Glück gewährte das undurchdringliche Laubdach einigen
Schutz, und wir schliefen eine Zeit lang, trotz dem Toben
der Elemente und dem gelegentlichen Stürzen eines vom
Blitz getroffenen grünen Waldriesen, ziemlich ruhig. Da
aber knackte und krachte es über unseren Häuptern; die Reisen,
über welche die schützenden Kuhhäute gespannt waren, brachen
zusammen und unsere Gesichter wurden von Fellen und
dornigem Strauchwerk gefegt. Ein Carajo! unserer Marineros jagte das andere. Erschreckt fuhren wir in die
Höhe.

Unser Bongo saß buchstäblich in den Aesten und Zweigen des Ufergebüsches. Der Sarapiqui-Fluß war, wie das
bei Regenzeit oft der Fall, plötzlich durch die Gebirgswasser
angeschwollen und schien unsern Ankerplatz in das grüne Laub
verlegen zu wollen. Wir schrien um die Wette nach Hülfe,
aber sei es, daß man uns am Lande in den nur zwanzig
Schritte entfernt liegenden Ranchos vor dem Donner und
Regengeprassel nicht hören konnte oder nicht hören wollte,
genug, keine Seele kam uns zu Hülfe und wir mußten in
pechrabenschwarzer Nacht mit Händen und Messern uns
durchbrechen und durchhauen. Wol griff ich nach meinem
Gewehr, um einen Nothschuß zu thun; der Schuß versagte,

denn das Pulver war feucht geworden. Zuletzt blieb nichts
übrig, als den Strick durchzuschneiden, welcher uns am
Lande festhielt, und so trieben wir in Kreisdrehungen unseres
Fahrzeugs, gepeitscht von dem niedersausenden Regen, in den
San Juan zurück, blutend, zerrissen, die Marineros betend,
wir fluchend.

Zum Glück ging die Sonne bald nachher auf und erlaubte uns, die Havarie bestmöglichst auszubessern und das
Wasser auszuschöpfen. Unsere Kleider — denn wir waren
bis auf die Knochen durchnäßt — zogen wir aus und
trockneten sie an der Sonne, während wir ad interim in
Vater Adams Fashion blieben. Diese Thorheit sollten wir
jedoch bald schmerzlich genug bedauern, denn unsere zarte,
weiße Haut färbte sich in der Sonne bald rosenroth, und am
ganzen Körper bildeten sich Blasen, wie nach einem Cantha-
ridenpflaster. Wir litten fürchterlich und nahmen wol
zehnmal an diesem Tage ein Bad, um unsere Brandstellen
zu kühlen, schmierten uns mit dem Oel aus unseren Sar-
dinenbüchsen ein, rieben uns mit Citronensaft, stöhnten nach
Herzenslust und ließen kein Palliativmittel unversucht. Zuletzt
linderte — — eine tüchtige Portion englischen Salzes
unsere Schmerzen.

Bei genauerer Revision ergab sich, daß die Hälfte unserer Vorräthe durch die Nässe verdorben war, und als wir
versuchten, dieselben an der Sonne zu trocknen, wimmelte
unser Reis und Schiffszwieback und unser Zucker von Tausenden kleiner schwarzer Käfer. — Fahre zum Teufel, Zartgefühl! —

Wir kochten gleichwohl unsern Kaffee, warfen den lebendigen Zucker hinein und schöpften die auf die Oberfläche
kommenden Insecten und Käfer ab. Nun, es geht vieles
in der Welt, wenn man will, und alles, wenn man
muß. — —

Der fünfte Tag brachte uns durch den Raudal de Machuca, die erste der Stromschnellen, von denen die wenigen hierher verirrten Touristen so abenteuerliche Schilderungen gemacht, ja in ihrer überreizten Phantasie oder in ihren Fieberdelirien dieselben für Wasserfälle gehalten haben.

In Wahrheit sind diese Rapids nichts als mehr oder minder schwierig zu passirende Untiefen, wo Klippen von Hornblendschiefer durch den Fluß setzen und die Brandung nicht sehr viel stärker ist als in unserem Köhlbrand auf der Elbe. Die Marineros plärrten einen beliebigen Heiligen an, griffen zu den Rudern und arbeiteten kreischend und Carajo schreiend durch das plätschernde Wasser. Von wirklicher Lebensgefahr konnte ich keine Spur entdecken, trotzdem der Wasserstand der Art war, daß er die Brandung aufs höchste gesteigert hatte. Mitten in der Strömung lag ein gestrandeter Flußdampfer, an dessen Bug sich bereits eine Masse Schlammerde festgesetzt hatte, aus welchem auch schon eine üppige Vegetation von schlingendem Strauchwerk hervorgeschossen war und das Fahrzeug mit Laub und Blüten fast zur Hälfte bedeckte. Es glich in der Ferne einem Schiff in dem Blumenkorb eines Riesen, und nahm sich als civilisirte Ruine malerisch genug aus in dieser Waldwildniß.

Der sechste Tag unserer Reise, an welchem der zweite Rapid (de los Valos y Mico) passirt wurde, brachte uns nach Castillo Viejo.

Von unseren Fährleuten hatte ich gehört, daß hier ein ejercito nicaraguense, eine Armee, aufgestellt wäre gegen die Ingleses, und ferner, daß eine Commandantur daselbst sei. Castillo Viejo ist die erste Station auf dem Transit des Isthmus. Die Reisenden sind genöthigt, hier eine Strecke zu Lande zu gehen, um oberhalb der für große Fahrzeuge unpassirbaren Stromschnelle ein anderes Dampfboot zu besteigen. Die Landespirogueu dagegen werden durch die Strömung gezogen und es ist diese Arbeit ein Nebenverdienst der tapferen nicaraguenser Vaterlandsvertheidiger. Mir klangen nach sechstägigen Strapazen die Worte Commandantur, Station 2c. wie Musik in die Ohren und ich machte möglichst sorgfältige Toilette, um meinen ministeriellen und diplomatischen Empfehlungen Ehre zu machen. Das Cabinet von St. James konnte es einem kosmopolitischen Deutschen doch nicht übel vermerken, wenn er von seinem Feinde (von welchem man in Großbritanien wol gar keine Ahnung hatte) Höflichkeiten entgegennahm!

Eine Reihe hölzerner Barracken und Palmhütten, im Hintergrund auf einem Hügel die Ruine eines alten Forts, dessen Besatzung aus Eulen, Fledermäusen und Eidechsen bestand, bildete den Ort, der mit Recht seinen Namen Castillo Viejo führte, und welcher eben so gut für eine Niederlassung wilder Indianer gelten konnte, als einen Sammelplatz civilisirter Communicationsthätigkeit und militärischer Machtentfaltung. Ich sah mir die Augen aus dem Kopf nach dem Militär, sehnsüchtiger als ein Hamburger Kleinmädchen nach zweierlei Tuch. Aber ich sah nichts als träge, wankende, dunkelbraune Gestalten, halb nackt die einen, die meisten ganz nackt. Als wir uns dem Lande näherten, wiesen sich diese Unglücklichen mit verbundenen Köpfen allerdings als Soldaten aus. Ja, sie waren wirklich uniformirt. Ein Tuch um den Kopf oder ein Strohhut auf demselben, ein Rosenkranz um den Hals und über die Schultern, an haarigen Kuhfellstriemen, und eine Art Patrontasche machten die Tenue dieser Krieger aus. Einige trugen Schwimmhosen. Ich glaube, das waren die Sergeanten. Ein paar Indianer hatten sogar wirkliche, vom Schneider gemachte Hosen an, und zwei hatten sich selbst bis zu einer Lastingjacke verstiegen, deren Farbe uns jedoch ein Geheimniß blieb. Der große, mit rothem Tuch umwickelte Cavalleriesäbel an ihrer Seite, der mit

Stricken an die Hüfte befestigt war, verrieth einen höheren Rang. Das waren die tenientes, capitanos, coronels und dergleichen.

Nachdem wir uns am Lande in dem Boardinghaus eines Landsmannes (ich glaube, er hieß Wiener und war sogar aus Hamburg) ein wenig restaurirt hatten, näherten sich uns einige Tapfere und verlangten zwei Dollars Transitgeld per Kopf von uns. Als Einwanderer waren wir von diesem Zoll befreit und weigerten uns selbstverständlich, dem Ansinnen Genüge zu leisten. Mein Reisegefährte fluchte auf englisch, ich warf den Kerlen all mein Spanisch an den Kopf. Zuletzt entstand eine Art von Aufruhr. Ich fand unter den Wilden ein behoftes Individuum heraus, dem ich mit meinen Empfehlungen an den Kriegsminister zu imponiren gedachte. Leider konnte der tapfere capitan gewiß besser laufen als lesen, denn er nahm das Blatt verkehrt und gab es mir mit einem „Si señor!" und der Aufforderung, mich auf die Commandancia zu verfügen, zurück. Mir jedes Gefolge durch eine ausdrucksvolle Pantomime meines Messers verbittend, stiefelte ich los, die Commandantur suchend, welche ja meiner Lebensanschauung nach das stattlichste Gebäude sein mußte. Ich war ungefähr zehn Minuten lang der Richtung meiner Nase gefolgt, als ich vor dem Walde stand und nicht weiter konnte. Verdutzt blickte ich um mich. — „La commandancia?" fragte ich ein kleines nacktes Mädchen. Das Kind wies mich nach der letzten, allermiserabelsten Schilfhütte. Ich fand hier in einer Hängematte, unter welcher sich muntere Ferkel tummelten, einen alten wolligen Graukopf halb nackt liegen und schnarchen, den ich für irgend einen Diener hielt und unsanft aus dem Schlafe rüttelte. Auf meine Frage nach dem Herrn Commandanten sprang das Individuum, welches dem Zwillingsbruder eines Orang-Utangs nicht unähnlich sah, auf die Beine und sprach:

Soy yo, à la disposicion de V.

Ich hätte, trotz meines caduquen Zustandes, dem homo simia ins Gesicht lachen mögen, bezwang mich indessen und brachte meine Beschwerde, auf mein Recht, und mehr noch, auf meine ministeriellen Empfehlungen pochend, in wohlgesetzter englischer Sprache vor.

Coronel Muñoz ließ mich ruhig ausreden und eröffnete mir dann, daß er der englischen Sprache nicht mächtig sei.

— Mit dem Französischen ging es um kein Haar besser und so blieb nichts übrig als mein Heil mit dem Spanischen zu versuchen, welches ich mir in der kurzen Zeit selbst fabricirt hatte. Der Coronel sagte bei jedem dritten Wort Si señor, verstand aber keine Silbe des Idioms, mit dem ich ihn regalirte. Ich gab ihm in seiner Antwort die „Si señor" mit Zeichen zurück. Zuletzt fragte er mich, auf meinen Hirschfänger deutend:

„Militär?"

„Ja wol," erwiderte ich, „Officier in französischen Diensten."

„No me lo vende?" (Verkaufen Sie ihn mir nicht?) versetzte der Krieger schmunzelnd, zum zweiten mal lüstern nach meinem Hirschfänger zeigend. „Le doy dos pesos," (Ich gebe Ihnen 2 Thaler dafür.)

Der Obrist glaubte auf diese Weise mich prellen zu können, und mir blieb nichts übrig als den Rückzug anzutreten und meinem Reisegefährten, welcher inzwischen bei dem Gepäck geblieben war, Bericht abzustatten.

Doch wir sollten nicht so leichten Kaufes davon kommen. Der Patron unseres Bongo machte gemeinsame Sache mit den Kriegern und die wilde Bande verlangte mit lautem Geschrei Geld. Ohne die Dazwischenkunft eines Amerikaners, der uns in eindringlichen Worten das Schmachvolle unseres Betragens vordemonstrirte, wenn wir den damned greasers nachgäben, würden wir uns ranzionirt haben. Als nun aber **das Heer** mir den Weg zum Bongo versperrte, stellte ich mich dos-à-dos mit dem Amerikaner, und wir erzwangen den Durchgang, den Revolver in der Hand, bei dessen Anblick die Bande rechts und links auseinander stob.

Man muß sich übrigens, um eine Handlung zu begreifen, welche im Grunde eine Narrheit war, in unsere Lage versetzen können. Halb ausgehungert, nervös irritirt durch sechstägige Leiden von Mosquiten, desperat geworden durch die Trägheit der schmutzigen Race, von deren Schlendrian wir abhingen, und jetzt im frischestem Uebermuth der Verdauung einer lang entbehrten besseren Kost am Lande, hatte sich unser eine Stimmung des Leichtsinns bemächtigt, der die Gelegenheit, diesen Wilden die Zähne zu weisen, wie eine Wollust vorkam; mit einem Wort, wir fühlten etwas von dem Uebermuth amerikanischer Prairiemänner und Hinterwäldler in uns, und der Kitzel wollte befriedigt sein! Der Yankee, unsere sauve garde, gesellte sich zu uns, und wirthschaftete tapfer bei unserer Vertheidigung und noch tapferer bei unseren Branntweinflaschen mit. Am Lande heulten und schrien die **Truppen** und sprangen wie die Affen umher, sobald jedoch der Lauf einer unserer Pistolen sich erhob, stob die Bande aus dem Bereich unserer Geschosse. Zuletzt legten sich einige Deutsche ins Mittel, bahnten sich mit kaltblütig applicirten Rippenstößen durch die Massen und brachten den Commandanten herbei, der, um wenigstens etwas zu thun, einen Stempel auf unsere Empfehlungsbriefe drückte und uns höflich salutirte. Fünf Minuten später war aller Groll vergessen. Die Officiere baten um Erlaubniß näher zu kommen, baten um einen Schnaps und nahmen zwei, und erzählten uns mit kindlicher Naivetät, daß wir Fremden zwar muy valiente seien, daß aber vor einem Monat, als in Folge eines Streites 11 amerikanische Matrosen sich des Cuartels (Kaserne) von Granada bemächtigt hätten, dieselben am folgenden Tage dennoch gebunden aus der Stadt gebracht worden wären.

„Hombres muy malos!" ergänzte der Officier; „Die Amerikaner waren so betrunken, als wir sie gefangen nahmen, daß keiner von ihnen stehen konnte." *)

Bald darauf spannte sich das halbe Observationscorps gegen England an einen Strick und zog unser Fahrzeug durch die Stromschnelle in ruhigeres Fahrwasser. Unsere Marineros griffen zu den Rudern, und mit gegenseitigem Jauchzen und Schreien krochen wir weiter in die Wildniß hinein.

Nach einer Fahrt, welche uns allerhöchstens eine Viertelstunde von Castillo viejo entfernt hatte, ging der Steinanker jedoch schon wieder nieder. Mein Reisegefährte und ich sahen uns verdutzt an. Wir fingen an ernstlich besorgt zu werden, denn da die Sonne noch am Himmel stand, und wir leicht noch einige Meilen hätten fahren können, so kam uns das Bivouac in dieser Nähe des Platzes, wo wir dem Kriegsheer der Republik eine moralische Schlacht geliefert hatten, verdächtig vor. Nous verrons!

Von jetzt an sollten unsere Leiden beginnen; alles Vorangegangene schien nur ein Vorgeschmack gewesen zu sein. Als wir uns anschickten unsere Abendmahlzeit zu verzehren, fanden wir unsere sämtlichen Vorräthe verdorben. Ein Kessel voll kaltgewordenen, am Morgen gekochten Reis, den wir mit Essig und Oel angemacht, mit spanischem Pfeffer

---

*) Mit 79 Mann Vagabunden hat der Freibeuter Walker im Jahre 1856 bei Rivas in 5 Minuten 500 Nicaraguenser in die Flucht geschlagen und ihnen 2 Kanonen abgenommen.   D. V.

gewürzt und mit Sardines vermischt zu einem schmackhaften Salat (ich habe diese Erfindung Salade de Bongo genannt) verwandelt hatten, und zwei Büchsen Sardines war alles, alles, was von unserm Proviant noch zu gebrauchen war. Der rohe Zucker, den wir von Greytown mitgenommen, war durch die Feuchtigkeit zu Mus geschmolzen und bildete mit den bereits erwähnten Thierchen einen braunschwarzen Insectenbrei. Die Blechkisten, in denen sich der Vorrath an trockenem Reis und Schiffszwieback befand, waren mit Schimmel überzogen, und Hunderttausende von Thierchen, Käferchen und Maden kribbelten und wimmelten darin. Was beginnen? Wir mußten den Reis über Bord werfen, wir suchten unter den Schiffszwiebacken die besseren heraus, wuschen sie im Fluß, und legten sie samt unsern zwei Büchsen Sardines in ein Blechgefäß, welches wir in einen größern, halb mit Wasser gefüllten Behälter stellten, um es auf dieser improvisirten Insel gegen weiteres Ungeziefer zu schützen. Zwanzig Zwiebacke und zwei Büchsen à 12 Stück Sardines, und zwei Menschen, welche jetzt etwas über den dritten Theil des Weges ihrer Reise zurückgelegt hatten! Zum Glück war der Nicaraguasee nicht mehr allzuweit, und man hatte uns gesegt, daß wir uns dort der Segel würden bedienen können.

Die Nacht, welche diesem Tage folgte, war eine der schrecklichsten, die ich je erlebt. Myriadenweise fielen nach eingetretener Dunkelheit die Mosquiten und Sanscuden über uns her. Um nicht mit jeder Lungenbewegung diese Thiere einzuathmen, mußten wir den Mund mit einem Tuch verbinden. Doch wäre es nur hierbei geblieben! — Während unser Bongo am Ufer bei Castillo viejo lag, waren Unmassen von kleinen schwarzen Ameisen an Bord gekommen, deren feiner, ätzender Biß jedesmal ein kleines Brandbläschen erzeugte. In ganzen Schaaren marschirten diese laufenden Peiniger an unsern Beinen herauf, während die geflügelte Armee des

Feindes uns von oben attakirte. Was der menschliche Geist erfinden konnte, um uns zu schützen, wurde in Anwendung gebracht. Aber was konnten wir thun, in einem Raum, wo wir weder stehen, noch sitzen, noch liegen konnten! Die Qualen wurden zuletzt so intensiv, daß ich — schon halb delirirend — meine großen Wasserstiefel anzog, in dem Wahn, diese könnten die armen Beine meines armen Leichnams wenigstens gegen die Ameisen sichern. Kaum aber hatte ich den Fuß unten in den einen Stiefel gesteckt, als ich an den Zehen einen scharfen Kniff verspürte, und dem rasch zurückgezogenen Fuße folgten ein paar große Ratten, die sich pfeilschnell unter unser Gepäck flüchteten. Und, als hätten sich alle ekelhaften Geschöpfe aus der Arche Noah ein Rendevous gegeben, zappelten gleichzeitig über meine Hände vier bis fünf der scheußlichsten Spinnen.

Nun, die bissen und stachen wenigstens nicht! Dagegen stellten sich in höchst zudringlicher Weise jene großen Waldfledermäuse ein und flatterten sogar häufig bis in die Chopa hinein. Mehr als einmal standen wir im Begriff, uns mit den Kleidern in den Fluß zu werfen, um wenigstens auf Augenblicke den Qualen zu entgehen, aber auch hier plätscherten die Alligatoren uns ein warnendes „Zurück!" entgegen. Und dabei glänzte wie das reinste Silber der Halbmond am tiefblauen Himmel, das Schilf und die Lianen am Ufer wiegten sich in feenhafter Grazie auf dem Wasser, und in den Fächern der Palmen flüsterte es wie Scheherazada, wenn sie ihrem blutigen Sultan liebliche Märchen erzählt. Der Wald hatte gleichfalls sein Concert angestimmt, diesmal von den unterirdischen Retumbos eines fernen Vulkans begleitet. Der Kongo brüllte, die Tiger heulten in der Nähe, die Cicaden schmetterten mit vollster Kraft.

„O! mein ganzes Hab und Gut gäbe ich für ein gutes Nachtlager!" stöhnte J—y.

„Stellen Sie einen Tiger vor die Thür eines guten Schlafzimmers, und verd— will ich sein, wenn ich mir mit dem Messer nicht den Eingang erzwinge!" rief ich.

Ich übertreibe nicht. Ich wäre einer solchen That nicht nur fähig gewesen, sondern ich hätte den Freund genannt, der mir die Gelegenheit gegeben hätte, meiner Desparation in dieser Weise Luft zu machen. Denn statt resignirt von vornherein auf den Schlaf Verzicht zu leisten, und die Entrichtung des Tributs der Natur auf den folgenden Morgen zu verschieben, wollten wir schlafen, und glaubten durch kindisches Wüthen die Dinge ändern zu können.

„Das Beste wird sein, wir besaufen uns," meinte J—h, und griff nach den Flaschen.

Sie waren uns in Castillo viejo, vermuthlich durch einen Officier, gestohlen!

So kroch eine Stunde nach der andern dahin. Gegen Mitternacht — meine Uhr war stehen geblieben und ich rechnete die Zeit nach dem Stand des Mondes — kroch auf einmal einer unserer Marineros leise und vorsichtig auf dem Bauch in unsere Chopa. Im nächsten Augenblick waren auch schon unsere Messer aus dem Gürtel, und während J—h sich auf den nackten Kerl warf und ihm die scharfe Klinge an die Gurgel setzte, spannte ich den Hahn meines Revolvers, um den ersten der übrigen Mannschaft niederzuschießen, der sich rühren würde. Denn die Nähe des Forts, bei welchem wir geankert hatten, das mit den Soldaten bestandene Abenteuer, alles gab uns die Ueberzeugung, daß uns ein Hinterhalt gelegt sei, und man sich rächen wolle wegen unseres Uebermuthes. Ein paar erschöpfte Europäer sind hier leicht abgekehlt, und die Alligatoren im Fluß sorgen schon dafür, daß man nicht als corpus delicti an einen bewohnten Strand treibt!

„Ay Señ—ooor! por el amor de Dii—os! —

no me mata!" (Ach! Herr! um Gotteswillen, tödten Sie mich nicht!) heulte es da aus der Chopa heraus. Die ganze Mannschaft sprang auf die Füße und schrie, noch halb im Schlafe, nach Hülfe. Und als wir uns einander endlich ver= ständlich machten, klärte es sich nicht nur auf, daß der eine Marinero, dessen Gurgel bereits dem Messer meines Reise= gefährten gewiß gewesen war, in der Chopa nur heimlich Schutz gegen die Saucaden hatte suchen wollen, sondern daß die übrigen der Meinung gewesen waren, man habe vom Fort aus Mannschaft ausgeschickt, um sie zu Soldaten zu pressen, wie das ein löblicher Gebrauch in dieser löblichen Republik sei. Die stupiden Bursche waren ob ihrer unbe= gründeten Angst so erfreut, daß sie unseres wohlgemeinten Mordversuchs auf ihren Kameraden nicht einmal mehr gedachten.

Die aufgehende Sonne beschien zwei Menschen, deren Körper die Blattern in vollster Blüte nicht ärger entstellt haben konnten, und bei meinem Reisegefährten stellte sich eine arge Dissenterie ein. Von unseren Marineros waren zwei gleichfalls erkrankt, darunter der Patron, und hatten das Fieber bekommen. Zum Glück war die letzte Stromschnelle passirt, der Rapid, dessen Nähe bei Castillo viejo der Grund gewesen war, weshalb wir am Abend zuvor nicht weiter gefahren waren.

Ich setzte mich jetzt selbst mit auf die Ruderbank und arbeitete einige Stunden lang wie ein Galeerensklave, bis der Fieberanfall der beiden krank gewordenen Marineros vor= über war. Denn in der Chopa stank es wie die Pest, und mein Gefährte ließ sich in dumpfer Resignation gehen, wie es der Himmel mit ihm beschlossen haben mochte. Wird man es glauben, es gab Augenblicke, in welchen ich dem ar= men Kerl den Tod wünschte, nicht etwa, damit er von seinen Leiden befreit würde, o nein! sondern in bestialischer Selbst= sucht, durch seine Abwesenheit eine Bequemlichkeit mehr zu haben. Zum Glück erholte er sich rasch wieder uud ich machte meinen Gedankenmord wieder gut, indem ich zu seinem Gunsten auf meinen Antheil an unserm spärlichen Mittagsmahl verzichtete, obgleich mich ein wüthender Hunger plagte.

Als wir gegen 1 Uhr anhielten, und unsere Marineros ihr Mahl zu bereiten sich anschickten, fehlten auch ihre Vorräthe. Es schoß mir durch den Kopf, daß ich wahrscheinlich in der Dämmerung des gestrigen Abends mit unserm verdorbenen Proviant auch den ihrigen ins Wasser geworfen hatte! Elf hungrige Menschen in der Wildniß! die Sachen gestalteten sich immer heiterer! Die Mehrzahl der Mannschaft stimmte für Zurückfahren nach Castillo Viejo, um neuen Inhalt für den geliebten Kochtopf zu holen, als eine ganze Schar graugelber Affen in den Zweigen der Uferbäume sichtbar wurde. Die Augen der Marineros strahlten. Der Patron ließ sich mein Gewehr geben, ging ans Land und verschwand im Dickicht. Inzwischen lärmte und schrie die geschwänzte Gesellschaft lustig weiter, grinste uns an, und als sie keine Feindseligkeiten unsererseits wahrnahm, kam der ganze Trupp bis auf eine halbe Pistolenschußweite uns nahe, und warf mit Zweigen nach uns. Ich konnte der Versuchung nicht länger widerstehen, mein Reisegefährte eben so wenig. Rasch ging der Lauf von zwei Revolvern gegen eine Aeffin, welche ein Junges auf dem Rücken trug, in die Höhe, und im nächsten Augenblicke krachten drei Schüsse zu gleicher Zeit. Das Thier sprang auf einen tiefliegenden Zweig, schwankte ein paarmal und fiel zur Erde, wo es der Patron, der den dritten Schuß aus dem Dickicht, nachdem er die Affen umgangen, abgefeuert hatte, sofort bei der Kehle packte. Der linke Hinterschenkel war furchtbar von Schrot zerrissen und der Knochen von einer Kugel zerschmettert; aus der rechten Seite strömte das Blut ebenfalls. Die töbtlich getroffene

Affenmutter hielt uns ihr Junges fast bittend entgegen, dann brach sie zusammen. Ein Machetenhieb trennte den Kopf vom Rumpfe und unsere Leute balgten den Körper ab und zerlegten das Fleisch. Mittlerweile aber hatte sich das junge Aeffchen, welches ich mit mir zu nehmen gedachte, meinen Armen entwunden und war ins Wasser gefallen. Eine Zeitlang trieb es, fürchterlich schreiend, oben, plötzlich ward der kleine Körper gewaltig hin und her gerissen und verschwand spurlos in der Tiefe. Gewiß hatte ein Alligator sich seiner erbarmt.

Der Affenmürbebraten wanderte in die heiße Asche, das Steertstück und die Keulen in den Kochtopf. So groß anfangs der Ekel vor dieser Speise auch bei uns sein mochte, so legten unsere Nasen doch bald bei unserm Gaumen ein gutes Wort ein. Denn in der That, der Brodem der Suppe und der Dampf des stark gepfefferten Roastfleisches war so einladend, daß wir bald eine theoretische Parallele zwischen der Ernährung des Affen und des Schweines zogen, welches mit der Praxis eines tapfern Zulangens nach Suppe und Braten endigte. Erstere ähnelte einer kräftigen Hühnerbouillon, letzterer schmeckte fast wie Ziegenfleisch. Der scharfe Chile (spanischer Pfeffer), dessen ganze, hier genau kirschenförmige Frucht, mit dem Fleische auskochte, that ein übriges, und wir gestanden, daß, wenn das Mahl auch nicht verdiente auf der Speisekarte eines Pariser Restaurants zu stehen, es doch besser sei, einen Affen im Leibe als auf den Bäumen zu haben, besonders, wenn der Magen wie ein wüthender Kettenhund bellt. Und im Grunde auch, — wenn man einmal satt ist, so liegt wenig daran, was man gegessen hat.

Zum Dessert erhielten wir Besuch von zwei Indianern. Und das waren nicht bloß der Race, sondern auch der Sprache und den Gewohnheiten nach wirkliche Indianer. Vom linken Ufer kam nämlich ein kleines Kanoe auf uns

zugerudert, in welchem zwei Waldbewohner aus Chontales, der nicaraguenser Provinz, welche sich am linken Seeufer bis in die Wälder, gegenüber Castillo viejo, erstreckt, sichtbar waren. Die Leutchen sprachen kein Wort spanisch, waren auf dem Sattel der Nase, auf der Stirn und den scharf hervortretenden Backenknochen rothbraun bemalt. Dickes, schwarzes Haar hing straff an beiden Seiten bis fast auf die Schultern hernieder. Das Auge, dunkel und voller Gut=
müthigkeit, und nicht so klebrig triefend wie das unserer Zambos, ruhte neugierig auf unseren Siebensachen, und als sie unserer Waffen ansichtig wurden, gaben sie uns durch Zeichen zu verstehen, wir möchten ihnen Pulver und Schrot schenken, was uns einigermaßen verwunderte, da wir in dem Kanoe keine Schußwaffe entdecken konnten. Wir tauschten eine Handvoll Munition gegen einige Papayos, Bananen und Platanen aus; das Kanoe entfernte sich wieder und war bald in einem Creek am andern Ufer im Gebüsch verschwunden.

„Muy buena gente!" (Sehr gute Leute!) erläuterte der Patron.

Wir hätten uns auch vor wilden Indianern bei unserm dermaligen hinfälligen Leibeszustand schönstens bedankt!

Daß die siebente Nacht unserer Reise uns von Mos=
quiten verschont ließ, war ein Glück, und wir schöpften neuen Muth, als die Marineros uns sagten, von jetzt ab bis Granada würden wir nicht viel mehr von diesen Insecten zu leiden haben. Unserer Ameisen=Einquartierung hatten wir uns gleichfalls einigermaßen entledigt, indem wir den ganzen langen lieben Tag damit verbrachten, Zucker auf ein Brett zu streuen, und sobald sich ein dichter Haufen Ameisen gesam=
melt hatte, das Holz rasch ins Wasser tauchten. Desto wil=
der waren dagegen Nachts die Ratten, die aus Mangel an Nahrung sich keinen Augenblick ruhig verhielten und, mit ihren scharfen Zähnen Kisten und Kasten benagend, ein

unausstehliches Geräusch verursachten. Doch am folgenden Morgen waren wir ja in St. Carlos, am Ausfluß des San Juans aus dem Nicaraguasee. Hier war die Aduana, das Hauptzollamt des Staates, und unser Fahrzeug mußte ausgeladen und die Waaren visitirt und verzollt werden.

Dort mußten auch Menschen wohnen. Wenn die Regierung wenig Sorgfalt auf die Truppen wendet, die ihr Geld kosten, so wird ihr Zollwesen, welches den ganzen Staat erhält, sicher besser bestellt sein. Folgerung: wir nahen uns dem Eingang in civilisirte Gegenden, wir können uns pflegen, erholen und mittheilen.

Ich lag noch in süßem Morgenschlummer, die wollene Decke leicht über die Schultern geworfen, und träumte, ich gäbe meinen Freunden in Hamburg ein Diner, bei welchem ein wohlgespickter Affenrücken den Hauptgang bildete, als ein jubelndes Aufschreien unserer Mannschaft mich weckte. Ein „Hupp-ah!" folgte dem andern. Ich blickte auf, und auch meiner Brust entstieg ein leiser bewundernder Ruf des Staunens. Der Urwald lag hinter uns, vor uns dehnte sich in nordwestlicher Richtung bis an den Horizont aufsteigend, der majestätische lachende See von Nicaragua aus, in welchen wir soeben mit vollen Ruderschlägen hineinfuhren. Er glich einem großen Golf, auf welchen man wie in die offene See hinausblickt. Das rechte, wie linke Ufer ist, soweit das Auge reichen kann, mit sanft aufsteigenden Hügelreihen begrenzt, hinter welchen auf dem linken (Chontales) Ufer eine bläuliche Gebirgskette aus dem Innern von Mosquitia hervorragt. Nach Westen zu sieht man einen kleinen Archipelagus zum Theil vulkanischer Inselchen, die Islas de Solentinamo, und nach Südwesten blickt man hinauf zu den konischen Vulcanen von Guanacaste, einer Provinz Costarica's, deren Besitz Nicaragua für sich beansprucht. Mitten aus dem weiten Wasserspiegel steigt, gleich zwei regelmäßigen Pyramiden, bis zu einer Höhe von 5000 Fuß, die durch zwei erloschene Vulcane gebildete Insel Omotepec empor, und in weitester Ferne ragt ein anderer vulcanischer schlanker Kegel von derselben Höhe, die Insel Zapatera, in die Höhe.

Der Totaleindruck wirkte, vielleicht seiner Eigenthümlichkeit wegen, dennoch nicht so imponirend auf mich ein, als ich es vielleicht erwartet hatte. Eine so ungeheure Wasserfläche ohne Leben und Treiben, ohne sichtbare Spuren von Cultur durch Häuser oder angebautes Land an den Ufern, ohne Schifffahrt, entbehrte des Contrastes, der die romantischen Seen der Schweiz so sehr auszeichnet. Es herrschte hier eine weiche paradiesische Lieblichkeit, die den aufstrebenden, bis an den Krater bewaldeten Feuerbergen einen, ich möchte sagen todten Charakter verlieh, ohne ihnen durch pittoreske Conturen, durch zackige Formationen einen Gegensatz zu dem weichen Ton der Landschaft zu verleihen. Es glich das ganze Bild einem einsamen plastischen Lächeln der Natur, das man betrachten muß in großer, zahlreicher Reisegesellschaft, um es recht genießen zu können, weil man dann die Gegensätze an Menschen dicht bei sich hat, die uns die Natur hier vorenthält. Es war eine zu weitläufige Erhabenheit, das ganze Bild; es rief ein Gefühl des Staunens hervor, aber es erwärmte den müden Reisenden nicht, welcher volle acht Tage die Größe des Urwaldes genossen, alle seine großen und kleinen Leiden durchlebt hat. Und soll ich mein wahres Gefühl schildern beim Anblick dieses herrlichen See's? — Ich hatte in dem Fluß den Arm gesehen, der seine Hand meinem theuren Meer reichte; ich sah in dem See eine herzlose Brust. Ich fühlte mich jetzt erst wirklich der Heimat vollständig entrissen, und das Todte, Oede, mitten in dem grünen und blumigen Leben der Natur, die Abwesenheit eines großartigen Zweckes bei diesem großartigen Mittel, d. h. der

Mangel an Cultur, wo alle Bedingungen zu einer solchen mir auf den ersten flüchtigen Blick in die Augen sprangen, hemmten den Ausbruch des Enthusiasmus, nachdem ich den schuldigen Tribut des Staunens entrichtet hatte.

Wir fuhren an der Mündung des Rio frio, eines Flusses, der sich, aus Costarica kommend, hier in den See ergießt, vorüber, dem Ort San Carlos zu. — Neue Enttäuschung! — Am Ufer standen einige zwanzig der allermiserabelsten Schilfhütten. Eine Anzahl langer Knüppel, möglichst dicht neben einander in die Erde gerammt und oben und unten durch Geflecht mit einander verbunden, eine Oeffnung zum Ein- und Ausgehen, und das Ganze mit einem Palmdach bedeckt, das waren die Behausungen der Bewohner, der Fußboden die liebe Mutter Erde, das Bett eine Hängematte aus einer Kuhhaut, oder eine Kuhhaut, auf einer Bank liegend. Der Feuerherd ein Haufen Steine. So wie jedes Mobiliar fehlte, was für einen Namen es haben mochte, so waren die Häuser auch ohne irgend welche Zuthat an Eisen errichtet. Kein eiserner Nagel verband die Balken, kein eiserner Riegel verschloß die Thür, der Kochtopf und die Machete waren die einzigen Gegenstände, welche zeigten, daß die Bewohner überhaupt wußten, daß es ein solches Metall gebe. Der ganze ungetheilte Raum dieser Hütten diente als Wohn- und Schlafzimmer, Küche und gelegentlich zugleich als Viehstall.

Wie in Castillo viejo nach der Commandantur, so strengte ich hier meine Sehnerven an, um das Custom house zu entdecken. Unser Fahrzeug lag längst festgebunden an die Pfähle eines ins Wasser hineingebauten, nach allen Seiten hin offenen Schuppens, als ich noch immer nach dem Zollgebäude spähte. Da nahte sich ein langes Individuum mit gelbem Teint, gebogener Adlernase, unter welcher sich ein dichter Schnurrbart breit machte, und verschmitzt rollenden

Augen, und ersuchte uns „Caballeros" auszusteigen. Der Mann konnte seinem Aeußern nach als das Prototyp eines Salteador (Straßenräubers) gelten, welches Urbild durch die Tracht, eine graue Sergejacke mit Franjen, dito Beinkleid, Stiefeln — ja wohl, Stiefeln! es war el primero Nicaraguense calzado (beschuhte), den ich sah — von gelbem ungegerbtem Leder, und einen Karabiner, den er wie einen Spazierstock handhabte, noch vervollständigt wurde. Wir waren wirklich an Ort und Stelle, der Mann mit den gelben Stiefeln, dieser neuspanische Fra Diavolo, war ein Guardia (Zollwächter) und der hundsjämmerliche Schuppen — die Aduana der Republik Nicaragua! —

Als Fra Diavolo von unserm Patron hörte, ich wäre ein official frances (Reminiscenz von Castillo viejo) und muy valiente, begrüßte er in mir einen Kameraden und versicherte mir, der Präsident Pineda würde hoch erfreut sein, wenn ich ins ejercito eintreten wollte. Zugleich führte er mich zum Administrator general, der in einer Art Bretterverschlag des Schuppens wohnte, allwo ein elegantes Bett mit mousselinenen Mosquitovorhängen stand, auf welchem ein junger, ziemlich weißer Mann Siesta hielt, der mir als Señor Don Fernando Rivas vorgestellt wurde. Don Fernando sprach ziemlich geläufig französisch und war ein Mann, so unterrichtet, wie ich bereits verzweifelt hatte, einen in diesem Lande zu finden. Ich schrieb denn auch in mein Tagebuch: „13. Novbr. 1852, Fort San Carlos: Einen Menschen entdeckt."

Don Fernando schien nicht minder erfreut zu sein, auch in mir einen Menschen entdeckt zu haben, und zeigte mir die Merkwürdigkeiten des Ortes, welche in den Ueberbleibseln der Ruine eines ehemaligen Castells, einem in dem Sand verschlammten Lauf einer alten spanischen Kanone und einem Deutschen bestand, der sein Dasein zwischen Fieber- und

Branntweins-Delirien hier zu beschließen im Begriff schien. Während wir, frisches Zuckerrohr kauend, auf und ab schlenderten, und ich mit Würgen ein Stück von der mir offerirten galgenholzzähen und nach Asche stinkenden Maistortille herunterbrachte, waren die Guardias wie Aasgeier über die Ladung des Bongos hergefallen, beschnüffelten, beleckten, kosteten alles und wogen die Collis. Der Patron lag unterdessen auf dem Boden und klapperte mit den Zähnen einen Fieberanfall durch, und zwei Schritte davon saß mein Reisegefährte im Wasser, der infernalischen Mittagssonne durch ein Bad Trotz bietend. Ich folgte seinem Beispiel.

Unser Gepäck wurde gar nicht durchsucht, dagegen wollten die Herrschaften meinen Daguerreotypapparat kennen lernen und baten mich dringend, ihr Bild aufzunehmen, ein Liebesdienst, den ich mich hoch und theuer verschwor in Granada zu erfüllen, sobald sie dort hinkommen würden. Fra Diavolo drohte denn auch mit einem Besuch in den nächsten 14 Tagen in der Capital (Hauptstadt), und ich rettete meine armen Chemicalien diesmal glücklich aus den Händen der Zöllner.

Während die Marineros lange schiefe und krumme Knüppel als Mastbäume für die Segel im Bongo anbrachten, und die Ladung aufs neue, und zwar bequemer für uns, feststauten, suchte ich nach Proviant für die Weiterreise, konnte aber in dem ganzen Nest buchstäblich nichts bekommen als ein paar Platanen. Ein Misverständniß machte, daß mir auch diese entgingen. Ich fragte nämlich, an einer Hütte vorübergehend, vor welcher eine Corona dieser herrlichen Frucht hing, ob dieselben zu verkaufen seien.

„Como no!" lautete die Antwort. („Warum nicht!")
Da ich Aermster aber diesen Provincialismus mir durch das französische que non übersetzte, so ging ich weiter und verwünschte,

in anderen Hütten dieselbe Antwort erhaltend, die Ungastlichkeit dieser Wilden.

Ehe wir abfuhren, wog ich mich auf der Zoll=Wage. In Greytown, wo ich auf den scherzhaften Rath des alten Franzosen Sigaud dieselbe Procedur vorgenommen hatte, wog ich 135 Pfund spanisch Gewicht. Nach achttägiger Reise stellte sich an meinem Körper ein Gewichtsverlust von 11 Pfund heraus, wenn anders die dicken Steine, welche (die eisernen Gewichte waren der Zollbehörde gestohlen) hier auf die Schale gelegt wurden, richtig waren.

Es mag hier wohl am Orte sein, noch einen Rückblick auf den San Juan=Fluß zu werfen. Selbstverständlich machte ich meine Reise nicht bloß mit dem neugierigen Auge des Touristen, sondern brachte meine Notizen zu Papier, peilte die Tiefe des Fahrwassers, wo es anging, nahm die Ufercharaktere auf, und vervollständigte meine Aufzeichnungen mit den dürftigen Erklärungen, die ich von den Marineros erhalten konnte.

Das Versandungssystem ist den ganzen Fluß hinauf ein und dasselbe und die Bildung der zahlreichen Inseln konnte ich in allen Abstufungen beobachten. Es setzt sich nämlich fast immer zuerst ein losgerissener Baumstamm an einer seichteren Stelle fest und bleibt, durch die Strömung in das Flußbett hineingewühlt, stecken. Angespülter Schlamm, mit Strauchwerk untermischt, bildet eine erdige Masse, aus welcher bald eine üppige Vegetation hervorschießt, und jede neue Staude verstärkt und vermehrt die Dammerde. Nach Aussage der Eingebornen verändern diese Inseln häufig nicht nur ihre Form, sondern die kleineren werden oft bei hohem Wasser gänzlich wieder durch die Strömung zerstört. Die Breite des Flusses variirt bis zum Colorado von 1000 bis 1200 Fuß. Das Terrain ist fast durchweg sumpfig zu beiden Seiten. Schilf, Sumpfgräser und Manglares bilden die vorherrschende Vegetation. Das Fahrwasser ist ungemein verschieden. Mein Senkloth zeigte Stellen von nicht mehr als 6 Fuß, und oberhalb einer kleinen Insel (Rosario) dagegen fast 36 Fuß. Beim Juanillo ist das Fahrwasser am linken Ufer so seicht, daß die Marineros, im Wasser watend, den Bongo fortschieben mußten.

Vom Colorado aufwärts werden die Ufer höher und sind dicht bewaldet. Die Königspalme erscheint häufig. Die Strömung beträgt hier ca. 100 Fuß pr. Minute. Die Tiefe fand ich bis zum Sarapiquí durchschnittlich 22 bis 30 Fuß, wenn unser Fahrzeug sich vom Ufer auf 50 Schritt entfernte. Vom Sarapiquí weiter nimmt die Landschaft einen mehr hügeligen Charakter an, namentlich steigt das rechte Ufer (Costarica) bedeutend. Der Sarapiquifluß ist der Verbindungsweg von Costarica nach dem atlantischen Ocean, wird aber, außer von dem Postboten und einigen zufälligen Reisenden, in mercantiler Beziehung, für Import und Export so gut wie gar nicht benutzt. Bei der Mündung des gleichfalls aus dem Innern von Costarica in den San Juan fließenden Rio San Carlos, erblickt man in der Ferne den 11,400 Fuß (engl.) hohen Vulcan von Carthago, der ehemaligen Hauptstadt jenes Staates. Die Flußtiefe fand ich bei häufig wiederholtem Auswerfen des Loths stets über 20 Fuß, einigemal traf ich bei 36 Fuß noch auf keinen Grund. (Meine Loth-Leine war leider nicht länger.) Der Strom beginnt hier enger zu werden, und ich schätze seine Breite auch nicht viel über 6—700 Fuß. Während die Strömung beim San Carlos ca. 100 Fuß pr. Minute beträgt, erreicht sie in dem ersten Rapid (Machuca) eine Schnelle von 5—600 Fuß pr. Minute. Im Castillo Rapid steigt sie sogar bis über 700 Fuß. Also noch lange keine Wasserfälle, wie die verbrannte Phantasie einiger Touristen behauptet hat.

Der Fahrcanal durch den Rapid (Fahrwasser 4—6 Fuß tief) ist eng und für die Flußsteamer nicht ohne Gefahr zu passiren. Die Breite des Flusses mag hier ebenfalls 700 Fuß betragen. Das linke Ufer ist höher als das rechte. Oberhalb Castillo viejo bis zum Fort San Carlos verengt sich der Strom bis zu 400 Fuß Breite. War die Strömung im (letzten) Rapid del Torro noch über 500 Fuß in der Minute, so ist sie in der Nähe des Ausflusses des Sees nur 50—60 Fuß. Wo der See aufhört, fand ich nur 12 Fuß Tiefe, wenige 100 Schritt abwärts im Flusse dagegen bereits 24 Fuß. Ein amerikanischer Capitän behauptete, der Ausfluß des Seewassers in den Fluß habe eine Barre noch im See selbst gebildet, welche er als das allerschwierigste Hinderniß der Canalisation betrachte; der See von Nicaragua sei einem, in eine Rinne sich ergießenden, überlaufenden Becken zu vergleichen. Ich war zu sehr körperlich heruntergekommen, um hier Messungen anzustellen.

Von allen Rapids ist der bei Castillo viejo der bedeutendste. Er ist gut eine halbe (englische) Meile lang und die Dampfschiffe dürfen sich selbst bei ganz hohem Wasserstand nicht ohne Gefahr durch die Klippen wagen. Hier war es auch, wo, der Sage nach, einst eine spanische Brigg, nachdem sie den Fluß hinaufgesegelt war, ihre Ladung in Granada gelöst hatte, bei der Rückfahrt das Fahrwasser durch eine vulcanische Bodenerhebung versperrt gefunden haben soll. Ich halte diese Historie, obgleich sie mir auch in Granada erzählt wurde, für sehr gewagt, denn abgesehen davon, daß von dem erwähnten Schiffe keine Rudera als Curiosität mehr vorhanden waren, scheint es mir, bei den unausgesetzten Krümmungen des Flusses, und dem Mangel an Wind eine Unmöglichkeit, ein Schiff von nur 100 Tons aufwärts zu bringen, und selbst die Anwendung von Rudern, wie auf den Galeeren, würde bei der damaligen mangelhaften Kenntniß des Fahrwassers kaum vorausgesetzt werden können. Baily erzählt in seinem Buch über Central=Amerika dieselbe Geschichte und bezieht sich sogar auf die Archive von Granada; ich habe leider in jener Stadt auch von Archiven nichts entdecken können.

Die Canalisation ist möglich, denn mit Geld ist in unserer Zeit alles möglich. Es steht hier, ganz abgesehen von allen Erhöhungen des Bodens, den Niveaus beider Oceane und des Nicaraguasees jedenfalls die wichtige Thatsache fest, daß zu allen Jahreszeiten genug Wasser vorhanden ist, um einen Canal unmittelbar zu speisen. Hindernisse und Schwierigkeiten, wie die Versandung der Mündung des S. Juans, die drohende Vergrößerung der Barre durch Losreißung eines Theils der Landzunge Punta=Arenas, die Klippen, welche die vier Rapids bieten, das Höherliegen des Sees um 120 Fuß über dem Niveau des Pacific u. s. w. können besiegt werden. Die Natur endlich selber hat den Plan zu einem Canal auf dem Isthmus von Nicaragua vorgezeichnet, denn von San Juan del Norte (Greytown) bis Virginy=Bay gelangt man zu Wasser, und von hier bis San Juan del Sur am stillen Ocean ist die tierra firma in gerader Linie nicht über 13 (engl.) Meilen breit; also die schmalste Stelle des ganzen Continents der westlichen Hemisphäre.

Wird aber das Unternehmen rentiren? — Bei allen bislang aufgestellten Projecten hat man sich die Sache sehr bequem gemacht. Man hat nach Lloyd's Liste die Zahl und den Tonnengehalt der alljährlich round the Horn gehenden Schiffe berechnet, und für die Passage durch den isthmischen Canal eine Durchschnittstonnage zur Verwerthung des Anlagecapitals angenommen. Aber man hat dabei ein wichtiges Moment in allen englischen, amerikanischen und französischen Aufstellungen vergessen, nämlich folgendes. Die beiden Haupthäfen der Westküste sind Valparaiso und San Francisco. Ein Schiff braucht vom Cap Landsend im

Canal bis Valparaiso in Durchschnittsreisen 90 Tage. Bis Greytown dauert die Fahrt mit dem günstigsten Passat immer 40—45 Tage. Während nun die Segelschiffe von Valparaiso bis zum Golf von Nicoya, Salinasbay und San Juan del Sur*) durchschnittlich in 19—25 Tagen laufen, nimmt die Reise von den genannten Punkten nach Valparaiso 5—6 Wochen Zeit in Anspruch, indem die Schiffe versegeln müssen, um den Strom an der Küste, und in manchen Jahreszeiten die Calms in der Nähe der Gallapagos-Inseln zu vermeiden.

Rechnen wir also:

Vom Canal bis Greytown	45 Tage.
Von Greytown bis San Juan del Sur unter den günstigsten Bedingungen und bei dem Aufenthalt durch nothwendige Kastenschleusen zwischen dem See und dem Pacific	3 „
Aufenthalt an der Ost- und Westküste zusammen nur	3 „
Von San Juan del Sur bis Valparaiso	40 „

so dauert die Reise per Canal nach Valparaiso 91 Tage.

Und somit fällt dieser bedeutende Hafen für die Ausfahrt bei den Aufstellungen gänzlich weg, und so lange die Westküste nicht bevölkerter ist, wird die Canalisation ein frommer Wunsch bleiben.

Endlich haben die Ingenieure die Frage vergessen nach den Arbeitskräften. Ein weißer Mann kann in diesen heißen und sumpfigen Niederungen keiner anhaltenden körperlichen Arbeit stehen; die Eingebornen von Nicaragua aber wollen nicht arbeiten; und seit die auf den Ruin der französischen und spanischen Colonien speculirende Philantropie (?) der Engländer der einzigen Race, welche durch Natur und Geschichte, die ökonomische Stellung der

---

*) Die projectirten Ausmündungspunkte des Canals am Pacific.

Arbeitskraft in ungesunden Gegenden auszufüllen, erhalten zu haben scheint, lieber in ihrer aethiopischen Heimath zur Ehre ihrer Fetische schlachten, als zum Wohle der Menschheit und der Cultur nützlich verwenden läßt, darf man auch nicht hoffen, daß unsern schwarzen Brüdern das Werk aufgebürdet werden kann, denn „Uncle Tom" ist heutzutage die national=öconomische Autorität civilisirter Völker, wenn sie von der Cultur des fernen, fernen, fernen Westens reden! — —

Vielleicht bleibt das große Werk, die Verbindung beider Oceane, einem genialen Filibustier des Nordens vorbehalten, der die träge Bevölkerung von Nicaragua mit den Waffen zu ihrem Glücke und zur Cultur zwingt, gerade so, wie alle Völker der alten Welt durch andere zur Cultur gezwungen worden sind, das sentimentale Deutschland obenan. — —

Eine dünne, feine Luftbewegung liebkoste die schlaff an den Knüppelmasten niederhängenden Segel, so daß unsere Abfahrt zugleich mit einem andern bei San Carlos ankernden Bongo eher dem Wettrennen zwischen Schnecken glich, als einer nur halbwegs anständigen Wasserfahrt. Die Ruder hatten Feierabend, denn hier gab es ja Winde, wenn sie auch augenblicklich abwesend waren, und so trieben wir, leicht gehoben durch den Swell des Seewassers, langsam in den weiten Spiegel hinaus. Die Marineros bildeten im goldenen Licht der goldenen Landschaft Gruppen à la Murillo. Sie saßen zu zwei auf dem Rande der Canoes und — suchten sich gewisse Insecten vom Kopfe!! — — Und ich gestehe, dieser Anblick bildete den Tusch im großen Concert unserer kleinen Leiden, und als mein Reisegefährte auch bei sich die Entdeckung von dem Dasein jenes Thierchens machte, welches alle 24 Stunden Großmutter wird, da hätte ich beten mögen um einen sibirischen Frost, um die

Reise nach Granada auf Schlittschuhen zurücklegen zu können. Die ganze Naturgeschichte, schien es, sollte ich practisch studiren. An Mosquiten, Ameisen und Käfer hatte ich mich gewöhnt, Spinnen mit Gleichmuth betrachtet, Ratten chambre garnie in meinen Stiefeln gegeben, Eidechsen und Fledermäuse waren mir familiär geworden, und Affen hatte ich gegessen. Bei dem allen konnte man ein reinlicher Mensch bleiben. Aber hier, mit Pediculus capitis und Haematopinus in einem Canoe, den langsamen, aber sichern Bewegungen dieses Feindes ausgesetzt, — das gab meinem Zartgefühl den Gnadenstoß, mir — der ich auf keine Barrikade gegangen wäre, ohne mir vorher die Hände zu waschen. Die Marineros waren weniger difficil; gerade und genau wie die Affen benahmen sie sich dabei und außerdem zeigte es sich, daß zwei dieser Kerle mit einer Krankheit behaftet waren, gegen welche ich, als ich um ein Remedio consultirt wurde, jedem ein Pfund Quecksilber verordnete, welches er in Granaba einnehmen sollte.

In einem kleinen Creek, La Boqueta, gingen wir vor Anker. Statt des Abendessens, schnallte ich den Gürtel um meinen Leib um ein Loch enger, trank einen halben Kessel voll Seewasser dazu, und legte mich quer der Breite des Fahrzeugs nach nieder, den Kopf auf die eine Brüstung gestützt, die Beine über die andere hinausstreckend. Es war abermals eine prachtvolle Nacht der Tropen. Gegen den Wind durch das Laubdach eines Mimosenbaumes geschützt, schweifte das Auge über die silberglänzende Fläche des Sees und ruhte in wonniger Beschaulichkeit an den fernen Vulcanen, an den beiden schlanken Pyramiden der Insel Omotepec, dem Vulcan gleichen Namens und dem mit ihm durch eine schmale Landzunge verbundenen Madera. Vereinzelt zirpten hier die Cicaden und vereinzelt, aber hellglänzend wie Brillanten, flogen die Leuchtkäfer durch die Luft. Kein Kongogebrüll, kein Tigergeschrei; eine fast majestätische Idylle ruhte auf der Landschaft, und nur ferne das Wetterleuchten, welches oben in den Cordilleren von Costarica die konischen Gipfel der Berge umspielte, zeigte das Transparent einer aufgeregten Natur, welche in den fernen Hochgebirgen zum Schluß der Regenzeit noch einmal ihre ganze Kraft entfaltete.

So war ich sanft eingeschlummert, als mich ein eiskaltes Gefühl am rechten Fuß aus dem Schlafe schreckte. Meine Muskeln waren im Schlummer erschlafft, und mein Bein nachlässig ins Wasser gefallen. Und kaum hatte ich Bein und Fuß ins Trockene gebracht, als ich dicht vor mir, mit Händen greifbar, in das grüngelbe Phosphorlicht eines der Augen eines Alligators starrte, welcher den löffelförmigen Rachen dicht an den Rand unseres Canoes gedrückt hielt, und unbeweglich wie ein Baumstamm, den wol 9 Fuß langen Körper von sich streckte. Der Schreck war groß, noch größer aber die Hast, mit welcher ich nach meinem Revolver griff. Das Thier lag unbeweglich. Ich konnte mit Muße gerade in die Augenhöhle hineinzielen, drückte ab, der Schuß versagte, und mein Kaiman schlug mir mit dem Schweif einen tüchtigen Sprühregen ins Gesicht, und tauchte unter. Das ist fast immer die Kehrseite des Naturgenusses. Gewitzigt durch den Wink, den mir die Vorsehung in Gestalt eines unfreiwilligen Fußbades zukommen ließ, mußte ich den Rest der Nacht wie ein Hund zusammengekauert verbringen, und erwachte, gelähmt an allen Gliedern, als unser Fahrzeug bereits im Weiterkrebsen sich abmühte.

Obgleich der Wind voll westlich geworden war, also mit halbem Wind vorzüglich gesegelt werden konnte, fuhren wir mittelst Rudern nach einer kleinen Inselgruppe, Las Guaramas, wo unsere Leute ans Land gingen und mit Geflügel und Früchten aller Art beladen zurückkehrten. Doch umsonst war unser Bitten und Geldanerbieten; die Vorräthe sollten

in Granada verkauft werden, und unsere Ration beschränkte sich den ganzen Tag auf zwei Zwiebacke pr. Mann. Sechs Zwiebacke war nunmehr unser übriger Proviant und wieder wurde der Leibgürtel um ein Loch enger geschnallt, als wir abends bei einer Hacienda, San Miguelita, am linken See=
ufer halt machten. Hier tauschte ich die Hälfte meines Schießpulvers gegen ein Gericht in Fett gerösteten Reises und einige in der Asche gebratene Platanen aus, und erhielt als Zugabe von den Bewohnern tausend höfliche Redensarten, und so viele Erzählungen von Ladrones (Dieben) und Salteadores (Straßenräubern), daß wir es vorzogen, die angebotene Hängematte zu refüsiren, und die Nacht bei unsern Sachen in unserm Hundestall an Bord zuzubringen.

Den folgenden Tag segelten wir weiter bis zur Insel San Bernardo, und abwechselnd hier und am gegen=
überliegenden Festlande blieben wir, weil der See etwas un=
ruhig wurde, drei Tage und drei Nächte liegen.

Die Insel San Bernardo bildet nach Südosten eine hufeisenförmige Bucht vom lieblichsten tropischen Charakter. Ganze Fluchten von Papageien im glänzendsten grünen Ge=
fieder lärmten und schrieen auf den Mangos= und Coyoten=
bäumen, welche unter der Last ihrer kostbaren Früchte zu brechen schienen. Und inmitten dieses Ueberflusses darbte eine Zambofamilie, welche sich hier niedergelassen hatte. Wir schweiften im Gebüsch umher und suchten uns heimlich die Hühnereier zusammen, welche die Menschen zu träge waren zu sammeln. Wir schossen nach vielen vergeblichen Versuchen ein Paar Papageien von den Bäumen und kochten uns eine Suppe von den Thieren, deren Fleisch ungemein dem Tauben=
fleisch ähnelt, stahlen uns einige Platanen und hatten wenig=
stens zu leben, denn Tags zuvor war das letzte Stückchen Zwieback in unsern Magen gewandert; und wir hatten den See erst zum dritten Theil durchschifft.

Als am Nachmittage des vierten Tages das Wetter ruhiger geworden war, brachten wir uns einige Meilen weiter bis zu einem kleinen Creek, Punta-Catilina. Unsern Marineros aber hatte das Leben in San Bernardo so wohl gefallen, daß sie erklärten, morgen dahin zurückkehren zu wollen, und zwar um so mehr, als ihnen der braune Robinson dieser Insel gesagt hatte, in Granada sei Revolution, und sie, die Marineros, hätten zu fürchten, unter die Soldaten gesteckt zu werden. Alles Bitten und Schelten, die Kerle zum Weiterfahren zu bewegen, half nichts. Unsere Vorräthe waren bis auf die letzte Krume aufgezehrt, nicht eine Prise Tabak, nicht einen Cigarrenstummel, um daran zu kauen, besaßen wir mehr, und pour comble de malheur entdeckten wir, daß unsere Pulverhörner auf den Boden des Fahrzeugs in eine Wasserlache gefallen waren und, ohnehin nicht ganz dicht, der Inhalt total verschimmelt und verdorben war, so daß uns auch die letzte Aussicht, unsern Hunger durch zu schießende Papageien zu stillen, entschwunden war. Damit zu der Trostlosigkeit unserer Lage sich abermals auch noch das **Ekelhafte** gesellte, waren, während unser Bongo in San Bernardo vor Anker lag, Schaaren jener großen tropischen Kakerlaken, Cucarachas, an Bord gekommen, und diese großen, widerwärtigen Thiere bekrabbelten und bewanderten unsere armen Cadaver aufs unbarmherzigste. Wirklich, unsere Verbissenheit stieg auf den höchsten Grad! Es ist lächerlich — ich machte meinem Aerger in den bittersten Worten gegen meine Freunde in Hamburg Luft, welche in behaglichen Locälen und Clubs im Ueberfluß des Lebens schwelgten, und in theoretischer Büchergelehrsamkeit über alles, was auf diesem Globus passirt, apodictisch aburtheilen, während keinem von ihnen der Wind des Lebens um die weise Nase geweht hatte; J—h schalt auf seine Frau, daß sie nicht mehr Vorräthe und die Vorräthe nicht besser eingepackt hatte. Schließlich schnallten wir unsere Gürtel um zwei Löcher enger. Es half nichts.

„Rückwärts! Rückwärts Don Rodrigo!"

Wir fuhren in der Richtung nach San Bernardo zurück.

Da dröhnte aus den Gebirgen von Chontales am linken Ufer dumpfer Donner, und ein Gewitter polterte näher und näher. Das Firmament färbte sich grellgelb, dann grau; zuletzt hing der schwarze Cumulus über unsern Häuptern. Und jetzt, als sollte die Erde auseinanderbersten, flog, begleitet von einem gellenden Donnerschlage, ein mächtiger electrischer Strahl kaum hundert Fuß von uns nieder ins Wasser, und vom Lande her jagte aus zerrissenem Gewölk, welches sich getheilt hatte, wie der gähnende Rachen eines Drachen, brüllend und heulend die Windsbraut. Der See war, so weit, oder vielmehr so kurz das Auge sehen konnte, ein Gischt von Schaum und sprühendem Dunst. Der Sturm packte die Segel, warf das Fahrzeug gewaltsam umher, und unter dem Knallen des Donners, dem Zischen der Blitze, dem Pfeifen und Schrillen des Windes, gepeitscht vom niederstürzenden Regen, flogen wir vor dem Orkan. Die Marineros heulten, und schrien und beteten. — „A la tierra! a la tierra!" — Umsonst, sie mußten jetzt vorwärts. — Lieber todt als noch länger dies Leben! rief mein Begleiter.

„Lieber ersaufen als verhungern!" sprach ich und knöpfte meine Jacke zu.

„Wollt Ihr noch weiter segeln,
So segelt mit dem Sturm!"

rief ich den Kerlen zu, als sie uns aufforderten ihnen zu helfen, die Segel zu bergen. Ja, das Leben war uns keine taube Nuß mehr werth, und unsere Desperation hatte bereits die Form des Humors angenommen!

Es war ein Toben in der Natur, als sollte die Welt untergehen. Wir hatten keinen Sinn weder für das Gefahr-

volle unserer Lage, noch für das Großartige des Naturbildes.
— Alza la vela mas, y corre con el viento! Carajo! rief ich den Burschen zu. (Denn Noth lehrt beten und auch spanisch sprechen.) Den Patron, der dicht bei mir am Steuer stand, drohte ich niederzuschießen (mit nassem Pulver im Lauf!), wenn er den Cours ändere. Vorn lag die Mannschaft heulend und betend auf den Knieen. Und als die Piragua in der Mitte des Sees war, und die Nacht hereinbrach, und wir sicher waren, nicht wieder ans Land zu kommen, warfen wir uns, Haß gegen dieses träge Gesindel im Herzen, Trotz im Munde gegen die tobenden Elemente, nieder, und schliefen so fest und so gut, im Zustand einer Art von Betäubung, wie nie auf der ganzen Reise zuvor.

Am folgenden Morgen waren wir in Granada.

Fünftes Kapitel.

Ankunft in Granada. — Ein deutscher Wirth. — Fieberkranke. — Die Stadt Granada. — Ein Kinderbegräbniß. — Schlafstätte. — Ein unglücklicher Franzose. — Die Niguas. — Hausiren. — Der Padre Polacco. — Niña Enriquetta. — Ein nicaraguenser Finanzminister ohne Finanzen. — Pläne als Pfaffe zu reisen. — Medicinische Studien. — Das Hospital. — Eine Amputation. — Dr. H. Behrendt. — Doctor und Apotheker. — Der Caballero. — Centralamerikanische Reiter. — Padre Vigil und seine Ansichten. — Betrachtungen über Colonisation, Klima ꝛc. — Abreise von Granada.

Die Illusionen im menschlichen Leben wehren sich jeden Zoll breit Bodens. Die vague Sehnsucht nach Cultur und Civilisation verbindet in unwirthbaren Ländern mit jedem tönenden Wort einen analogen Begriff, und Namen von so schönem Klange, wie Granada, Leon, Realejo versprachen daher auch mir wenigstens eine Copie europäischer Verhältnisse und europäischen Comforts.

Ich rieb mir, erweckt von andern Stimmen, als die unserer Marineros, schlaftrunken die Augen. — Amiii — go! — hijiiito! como le vayendo! — tönte es in widerlichen Singlauten hinüber, herüber. Das erste, auf welches mein Auge fiel, war eine Reihe dunkelbrauner Weiber, welche, bis fast an die Hüften aufgeschürzt, im Wasser standen und Zeug wuschen. Ganz nahe unserm Bongo sah ich besonders eine Gruppe von drei Megären, gegen welche die drei Hexen des Macbeth, ohne den Schatten von Uebertreibung, als Canova'sche Grazien figurirt haben würden. Mehr als halbnackt, schienen diese Weiber wie böse Geister aus dem See gewachsen zu sein; ein fast eine Elle langer Striemen, welcher von der Brust herabhing, endete — in den Busen, den eine der Holden, (welche übrigens, getreu nach Wilhelm Heine's Beschreibung, Jasminen im schwarzen Haar trugen), der Bequemlichkeit wegen nach rückwärts zu über die Schulter geworfen hatte, wo ein festgebundener nackter Säugling sich con amore die Milch (der frommen Denkungsart?) aus dem gummifarbenen Döbchen wohlschmecken ließ. — O, Gottheit! sind das deine Ebenbilder, so hast du Spottbilder auf dich selber gemacht! Gebt mir den weißen Strumpf einer alten Hexe von Fischweib, und ich will niederfallen und anbeten, ich will Sonnette darauf dichten, so glühend, daß sich die ganze Phantasie eines Petrarca daran erwärmen kann! —

Ist das Granada? — jene Reihe ärmlicher Schilfhütten, vor welchen sich nackte Kinder mit Schweinchen im Sande wälzen? — „Nein, la capital ist dort," belehrten mich die Marineros, als ich mich rittlings auf dem Rücken eines Eingeborenen durch das seichte Wasser ans Ufer tragen ließ. Ich sah etwa eine Viertelstunde vom Strande entfernt auf einer Bodenerhöhung eine Kirche von graurothen Backsteinen mit Ziegeln gedeckt, und an derselben vorbei einige Straßen, und athmete etwas freier.

Das Ufer des Sees ist sumpfig, mit niederm Strauchwerk bewachsen und folglich ungesund, weshalb die alten Spanier, — in Bezug auf Colonisation immer noch vernünftiger, als gewisse Hamburger Colonisationsreisende, welche das Land aus der Hängematte beschrieben haben — die Stadt nicht unmittelbar am Wasser erbauten, wo Massen von verwesenden Vegetabilien die Athmosphäre mit schädlichen

Gasen schwängern. Die Lage der Stadt hat etwas melancholisches, der Blick auf den See hält den Vergleich mit der Ansicht, die man von San Carlos genießt, nicht aus. In südlicher Richtung von der Stadt erhebt sich der bis an den Krater dicht bewaldete ausgebrannte Vulcan Mombacho (etwa 3—4000 Fuß hoch), welcher der ganzen Landschaft einen fast düsteren Character verleiht. Wie man diesen Ort als geeignet für deutsche Ansiedelung erklären kann, läßt sich nur begreifen, wenn vorausgesetzt wird, daß man ex officio Recommandationsreisender ist, und Nicaragua über Managua hinaus gar nicht kennen gelernt hat.

Wir mietheten für den Preis von einem Peso ein paar Eingeborene, um unsere Sachen nach der casa aleman, welches nebenher noch den Titel Washington=Hotel führte, bringen zu lassen. Auf halbem Wege legten die guten Leute unser Gepäck an den Boden und baten sich einen weitern Thaler aus. Mein Begleiter fluchte entsetzlich. Ich hatte mich zum Glück schon mehr in die Gebräuche des Landes zu finden entschlossen, und setzte mich ruhig auf meinen Koffer. Das wirkte. Lachend luden unsere Führer die Sachen wieder auf die Schultern, und wir setzten unsern Weg fort. Eine ganz hübsche Anzahl von Hüttenbaracken war bereits passirt, und ich wollte gerade fragen, ob wir noch weit bis zur Stadt hätten, als vor einem einstöckigen Hause ohne Fenster (wie alle, die wir bisher gesehen) halt gemacht und uns bedeutet wurde, wir seien an Ort und Stelle.

Ja, wir waren wirklich in Granada, kaum 100 Schritt von der plaza mayor entfernt. Halb und ganz eingestürzte Lehmmauern, Ziegeldächer und Schmutz und Unrath hätten uns das längst sagen müssen.

Das Hotel wurde von einem deutschen Drechsler, Namens Weber aus Berlin gehalten, eins der letzten am Leben gebliebenen Mitglieder der Emigrantengesellschaft aus Preußen, von welcher die eine Hälfte, in Folge ausgebrochener deutscher Streitigkeiten, den Sarapiqui hinauf nach Costarica gegangen war, während die übrigen ihre Reise nach dem „Paradiese des Mahomet," Nicaragua, fortsetzten. Herr Weber war ein ebenso biederes, als altkluges berliner Individuum, von stattlicher, nur durch Krankheit etwas heruntergekommener Statur. Seine Gattin, die ehemalige Frau Meisterin, noch krank an Leberleiden, suchte vergebens in Granada mit Ueberfluß an Körperfülle und Mangel an Grammatik die Dame aus der preußischen Residenz zu spielen. Außerdem waren noch zwei bleiche aufgequollene Töchter von 9, resp. 11 Jahren da, deren Garderobe eher einem Mistbeet, um Melonen darauf zu säen, als einer gewebten Verhüllung ihrer keimenden Reize glich. Die schmierigen bloßen Füße steckten in zerrissenen, schief getretenen Pantoffeln, und der Gang dieser blutjungen Dinger war so schlurrend und schleppend, daß ein Faulthier bei einem etwaigen Wettlauf ohne Zweifel Sieger geblieben wäre.

Ein großer, geräumiger Zimmerflur, dessen Wände zur Zeit der Gründung Granadas durch Don Francisco, Hernandez de Cordova im Jahre 1522 — vielleicht — einmal weiß gewesen waren, zeigte zur Linken ein Scherenfeldbett, auf dem ein bis zum Gerippe abgemagerter, kreideweißer junger Deutscher lag, während ein anderer, nicht minder erbärmlich aussehender Landsmann mühsam im Zimmer seinen ausgemergelten Leichnam spazieren führte. Beide waren von San Juan del Sur und Virghn-Bai hierhergekommen, um sich kuriren zu lassen von der bessern (?) Luft und dem Schwager des einen, einem Dr. Bernhard aus Ostpreußen, dessen Frau vor einem halben Jahre ihrem Vater und ihrer Mutter (welche bald nachfolgten) hier gleichfalls in die Ewigkeit vorangegangen war. Das erzählte mir Herr Weber in den ersten fünf Minuten meiner Anwesenheit, denn die beiden Landsleute waren entweder schon viel zu sehr amerikanisirt, oder zu elend um von mir nur Notiz zu nehmen. Es war ein schmutzig bleiches Jammerbild getäuschter Hoffnungen, welches sich vor mir entrollte, und da ich noch nicht lange genug in diesen Ländern war, um mich an derlei Anblicke gewöhnt zu haben, so wirkte es herbe auf mich ein. In der That, auch bei mir machte die Natur, nach 16tägigen physischen und mehr noch moralischen Anstrengungen, mich aufrecht zu halten, ihre Rechte geltend, und als ich vom Stuhl aufstand, um einige Garderobe aus meinem Koffer zu nehmen, faßte mich ein Schwindel, und ich fiel um. Ein Blick in den Spiegel ließ mich vor mir selber erschrecken. Ein fahles Gelb hatte sich über meine eingefallenen Wangen gelagert, die Augen glühten, tief in den Höhlen liegend, wie im Fieber und in jeder Gesichtsfalte hatte sich eine Schmutzkruste gleichsam versteinert festgesetzt, als ob ich mit Farbe mir Lineamente ins Antlitz gezeichnet hätte. Ich schonte Bürste und Seife nicht, und fühlte mich wie neugeboren, als ich, frische Wäsche am ganzen Körper, zu Tisch ging und mit äußerster Vorsicht meinem geschwächten Magen zum ersten mal seit zehn Tagen wieder eine menschliche Kost bot. Den Rath, mich in die Hängematte zu legen und ein paar Stunden zu schlafen, verschmähte ich, es für gefährlich haltend, aus einem Extrem gleich ins andere überzugehen. Mit meinem innern Menschen leichten Sinnes im reinen, wollte ich mein körperliches Ich in jeder Hinsicht vorsichtig behandeln. Nach so langer angestrengter und anstrengender Ruhe that mir Bewegung noth. Ich wagte daher einen Gang durch die Stadt.

Granada ist, wie alle neuspanischen Städte, sehr regelmäßig gebaut. Von der Mitte der Plaza mayor laufen nach allen Seiten die gradlinigen Hauptstraßen aus, unter einander durch eben so grade Nebenstraßen verbunden, so daß man von jedem Theil der Stadt nach mindestens zwei Seiten hin ins Freie blicken kann. Um die Plaza mayor und in den nächsten vier, fünf Straßen umher sind die Häuser sämmtlich massiv, d. h. sie bestehen aus Mauern, welche aus von der Sonne gehärteter, und zu Quadern geformter Lehm= erde (adobas) zur Sicherheit gegen die häufigen Erdbeben in einer Dicke von 4—6 Fuß aufgeführt sind. Der Baustil dieser durchweg (ebenfalls der Erdbeben wegen) nur aus einem Erdgeschoß bestehenden Häuser ist der einfache maurischer Wohnungen. Der innere Hofraum (patio) wird von be= deckten Corridoren umgeben, welche jedoch nicht etwa durch steinerne Säulen gebildet werden, sondern durch den einfachen Vorsprung des Daches, welches auf in die Erde gerammten, ungehobelten Balken von Eisenholz ruht. Die Zimmer sind hoch und geräumig und reichen bis unter das Dach. Sie sind nur durch sogenannte spanische Wände, gleichfalls aus Lehm und Flechtwerk aufgeführt, von einander getrennt und gestatten der Ventilation der Luft überall Freiheit. Der Fußboden ist mit rothen Fliesen von je einem Quadratfuß, oft kleiner, gepflastert. Die innere Einrichtung ist patriarchalisch einfach. Eine Anzahl Rohrstühle dicht neben einander an die Wand gepflanzt, oder einige hölzerne Bänke, in einer Ecke nahe dem Fenster ein einfacher Tisch, bisweilen ein grobge= arbeiteter Kleiderschrank ist so ziemlich alles. Das Bett, die cama, befindet sich gewöhnlich im Wohnzimmer. Es ist ein einfaches Gestell aus Cedernholz in Himmelbettform, über dessen vier Säulen lange weiße Mousselin=Vorhänge zum Schutz gegen Mücken ꝛc. herabwallen. Das Wichtigste und Specifische der Einrichtung bildet jedoch die Hängematte, aus dem Bast der Pita= oder dem der Tabuyapalme geflochten, welches Möbel an zwei Dachbalken befestigt und selten von den Bewohnern unoccupirt gelassen wird. In ganz Gra= naba habe ich nur wenige Häuser gefunden, deren Fenster

mit Glasscheiben versehen waren. Dagegen sind die Fenster=
öffnungen ohne Ausnahme vergittert, und es macht anfangs
einen Eindruck, als ob man in einer großen Verbrechercolonie
wandelte, wenn man die gelben und braunen Zuchthausphy=
siognomien der Eingebornen hinter den Gittern erblickt.

Entfernt man sich aus dem Mittelpunkt der Stadt,
dem centro, welches Wort hier gleichbedeutend mit dem eng=
lischen gentry ist, dann werden die Häuser kleiner, ärmlicher
und schmutziger, bis man in die barrios, die Vorstädte, gelangt,
wo die malerischen Rohrhütten derjenigen Eingebornen stehen,
deren Indianertypus sich vollkommen rein erhalten hat, wenn
auch das indianische Idiom gänzlich bei ihnen untergegangen
ist. Ein solcher barrio ist die sogenannte otra banda, nach
Osten zu von der Stadt durch eine lange, tiefe, steilabfallende
Erdspalte getrennt, deren vulcanische Entstehung deutlich genug
ist. Den andern Haupt=Barrio bildet Jalteva. Hier war
bereits zur Zeit der Conquistadoren eine zahlreich bevölkerte
Indianer=Colonie, deren Tempel natürlich einer christlichen
Kirche weichen mußte. Die einzigen Idole, welche der Zer=
störungswuth fanatisch christlicher Derwische entgingen, zwei
plump in Stein gehauene Männchen, zieren den Hauptaltar
der Kathedrale als Karyathiden, um, wie mir ein Pater
bestätigte, dem ich die Erklärung in den Mund legte, den
Triumph der apostolischen Kirche über das blinde Heidenthum
zu versinnlichen.

Am Abend schlenderte ich in Gesellschaft eines andern Deut=
schen, Don Guillermo Witting aus dem Lande Hassenpflug,
in welchem Landsmann ich gottlob endlich eine gesunde kernige,
unverdorbene Natur fand, und der Energie genug besaß, in
Nicaragua mineralogische Studien und Entdeckungsreisen zu
machen, abermals hinaus nach Jalteva. Es war eine feen=
artig schöne Mondnacht. In die ganze vom Duft der wild=
wuchernden Jasminen und Mirabilis geschwängerte, Atmosphäre

schien ein Silberhauch hineinzuzittern, und lautlos unbeweglich hatten die edlen Palmen ihre stolzen Fächerkronen mit den zahllosen Nebenblättern den Sternen zum Gruß entgegengestreckt. Von einem grünen mit Mimosen bewachsenen Plan schallte uns unter duftenden Orangenbäumen die herzlich schlechte Musik einer Fidel entgegen, und wir näherten uns einem weiten Kreise von Eingebornen in hellen Kleidern, gegen welche die braunen Gesichter, Nacken und Füße eigenthümlich genug abstachen. In der Mitte des Kreises wurde getanzt, eine Art Menuet, hier Fandango genannt. Neger, Zambos und Indianerknaben lagen malerisch gruppirt dazwischen im Grünen. Gelegentlich stieg unter dem Jauchzen der Anwesenden eine Rakete in die Höhe. Wir drängten uns durch und erblickten auf einer Tragbahre — die Leiche eines mit Blumen geschmückten Kindes. Die Phantasie hatte den reichsten Spielraum bei diesem halb christlichen, halb indianischen Rituell. Es liegt ein gewisser Sinn und Verstand darin. Der liebe Gott hat einen kleinen kaffeebraunen Engel mehr erhalten, und der kleine kaffeebraune Engel ist der Gefahr entgangen, ein irdischer Sündenbengel zu werden. Er hüpft über das heiße Fegefeuer hinweg, ohne sich nur die Füße zu verbrennen.

Warum sollen die Angehörigen nicht tanzen und nicht singen? Beim Anblick dieses Bildes wurden alle die alten Schilderungen aus den Reisebeschreibungen, welche die Phantasie der europäischen Jugend erhitzen, lebendig in mir. Kein christlicher Pfaffe — er saß abseit und trank Schnaps — störte die Illusion, mich in jene idyllische Welt „sanfter Indier" zu versetzen. Die Natur selber schien ein Märchenbild um uns her gehaucht zu haben, und alle Nerven gaben sich dem weichen, erschlaffenden Effect des Bildes hin. Das sind immer die versöhnenden Elemente im Abenteurerleben, und ich würde die schlechte Fidel und den braunen Chor nicht mit der schönsten italienischen Ouvertüre und dem wabenreichsten corps de ballet — wenigstens in diesem Augenblick nicht — vertauscht haben. — —

Nachdem ich heimgekehrt, mit dem Löffel die verschiedenen Käfer und Insecten aus meinem Thee herausgefischt und denselben getrunken hatte, legte ich mich schlafen.

Mein Feldbett stand in dem scheunenartigen Raum eines Hintergebäudes, dessen Thür — sie hatte kein Schloß — von inwendig mit Balken verrammelt werden mußte. J—y und ein Franzose, ein Gärtner von Profession, der hier in dem großen Garten der Natur natürlich keine Arbeit finden konnte, theilten das Boudoir mit mir. Das einzige dünne Talglicht, welches der Wirth, in Ermangelung eines Leuchters, nach centralamerikanischer Art an die Wand geklebt hatte, war heruntergebrannt, noch ehe wir uns angekleidet aufs Lager geworfen hatten, und eine Stunde lang hörten wir nichts als das Flattern der Fledermäuse, welche durch alle Räume des Hauses jagten.

Da machte sich der Franzose, Mr. Brossard, bemerklich.

„Dieu! — Ah mon Dieu! — Dieu de Dieu! — Oh, bon Dieu de la France!! — — Sacré nom de Dieu!!! — — Hi! — hi! — hi! — hi! — Sacré Diable de bon Dieu!" —

„Donnerwetter! was ist das?" schrie J—y.

Der Franzose klagte uns jammernd, daß er die Füße voller Niguas habe. Die Niguas sind mikroscopisch kleine Erdflöhe, deren Weibchen sich in die Haut, gewöhnlich an den Fußnägeln, einbohrt und hier seine Eier ablegt. Um diese Eier bildet sich bald ein sackartiges Gewebe und die Oberfläche der Haut verhärtet sich. Dann spürt man ein unerträgliches Jucken.

Kratzt man sich wund, so geht der Eiersack auf und die jungen Niaguas verursachen die stechendsten Schmerzen, begatten sich und colonisiren sich oft bis sie die Zehen des Geplagten verzehrt haben. Dennoch ist bei einiger Aufmerksamkeit die Gefahr nichts weniger als groß. Man braucht nur beim ersten Jucken das ganze Nest mit einer Nadel herauszuheben, was ohne alle Schmerzen geschehen kann. Auch schützt, als Präservativ, ein Tropfen Balsam copaivae, mit welchem man vielleicht monatlich einmal den Fuß betupft, radikal gegen dies Ungeziefer. Leider ist man entweder zu sorglos in den Tropenländern, oder wird es im Laufe der Zeit. Unter den Eingebornen gibt es Subjecte, welche die Niguas an ihren Füßen förmlich cultiviren, um — die Erlaubniß zum Betteln zu erhalten, und ich habe Kerle gesehen, mit Aussatz und Ungeziefer dergestalt behaftet, daß der beste Arzt für diese Creaturen der — Nachrichter gewesen wäre.

Unser Franzose und seine Niguas litten nicht, daß Schlaf in unsere Augen kam, und erst mit Tagesanbruch, als er sich vom Lager erhob, konnten wir daran denken, das Versäumte nachzuholen.

Unser Wirth, der ehrsame Drechslermeister Weber, verdarb uns sodann den sonnigen Morgen durch seine Weisheit sogleich recht gründlich. Als wir nämlich ins Freie, in den Hof traten, und ganz behaglich die Glieder streckten und dehnten, hub er an:

„Na, nu kriegen Se't Fieber ooch bald!"

„Wie so?"

„I! des is ja des Zeichen. Strecken Se Ihnen man, damit fangt die Geschichte an."

„Ich versichere Sie, Herr Weber, daß ich mich ungemein wohl fühle."

„Des is man blos Einbildung;" versetzte der kluge Mann wichtig. „In des verdammte Land is noch kener jewesen, der nich des Fieber jekricht hat."

Hierauf folgte eine lange, lange Geschichte von getäuschten

Erwartungen. Alles, was man durch Prellereien an den Californiern verdient hatte, zur Zeit, als der Transit noch durchs ganze Land über Realejo ging, war wieder zugesetzt, und wirklich, wenn man diese Menschen hier sah, so waren sie eine thatsächliche Ergänzung zu dem, was ich in Greytown gehört hatte.

Doch Courage! Es heißt hier „struggle for life," und das will ich.

Ich hatte mir aus New-York für ungefähr für 50 Dollars unechte Schmucksachen mitgenommen, welche ich glücklich durch die Zolllinie von San Carlos hindurchgepascht hatte. Die glänzenden und glitzernden Waaren packte ich mit vieler Ostentation in ein paar auf dem Hofe gefundene flache Cigarrenkisten, hing mir den Kram an einem Bindfaden um den Nacken und ging — denn zu geniren braucht man sich nicht in diesem Lande, welches in dieser Beziehung trotz seinen Zambos und Indianern civilisirter ist als unser übertünchtes Hamburg, wo man aufhört ein Gentleman zu sein, wenn man im Fall der Noth lieber ehrlich, als mit Schwindeln in Glacé-Handschuhen seinen Unterhalt erwirbt, — und hausirte los. Eh bien! ich schlug aus der Hälfte meiner Pretiosen über 70 Dollars zusammen, und brachte hunderte von technischen spanischen Ausdrücken mit nach Haus, die ich selbst in Ollendorff's spanischer Grammatik umsonst versucht haben würde zu finden. — Meine Waare war bezahlt, meine Reise von San Juan mehr als verdient. Eigenhändig hatte ich den braunen Señoritas meine cadenas de oro aleman mit den Knochenkorallen oder den Glasamathisten um den Nacken gehängt, manch unverschämtes „ah, que bonita, Señorita!" in den Kauf gegeben, und manchen lüsternen Blick in den naiv von der durchsichtigen Camisa umflatterten Busen geworfen. Es ereignete sich, daß ich häufig nach Band und Tüll gefragt wurde. Und welche

Figur würde ich da nicht erst gemacht haben, wenn ich, die Nase in die cuartos steckend, ein echt heimatliches allerhand Band und Tüll wolfeil! hineingesungen hätte, statt des stereotypen „Compran Vmds sortijas, cadenitas etc.!!" — Es wurde gehandelt auf Mord! die Hälfte geboten von dem, was gefordert wurde, und dann half ich mir mit meiner Unkenntniß der Sprache und betheuerte, ich habe mich geirrt, die Waare koste 50 pCt. mehr, als ich anfänglich gefordert. Niemand fand etwas anstößiges darin, daß der official frances von Castillo viejo, als welchen mich die Fama unserer Marineros introducirt hatten, noch der naturalista aleman, oder der most distinguished writer and traveller, wie meine Empfehlungsbriefe lauteten, in den Straßen der Hauptstadt Granada hausiren ging. Ich verweile gern — ob man auch die Nase darüber rümpfen möge — bei dieser komischen Episode meiner Pilgerfahrt. Ein alter Don — ich glaube, er hieß Don Fernando Lacayo —, der mich als Naturforscher acceptirte, wollte sich auch als sabio zeigen und versicherte mich, daß es sechs Classen Thiere gäbe, nämlich Säugethiere, Vögel, Amphibien, Fische, Insecten und Würmer. Ich hatte keine Zeit, ihm die Classification wegzudisputiren, denn er sollte mir einige nick-nacks für seine Kinder abkaufen. Da holte er mir eine häßliche graue ordinäre Schlange in Branntwein gesetzt herbei, und glaubte, einen Naturalisten nicht besser bezahlen zu können, als con un pago scientifico. Ich trieb aber augenblicklich die Wissenschaft der Numismatik, und refüsirte, erklärte mich jedoch bereit, einen lebendigen Tiger für meine Ketten und Ringe zu empfangen. Seine Schlange sei in allen Museen bereits vertreten. Der Don gab mir neben hundert Freundschafts- auch die heilige Versicherung, daß er seinem mandador (Verwalter) auf seiner hacienda in Segovia schreiben werde, und ich in spätestens vier Wochen Besitzer des schönsten

Tigers sein würde. Der wilde Gentleman, wenn er überhaupt angekommen sein sollte, hat mich nicht mehr in Granada gefunden. Don Fernando aber vermehrte mit seiner Viertelunze (Quarte) meine Münzsammlung, und das war die Hauptsache, wenigstens für mich.

Auf diesen Wanderungen lernte ich einen hebräischen Collegen kennen, und einen padre, den man kurzweg den Padre Polacco nannte. Padre Polacco ist eines der größten Originale, welche mir auf meinen Reisen vorgekommen sind. Er war ursprünglich polnischer Jude in des Wortes verwegenster Bedeutung. Nach den Vereinigten Staaten emigrirt, ließ er sich taufen und wurde Methodisten-Prediger. Die Entdeckung Californiens trieb ihn über Land durch die Wildnisse von Neu-Mexico nach San Francisco, wo er das Evangelium gegen guten reinen Goldstaub zu verwerthen gedachte. Die Geschäfte gingen schlecht. Die rohen miners zogen es vor, Branntwein zu trinken und zu fluchen, als Psalmen zu singen und den Lämmleinsreden des Padre Polacco zu lauschen. Unser Mann gerieth einigen spanischen Missionären in die Hände, die ihn zwischen zwei Räuschen in den Schoß der allein seligmachenden Kirche führten, ihm eine Tonsur schoren, und ihn Heiligenbilder und Amulette colportiren ließen.

Die Missionäre wurden später wegen falschen Spiels verfolgt, flüchteten, und Padre Polacco, der, als Famulus der hochwürdigen Herren, nur mit genauer Noth seinen Hals aus dem Rosenkranz der heiligen Lynch zog, schüttelte den Staub Californiens, der für ihn kein Goldstaub gewesen war, von seinen Füßen, und segelte als Koch mit einem Schiff nach Realejo. Vom Schiff desertirt, kroch er in die Hülle der Heiligkeit zurück, ernährte sich und sein lahmes Maulthier durch Messelesen, und kam, nachdem er einen Monat lang in Nagarote (dem ärgsten Gaunernest in ganz Nicaragua), bei einer um ihr Seelenheil bangen Jungfrau gewohnt und geschlafen hatte, nach Granada, wo er, — geduldet von der übrigen Geistlichkeit, neben welcher er, wie ein ruppiger Pintscher, einherlief, — was er und sein Thier gebrauchte, mit Beten und Messelesen redlich verdiente.

Padre Polacco und mein hausirender College — letzterer war kein Concurrent und machte hauptsächlich in Kleidern — introducirten mich gegen eine Provision von 10 pCt. überall, priesen mich und noch mehr meine Waaren, und diesen beiden Biedermännern habe ich denn auch den glänzenden Erfolg meines ersten Hausirhandels zu danken. Der Hebräer ging noch weiter. Er befreite mich von aller überflüssigen Garderobe gegen gutes Gold, und erst als ich 6 Hemden, 6 Paar Strümpfe, 6 Taschentücher, und außer dem Zeug am Leibe nur noch einen Anzug und meinen Daguerreotyppapparat mein nennen konnte, fühlte ich mich ein freier Mensch.

Am nächsten Tage dachte ich daran, meine Empfehlungsbriefe abzugeben. Ein deutscher Kaufmann, Namens H., war der erste, den ich aufsuchte. Ich traf ihn in seiner Tienda (Laden) unter hunderttausend der verschiedenartigsten Artikel. Er hatte den Kopf mit einem rothen Tuch verbunden, und war — in das Umschlagetuch seiner Frau gehüllt, einer reizenden französischen Jüdin von ausgeprägter demi-monde-Physiognomie; nur schade, daß sie sich bei einem Sprunge aus dem Fenster den Fuß verstaucht hatte, den sie gethan haben soll, weil die Eltern ihres Geliebten in Paris (eines Mitgliedes des Jockey=Clubbs), wie die Medisance behauptet, eine Heirath nicht zugeben wollten, und daher hier, den in diesen Ländern ohne Malice gegebenen Beinamen Enriquetta renca (die hinkende Henriette) führte. Sie trug Hosen, und man sagte, ihr Gemahl trüge außer ihrem Tuch am Kopf auch noch einen Artikel, der aus neuspanischen Ländern ziemlich stark exportirt wird. Thatsache ist, daß ein junger

Spanier, Don Carlos Bermudas, miserable Lieder zu einer miserablen Guitarre unter ihren Fenstern zu winseln pflegte. (Die beiden Leute sind längst todt. Er ist am Fieber gestorben, sie mit dem Dampfschiff „Centralamerika" 1858 untergegangen.) Niña Enriquetta war übrigens ein kleiner Satan, behandelte alle Welt als Spitzbuben, prügelte sich mit den arrieros (Fuhrleuten) und erfüllte, nächst Madame B. W. in Greytown, ganz Nicaragua mit dem Ruf ihrer Bravour.

In der Tienda des Herrn H. befand sich gleichzeitig mit mir ein gelber Mann in kurzer weißer Jacke und grauer Casimirhose, welcher eine halbe Stunde lang um ein kleines Vorhängeschloß handelte. Der ganze Habitus des Mannes, ohne die Grenzen des Allergewöhnlichsten zu überschreiten, schien von einer nachläßigen Alltagsverschmitztheit zu sein, welche in anständiger Gesellschaft nie weiter als höchstens einen Schritt über die Schwelle des — Vorzimmers gelassen werden darf. Der bejackte Don konnte ein ehrlicher Mann, er konnte ein Schmuggler, ein Falschmünzer, ein innerer Missionär, kurz alles mögliche sein; er war — —

„Ach, sehen Sie mal," bemerkte Herr H., nachdem die Jacke fort war; „Sie sagten uns, Sie hätten eine Empfehlung an unsern Finanzminister, eben geht er von hier weg; ich kann ihn wieder zurückrufen."

„O bitte, bester Herr, incommodiren Sie sich nicht!" versetzte ich rasch, befühlte meine Taschen und zerriß verstohlen mein Diplom als naturalista und most distinguished etc., um jede Chance, einem Finanzminister dieser Republik in die Hände zu fallen, abzuschneiden.

Die Finanzen des Staates Nicaragua befanden sich dermalen in einem ziemlich namenlosen Zustand. Das Genie dieses Ministers (wenn ich nicht sehr irre, hieß er Don

Francisco Guerrera) hatte so eben den Coup gemacht, das Monopol der Regierung, ausschließlich fremden Branntwein zu importiren, auf 5 Jahre lang an die Herren **Thomas Hermanos**, dieselben Mulatten, derer ich bereits in Greytown gedachte, gegen eine Anleihe von 15,000 (sage fünfzehntausend) Dollars zu verpachten. Das Monopol bringt das Zwanzigfache ein, allein der Credit der hohen Regierung bei den **weißen Leuten** des Landes war bereits erschöpft, und man erzählte sich, daß auch die Brüder Thomas sich entzweit hätten, weil der eine mit der Regierung von Nicaragua ein Geschäft von tausend pro Cent Nutzen abgeschlossen, ohne den andern zu consultiren. Ein solcher Finanzminister aber kann unter Umständen ein gefährlicher Mensch werden.

Ich machte an demselben Tage die Bekanntschaft des deutschen Arztes Dr. B. aus Schlesien oder preußisch Polen. Er war, wie schon erwähnt, Schwager des einen jener bleichen jungen Männer, welche ich bei meinem Eintritt in die deutsche Posada kennen gelernt hatte. Der deutsche Aesculap, der in der Heimat etwas conspiratorischen Dilettantismus getrieben und sich mit dem schwellenden Bewußtsein eines politischen Flüchtlings nach Central-Amerika eingeschifft hatte, war ein aufgeweckter, jovialer Mann in der ersten Hälfte der Dreißiger, und es war ihm gelungen, das Monopol der Heilkunst den Händen eines spanischen Pfaffen zu entwinden. Des Padres Specifica waren **Vomitiva**. Er gab Brechmittel gegen alles, und wenn die Patienten anfingen Blut zu brechen, verdoppelte er die Portion. Diese Heilmethode gewährte den Vortheil, daß der geistliche Arzt nach dem Begräbniß durch Messelesen für die **gebrochenen** Seelen seine Ipecacuanha und seinen Brechweinstein noch einmal verwerthen konnte. Der Himmel fand unstreitig seine Rechnung bei dieser unter den Granadinern grassirenden Heilpest; da aber die Leute hier zu Lande, wie überall, die irdischen Leiden den ewigen himmlischen Freuden bei weitem vorziehen, so war bald nach Ankunft des deutschen Arztes der ehrbare Padre wieder auf die Seelsorge herunter gekommen.

Dr. B. verweilte übrigens gern im Gespräche bei seinen medicinischen Heldenthaten und gebrauchte oft recht kriegerische Ausdrücke. „Da fuhr ich mit Ipecacuanha dazwischen," war stehende Redensart. Leider hielt er sich auch für einen guten Chirurgen, und nachdem wir näher mit einander bekannt geworden waren, wurde mir zu Ehren sogar einem alten Weibe der Fuß abgeschnitten. Das ging folgendermaßen zu.

Als gebildetem Mann hatte ich Dr. B. meine Projecte mitgetheilt, und den Schiffbruch, den sie erlitten durch das notorische Nichtzustandekommen der Canalisation motivirt, zugleich aber auch meinen festen Entschluß, vor Jahresfrist die Heimat nicht wieder zu sehen, ausgesprochen. Die Hauptsache war nun, wie ich, ohne meine in New-York stehenden Fonds anzugreifen, mich weiter vorwärts durchs Leben zu beißen hätte. In der spanischen Sprache hatte ich Fortschritte genug gemacht, um hier kein Hinderniß mehr zu finden. Padre Polacco, dem es in Granada nicht mehr gefiel, hatte mir den Vorschlag gemacht, mit ihm als — — P a d r e nach Guatemala zu gehen, und ich war halb entschlossen, mir ein Tonsürchen scheren zu lassen, nachdem ich den gehörigen Privatcursus im Rituell der apostolischen Kirche durchgemacht hätte. Man muß nicht erschrecken. Man sehe Nicaragua, seine Menschen und Verhältnisse, und man wird begreiflich finden, daß, wenn man unter einer Nation von solchen Pechfüßlern lebt, wo das edle Banditenhandwerk bei der unteren, das Gaunerthum bei der höheren Classe zu den Lieblingsbeschäftigungen gehört, ein Tourist nicht zu verdammen ist, wenn er den Character wählt, der seinem theuren Dasein die meiste Sicherheit bietet. Im Grunde genommen war es auch einerlei, ob ich den Leuten Quincaillerie oder Seelentrost verkaufte. Der Glaube an die Güte der Waare ist in allen Geschäften die Hauptsache, und ein geistliches Noviziat verpflichtet zu nichts. Das Abenteuerliche der Situation hatte in meinem Alter einen doppelten Reiz für mich. War doch ein deutscher Apotheker aus Californien hier angekommen, den seine Begleiter scherzhaft General nannten, und dem die Militärbehörden im Lande alle einem solchen Rang gebührende Honneurs erwiesen, bis er sich als Pillendreher degeneralisirte.

Dr. B. lachte laut auf, als ich ihm den Plan mittheilte, rieth mir aber doch davon abzustehen, denn wenn auch die lutherische Kirche ihren verlorenen Sohn nicht beweinen würde, so wäre das Pfaffenthum doch ein trauriges Handwerk. „Ich mache Sie zum Doctor; Sie verstehen etwas Physik und Chemie, ich unterrichte Sie in der Diagnose und Pathologie der hauptsächlichsten Krankheiten, und wo Sie schwierige Fälle finden, sagen Sie, es fehle Ihnen an Medicamenten, damit Sie keinen Menschen vergiften. Ich schlug ein. Von da ab besuchte ich vormittags mit Dr. B. dessen Patienten, half ihm, den häßlichen Frauenzimmern die dicken Wasserbäuche abzapfen, führte einige gelungene Operationen von Balggeschwulsten aus, schnitt Abscesse auf, operirte mit an Elephantenfüßen, lernte eine Tertiana von einer Quotidiana unterscheiden, und beim Pulsfühlen — eine sehr gelehrte Grimasse annehmen. Bald hieß ich bei den Patienten el doctorcito aleman. Nachmittags begannen die Vorlesungen, und mein Taschenbuch wimmelte bald von pathologischen Notizen. Ich machte Fortschritte, denn das Feld interessirte mich, und Goethe's Ausspruch: „um es am Ende zu lassen, wie's Gott gefällt," gab mir den Doctorhut. Wenn dereinst der blasse Tod an mein Sterbelager tritt, so kann ich mit gutem Gewissen sagen, ich habe keinen Pa=

tienten zu Tode kurirt und war jedenfalls den eingebornen Aerzten überlegen.

Mein Professor lechzte schon lange danach, sich mir als würdigen Schüler Dieffenbach's zu zeigen. Es existirte in Granada eine Art Hospital, d. h. ein Ort, in welchem man in Europa Anstand nehmen würde, einen tollen Hund verenden zu lassen.

Eines Tages verkündete mir Dr. B., er werde morgen daselbst eine Amputation vornehmen, und lud mich ein, ihm zu assistiren. „Merkwürdig ist," fügte er hinzu, „daß in diesem Clima das Chloroform keine Wirkung ausübt." — Das kommt wol von der starken Ventilation, welche in den Gebäuden herrscht, oder die Substanz ist verdünnt, meinte ich; oder auch die Leute haben hier ein weniger fein organisirtes Nervensystem.

Zur Feierlichkeit waren außer mir noch Herr Witting, ein deutscher Silberarbeiter Schwägerl, ein dito Klempner Matthis und die beiden bleichen Jünglinge aus der deutschen Posada eingeladen. So rückten wir, sieben Mann hoch, blutgierig ins Hospital, bewaffnet mit den nöthigen Marterwerkzeugen und Mordinstrumenten. Man denke sich ein verfallenes einstöckiges Gebäude auf einem dicht und hoch mit Unkraut umwucherten Platze. Ein großes — Zimmer kann man es nicht nennen, dessen Fußboden theils die liebe Mutter Erde, theils die Rudera eines ehemaligen Fliesenpflasters waren, bildete die Station für alles.

In diesen dunklen Raum drang das Tageslicht von der einen Seite durch eine vergitterte Fensteröffnung, von der anderen durch eine offene Thür. Rechts standen drei Bettgestelle, wo auf Aloematten zwei Frauen und ein Mann ruhten, links stand ein anderes Bett, auf dem in natürlichster Natürlichkeit ein männliches Individuum hockte und stier vor sich hinstarrte. Es war ein Verrückter.

Als wir eintraten, wurden vor einem Heiligenschrein ein paar Talglichter angezündet und die eine der beiden Frauen aus dem Bett geholt und auf den Tisch gelegt, den man, um sehen zu können, hart an das Lager des Wahnsinnigen gestellt hatte, wo durch Fenster und Thür das meiste Licht hereindrang.

Die Rollen wurden vertheilt. Zwei Mann hielten die Arme der Patientin, zwei die Füße, einer die Binden und Bandagen, ich reichte ad regas die Instrumente hin. Es war ein krebsartiges Geschwür, um welches es sich handelte. Der Puls der Kranken ging so matt, sie schien weit über fünfzig Jahre alt zu sein, das braune Antlitz war so leichenähnlich, daß ich mir die Bemerkung erlaubte, ob es am Ende nicht eine unnöthige Thierquälerei wäre, hier scharf schneidende Consequenzen zu ziehen. Ich wurde keiner Antwort gewürdigt, und die Geschäfte gingen vor sich, während die beiden andern Patienten Gebete murmelten.

Zuerst wurde ein stark in Chloroform getränkter Lappen (unverdeckt bei der Zugluft!) dem Weibe wie eine Maske aufs Gesicht gelegt, gleichzeitig die Arterie unterbunden und das Tourniquet angesetzt. Dieffenbach jun. hatte eine weiße Schürze vorgebunden, die Hemdärmel hoch aufgekrempelt und sah aus wie ein deutscher Metzger.

„Jetzt fang ich an!" rief er.

Er setzte das Messer an und machte an der dürren Wade einen Lappenschnitt. Das Blut floß aus dem entkräfteten Körper nur mäßig. Das Weib, von dem Chloroform, der viel eher uns um die Nase wehte, als daß er sie betäubt hätte, nicht fühllos gemacht, stöhnte und wimmerte ein „Ay! Señor!" übers andere. Indessen der Knochen war nach einigem Widerstreben des zähen Muskels glücklich bloß gelegt. Da aber — klirrr! — knipp! —

sprang das Tourniquet und das Blut rieselte nach allen Seiten. Der Doctor schwitzte wie ein Braten.

„Rasch mit dem Finger hierher!" schrie er.

Herr Witting erwischte nach einigen fehlgeschlagenen Versuchen die Arterie und drückte sie zusammen. Ich reichte schnell die Säge hin und der Professor arbeitete keuchend darauf los. Und dazu beteten die andern Patienten immer eifriger, und der Wahnsinnige — ja diese Länder sind Millionäre an Contrasten! — der von allem nicht die geringste Notiz genommen und sich mit dem Rücken fest an die Schlachtbank gedrückt hatte, accompagnirte das Geräusch der Säge mit unarticulirten Lauten und mit einer obscönen Gymnastik, wie man sie höchstens im Affenhaus des jardin des plantes in Paris sieht. — —

Sind das Menschen, göttliche Natur? — Doch ich will nicht moralisiren, aber ich mußte jetzt alle Willensenergie aufbieten, um mich aufrecht zu halten. Es war wirklich zu viel auf einmal. Man erlasse mir die fernern Details.

Endlich war die Missethat vollbracht. Vom Augenblick, wo das Messer zum ersten Schnitt angesetzt war, bis zum Moment, wo der amputirte Fuß mir in die Hand gegeben wurde, waren genau — 36 Minuten verflossen!! — Der Verband ward angelegt. „Und der Patient," fragt man, „ist er gestorben?"

„Natürlich!"

Um 3 Uhr war die Operation zu Ende, und um 5 Uhr war die Seele dem Fuß auf dem Fuße gefolgt. — (Es ist dies übrigens noch nichts. Ich habe amerikanische Aerzte kennen gelernt, welche ein Bein mit einer gewöhnlichen Machete durchschnitten und den Knochen mit einer Tischlersäge durchsägten.)

Der nächste Tag sollte eine Wendung in meinem Abenteurerleben hervorbringen. Wir saßen in der Posada bei

Tisch, als ein hochgewachsener junger Mann, der trotz seines schmutzigen bestaubten Anzuges den feinen Anstand eines Weltmannes documentirte, sich zu uns gesellte. Es war derselbe Dr. Behrendt aus Danzig, an welchen mich K. in New-York und Dr. Ludwigh so warm empfohlen hatten. Er practicirte in dem Indianerstädtchen Massaya, vier Leguas von Granada entfernt, und beabsichtigte von dort nach Leon zu gehen, um den dortigen deutschen Arzt Dr. Wasmer (einen ehemaligen Apotheker), der den Bischof von Leon auf einer Rundreise als Leibarzt begleiten sollte, zu ersetzen.

Als Behrendt von meinen Plänen hörte, proponirte er mir, mit ihm zu reisen.

„Sie sind mein Apotheker und Assistent, und wenn Sie Lust haben, so gehen wir später durch ganz Centralamerika über Yucatan und Mexiko nach den Staaten zurück. Das Leben machen wir sicher und vielleicht noch etwas mehr! Ich gebe Ihnen freie Kost und den dritten Theil unserer Einnahme, wogegen Sie den dritten Theil an den Kosten der Medicamente tragen."

„Es gilt," sprach ich und schlug ein.

„Jetzt aber," fuhr der Doctor fort, „machen Sie sich fertig, ich denke morgen zu reisen. Wir bleiben 14 Tage in Massaya und gehen dann nach Leon. Haben Sie Ihr Pferd hier oder auf dem potrero? (Wiesen, wo die Thiere frei umherlaufen, und bei dem Gebrauch mit dem Lasso eingefangen werden.)

„Mein Pferd?! — — Grundgütiger Himmel! fragt mich der Mensch nach meinem Pferde! Wie sollte ich zu einem Pferde kommen?" Man lachte herzlich, als ich dies aussprach, und man hatte recht. Ein Pferd ist in diesen Ländern die Nothwendigkeit des Lebens selbst. Man ist Sklav der Scholle ohne ein solches Thier, bleibt gebunden mit freien Gliedern, während ein Pferd uns hinaus trägt in die freie

Natur, wo die hypochondrischen Gedanken verschwinden. Die Nachkommen der alten Conquistadorenpferde haben sich besser conservirt als die menschliche Descendenz. Es ist noch immer jene edle spanisch-arabische Kreuzung, kleine Thiere, Paßgänger, welche ein unansehnliches, fast mährenhaftes Aussehen haben, wenn sie ohne Reiter dastehen; ist dieser aber im Sattel, so nimmt sich das Thierchen auf und arbeitet trippelnd mit einer fabelhaften Ausdauer vorwärts. Ich habe später (in Costarica) Pferde gehabt, mit welchen ich Reisen, fortwährend bergauf und bergab, von 20 Leguas in einem Tage gemacht habe, und diese Touren innerhalb Jahresfrist zehnmal mit demselben Thier zurücklegte, welches außer dem Reiter noch 25 Pfund Gepäck tragen mußte. Die Gangart ist aber so weich und sanft, so gleichmäßig, daß die Ermüdung nach so forcirten Ritten noch nicht so stark ist, als wenn man auf unsern europäischen Hochtrabern 4 Meilen hinter sich hat, und selbst Damen habe ich gekannt, welche mit uns Männern in der trockenen Jahreszeit Schritt hielten.

Herr Witting war so freundlich, mir bei der Wahl einer Rosinante zur Seite zu gehen, und ich erstand für 2 Unzen (etwa 110 ℳ Crt.) einen lobenswerthen Schimmel, den ich, da sein Paß nicht Natur, sondern Dressur war, auf europäische Art führend, bald total verritt und zu einem Trotter machte, bis ich gelernt hatte, wie man hier zu Lande reitet. Die Stange weicht nämlich wesentlich in ihrer Form von der unsrigen ab. Bei importirtem Sattelzeug verschmäht der Eingeborne, unsere Candare mit in den Kauf zu nehmen. Eine lange Zunge des Gebisses reicht dem Thiere tief (oft über 3 Zoll) in den Mund hinein. Die Stangenbalken des freno sind bei den Pferden gewöhnlich 5—6 Zoll, bei den Maulthieren 8—9 Zoll lang, und auch die Zunge ist für letztere einen Zoll und mehr länger. Man hält den Paßgänger hart und fest am Gebiß, wirft das Thier mit einer Führung herum und parirt aus dem schärfsten Trabe mit einem langen Ruck. Schenkelführung kennen die Pferde nicht.

Es gewährte mir anfangs einen komischen Eindruck, wenn ich die Eingebornen auf ihren kleinen Pferden reiten sah, meistens nur mit einem einzigen Sporn versehen, der an einen der bloßen Füße festgeschnallt oder mit mecate (Bindfaden aus Bast) festgebunden ist. Es sind meistens jene colossalen Sternsporen mexikanischer Form. Als ich einst einem solchen Reiter mein Erstaunen hierüber zu erkennen gab, antwortete er mir sehr naiv, aber sehr richtig:

„Dando espuela á la izquierda, el lado derecho del caballo aguanta tambien, Señor. (Wenn ich links den Sporn gebe, so geht die rechte Seite des Pferdes auch mit vorwärts, Herr.)

Uebrigens gewährt es keineswegs jenen kühnen Eindruck, den so manche Touristen beschrieben haben, wenn man diese weichlichen Dons auf ihren Thieren dahinfliegen sieht. Die männliche Kraft, die Eleganz und Grazie des Reiters hat auf den weichen Paßgängern keine Gelegenheit, sich zu entfalten, und es blendet nur die Laien, die Roß und Reiter aus einem Guß zu sehen wähnen. So schwierig es für den besten europäischen Sportsman ist, auf diesen muthigen aber sanften Thieren durch die unwegsamen Cordilleren, bald kletternd, bald im Morast halb schwimmend, sich durchzubringen, ehe er lernt, sich auf sein Thier blind zu verlassen, so sicher würde mancher der besten dieser Naturreiter den Staub küssen, wenn ein harmloser deutscher Miethgaul einen plötzlichen Seitensprung machte.

„Jetzt sind Sie Caballero!" äußerte Herr Witting, als ich meinen mit einer albarde (Landessattel, Holzgestell mit Kuhhaut überspannt) montirten Andalusier acquirirt hatte. Ja wohl, dachte ich, Caballero mit zehn Dollars in der Tasche, nachdem die Zeche bezahlt ist! — das Ritter=

roß hatte eine fürchterliche Bresche in das Quarré meiner Finanzen gemacht. Item — ich war — Caballero! —— Jedenfalls kam ich auf vier Füßen besser durch die Welt, als auf zweien.

Ich sehnte mich aus dem dumpfen, heißen Backofen, Granada fort. Aber wir waren in Centralamerika. Dreimal waren die Thiere zur Abreise gesattelt, und eben so oft kam ein unvorhergesehenes Hinderniß dazwischen, und drei Tage lang blieb der Fuß moralisch im Bügel.

Dieser Aufschub verschaffte mir die Bekanntschaft des Hauptgeistlichen der Stadt, des später in den Flibustierkriegen so bekannt gewordenen Padre Vigil. — Der stattliche Mann war ein verschmitzter Kerl von eminentem Mutterwitz, feinen aber etwas derben Manieren, und sprach französisch und englisch. Sonst aber überstieg seine Ignoranz alle Grenzen. Beim Dr. Bernhardt, wo ich ihn kennen lernte, fragte er nach verschiedenen europäischen Potentaten. Napoleon war todt, das wußte er. Dagegen erkundigte er sich, ob die Kaiserin Maria Theresia noch regiere. Dann fragte er, ob Preußen nicht eine russische Provinz sei, was ich trotz Protestirens des Doctors entschieden bejahte (1852!), und zuletzt meinen Landsmann bedrohte, wenn er ferner widerspräche, einen Artikel aus der Kreuzzeitung zu übersetzen. Zum Ueberfluß wollte der gute Mann noch wissen, ob ich Christiano (hier synonym mit Katholik) sei, und ich antwortete, der Katholicismus wäre die consequenteste Religion, und der türkische Sultan lebte in seinem Harem gerade so wie Papst Alexander der Sechste. Fürs Fasten jedoch trüge ich meinen Dispens im Koffer. Vigil belehrte mich, daß in Rücksicht auf das Klima auch in Nicaragua ausgedehnter Dispens bei den Fasten gelte, und das fand ich sehr vernünftig. Es wäre auch schwer anzufangen, wenn die Menschen hier noch magerer leben sollten, als sie es bereits thun. In der Politik hatte der Mann eben so curiose Ansichten. England und Nordamerika, äußerte er damals, seien absterbende Staaten, Centralamerika höbe sich, aber Spanien sei die Perle der Völker, die größte und mächtigste der Nationen. Ich war hier nicht hergekommen, um den lahmen Esel der Politik zu treiben, und hätte dem Padre Recht gegeben, wenn er behauptet hätte, Preußen wäre eine Großmacht.

Von deutschen Notabilitäten hatten kürzlich der Maler Wilhelm Heine, der Ingenieur Reichardt und Julius Fröbel das Land bereist. Herrn Reichardt verdanken wir sogar ein Buch über Nicaragua, obgleich gerade dieser sonst talentvolle Herr nach der Meinung der hier anwesenden Europäer, der letzte hätte sein müssen, der ein Buch über Nicaragua schreiben sollte. Außer einer Ausflucht in den District Chontales und einer Reise nach Managua, dem Sitz der Regierung, hat er nicht viel von Nicaragua gesehen. Daß er das Land für geeignet erklärt zur Einwanderung deutscher Colonisten, ist eine Ansicht, über die ich nicht rechten will. Wer Geld genug hat, um den größten Theil des Tages in der Hängematte zu liegen, und dabei ein Freund einer malerisch schönen Tropennatur ist, mag immerhin hierherkommen. Wer aber glaubt, durch körperliche Arbeit sein Leben hier machen zu können, der täuscht sich gewaltig. Um sich zu acclimatisiren stehen drei zu überwindende Hindernisse entgegen: das Fieber, Dissenterie, Acclimations-Geschwüre (Granitos). Das erste, glaube ich, kann man durch strenge Diät und eine der klimatischen Natur angepaßte Regelmäßigkeit des Lebens vermeiden; gegen die Dissenterie ist als bestes Präservativ der vorsichtige Genuß des Trinkwassers zu empfehlen, welches man anfangs nie ohne einige Tropfen Wein oder Branntwein trinken sollte, so wie man sich zu hüten hat, nachmittags, wenn die Sonne sich dem Untergange zuneigt, Früchte zu essen. Vormittags sind Früchte nicht nur nicht schädlich, sondern sehr gesund, namentlich ist der Genuß von Apfelsinen des Morgens nüchtern, als das Blut verdünnend und die Verdauung befördernd, nicht genug zu empfehlen. Des Abends dagegen, wenn die Nerven von der Hitze des Tages abgespannt sind, muthe man dem Magen überhaupt so wenig digestive Thätigkeit als möglich zu. Es ist eine fast allgemeine Erscheinung in heißen Ländern, welche für ungesund gelten, daß Europäer anfangs, wenn sie an die Hitze, die auf den Körper übrigens noch lange nicht so drückend wirkt, wie bei uns ein heißer Augusttag, gewöhnt sind, sich ausnehmend wohl fühlen. Natürlich; denn durch die anhaltende und durchaus nicht unangenehme Transpiration scheidet der Körper allen vorhandenen Unrathsstoff aus. Nach einigen Monaten ist der gereinigte Organismus dagegen um so empfänglicher, und das Klima reagirt stärker. Die meisten Europäer sind bis dahin aber zu sicher geworden, sie halten sich für acclimatisirt, während sie erst declimatisirt von ihrer Heimat sind. Die milde Luft läßt sie in offenen Räumen ohne schützende Decken schlafen, sich dem sereno (Nachtluft) aussetzen, ohne Bewegung bleiben, und hundert andere Thorheiten mehr begehen. Wer dagegen regelmäßig lebt, behaupte ich, kann in jedem Klima der Welt leben und wird der Natur den gelindesten (wenn schon schmerzhaftesten) Tribut entrichten, indem sein Körper auf dem Wege der Abcesse diejenigen Stoffe ausstößt, welche weder durch Abführung, noch durch die Poren zu entfernen sind. Die Hautthätigkeit ist ein Ding, welches man in heißen Gegenden nicht genug pflegen kann, und die Eingebornen, wenn ihnen das Geringste fehlt, hören sofort auf sich zu waschen, was ich übertrieben finde, zumal wenn man den Körper hinterher tüchtig frottirt, was freilich die Eingebornen nicht thun, sondern meist der Luft das Amt des Trocknens überlassen.

Uebrigens lehrt die Erfahrung, daß die Eingebornen — namentlich die unteren Classen — weit häufiger von endemischen Krankheiten heimgesucht werden, als der vorsichtige Europäer, und namentlich ist es das rein indianische Blut, welches decimirt wird. Körperliche Bewegung ist Hauptsache. Der Europäer vermag nicht, wie der Neger, auf dem Felde zu arbeiten, aber er kann das Pferd zu Hülfe nehmen, um sich Motion zu machen. Sogar dem reiselustigen Touristen möchte ich abrathen hierher zu kommen, wenn er nicht Charakter und Sinn für Naturschönheit genug besitzt, um die zahlreichen Strapazen und kleinen Leiden über den Reizen der Natur zu verschmerzen. Licht und Schatten sind hier so gleichmäßig vertheilt, daß eine gewisse Philosophie und Bildung dazu gehört, sich durch die Plagen des einen den Genuß des andern nicht verbittern zu lassen. Ein leichter Sinn, ein gesunder Körper sind die Hauptbedingungen. Ist man nicht fest entschlossen, das Leben zu nehmen, wie es sich uns darbietet, kleben einem die geringsten europäischen Vorurtheile in Bezug auf Stand, Beruf und Thätigkeit an, so wird man rettungslos in diesen Ländern versauern. — Rücksichten nehmen ist hier synonym mit rückwärtsgehen. Eine primitive Natur und primitive Verhältnisse wollen andere Menschen, als die Sclaven des qu'en dira-t-on? — Mag sein, daß ich leicht erregbar bin, doch ich gestehe, bei allen Leiden, die ich bisher überstanden, und über welche ich schon jetzt lächele, fühlte sich mein innerer Mensch leichter und selbstvertrauender als je zuvor. Es gibt Capitalisten in Europa, welche ihren Verstand, d. h. ihr Geld, in industrielle Unternehmungen stecken, von denen sie praktisch gar nichts verstehen. Ich verwerthe das wenige, was ich von Physik und Chemie weiß, als botecario (Apotheker), und assistire einem Arzt, lerne etwas und habe mein Auskommen. Rümpfen

Sie immerhin die Nase, lieber Leser; Sie geben mir nichts, folglich: hold your tongue!

Julius Fröbel hat zwar Nicaragua als Naturenthusiast und Optimist geschildert, doch verdanken wir ihm manche schätzenswerthe naturwissenschaftliche Aufschlüsse. Er sowol wie der Maler Wilhelm Heine gehören zu den kräftigen, elastischen Naturen. Ihre Schilderungen sind lebendig, und wenn sich auch Heine einige phantastische Ausschmückungen erlaubt hat, wie die Jasminen im glänzend schwarzen Haare der Indianermädchen u. s. w., so verzeiht man solche Phantasiesprünge dem genialen Künstler und Schriftsteller gern. Unausstehlich dagegen ist die Buchmacherei aus gesammelten Notizen, der trockene Pedantismus des Berichterstatters, dem man ganz deutlich ansieht, daß er bei der Abreise aus Europa das Resultat seiner Reise schon fix und fertig vorgefaßt hatte. Denn wahrlich, um ein Buch wie den Reichardt'schen Bericht zu schreiben, braucht man nicht selbst in Nicaragua gewesen zu sein, und wenn die Hamburger Colonisations-Dilettanten nicht etwa die Absicht haben, mit den Bewohnern eines gewissen steinernen Hauses in der Ferdinandsstraße und Roboisen ein Botany-Bai hier zu gründen, haben die Europäer in Granada mit allen ihren Witzeleien über Reichardt und sein Buch vollkommen recht. Es hat sich ein junger Hamburger, ich glaube, auf der Chontales-Seite, angesiedelt. Nun, wir werden ja sehen, wie lange es Herr Janssen bei den klimatischen, ökonomischen, socialen und politischen Zuständen der Gegenwart und der handgreiflichen der Zukunft in Nicaragua aushält.

Unsere Pferde stehen gesattelt. Bewaffnet sind wir bis an die Zähne, und wenn uns der hamburger Polizeivogt so über den Wall reiten sähe, er würde uns als Straßenräuber arretiren lassen. Und doch rücken wir aus, um Heil und Gesundheit der leidenden Menschheit in diesem glücklichen Lande zu bringen!

Doctor und Apotheker steigen zu Pferde.

Und nun:

Verderben, geh deinen Gang!

———

Sechstes Kapitel.

Costume de voyage. — Wie man reist. — Ins Freie! — Gute Rathschläge. — Ein wahrer Freund. — Massaya, die Indianerstadt. — Wie ein deutscher Doctor in Nicaragua wohnt. — Siesta. — Die Tiste. — Don José Maria Alvarado und seine Familie. — Sitten und Gebräuche. — El infierno de Massaya. — Niña Mercedes. — Indianische Sitten. — Der Alte vom Berge. — Drei Grazien in plastischer Attitüde. — Die Playa von Massaya. — Bulcanisches Phänomen. — Die Palmen von Nindiri. — Tropische Früchte. — Preußische Depeschen durch die Hände der Demokraten befördert. — Medicinische Praxis. — Die Indianer. — Die Calvarienkirche. — San Guilermo. — Eine zärtliche Mutter. — Die Hieroglyphen von Massaya. — Das Lavameer von Nindiri. — Mariä Empfängniß. — Theater in Massaya. — Lieblicher Festtag. — Abschied von Massaya und von — Ignacia.

Massaya und Nindiri.*)

December 1852.

Unsere Pferde standen zum dritten= oder viertenmale gesattelt, als wir endlich ohne weitere Verzögerung uns in den Sattel schwangen. Auf dem Kopf den schützenden sombrero (Hut) von Palmenbast, dessen Kopfhöhlung mit einer Art Akazienblätter von madera negra (Schwarzholzbaum) zur Kühlhaltung der Kopfhaut ausgefüllt war. Eine Jacke von blau und weiß gestreiftem baumwollenen Zeuge, ein bito Beinkleid, an den Hüften mit dem Gürtel zusammengehalten, in welchem

---

*) Indianernamen; letzterer Ort wird Nindirí ausgesprochen.

Hirschfänger und Dolch steckten. Ein paar lange Wasserstiefel schützten Fuß und Bein gegen die Dornen des Strauchwerks, mit welchem die Wege überwuchert sind, und noch mehr gegen die garrapatos, eine Art Zecke, von denen die Büsche in der trockenen Jahreszeit wimmeln, und welche beim Durchreiten massenhaft abgestrichen werden, wo sie sich dann an dem Körper festsetzen und die schauderhaftesten Geschwüre erzeugen.

Unsere Halfter bargen, der eine den unvermeidlichen Revolver, der andere die Brandyflasche. Hinten am Sattel hingen zu beiden Seiten die netzartigen alforjas (Satteltaschen) in welche das nothwendigste Reisegepäck gestopft war. Unter dem Zaum des Pferdes war die jaquima (der Halfter) angelegt. Endlich quer über dem Sattelknopf ruhte die geladene Doppelflinte, die mit der Hand am Schaft gehalten wurde. Vorauf ritt der Criado (Diener) des Dr. Behrendt, dessen Famulus ich nunmehr war, in einem Bündel vor sich auf einer kleinen magern Rosinante das Gepäck seines Herrn tragend. Er hieß Roberto und war ein nackter Indianerbursche mit stark von Blatternarben durchfurchtem Antlitz.

Unser phantastisches, ein wenig, aber auch nur ein klein wenig, besser als banditenmäßiges Aussehen wurde durch die Verhältnisse des Landes gerechtfertigt. Unbewaffnet reist nicht nur niemand in Nicaragua, man entfernt sich auch keine Viertelstunde von seiner Behausung ohne ein mit Ostentation zur Schau getragenes Mordinstrument. Selbst auf Spazierritten prangen die, wenn auch leeren, pistoleros (Pistolenhalfter) vorn am Sattel, und nirgends auf der Landstraße trifft man auch nur einen Fußgänger, der nicht wenigstens seine Machete führte. Der Doctor war außerdem noch mit einem mexicanischen poncho (Radmantel gegen den Staub) von gelb und braun gestreiftem Zeuge mit Fransen am Saum versehen, und an seiner Hüfte rasselte ein großer Cavalleriesäbel.

Begegneten wir andern Reitern, so wurde stets links ausgebogen von beiden Seiten, um die Rechte zum Angriff oder zur Vertheidigung frei zu haben. Am sichersten reist man in Nicaragua bei Nacht, da graulen sich die Salteadors. Die Mordanfälle — welche übrigens so häufig auch nicht, als sie die Fama gemacht hat, vorkommen, geschehen meist bei hellem Tage, wo so ein Schlingel aus dem Busch springt, seinen Schuß abfeuert oder seinen Hieb oder Stich vollführt, und dann sich wieder versteckt, bis der Angefallene sich verblutet hat. Es ist wahr, die Physiognomien der Nicaraguenser sind die vollendetsten Gaunerfratzen, die man sich denken kann, und der stechende tückische oder roh thierische Blick, den einem die Passirenden zuwerfen, kann furchtsamen Sterblichen wol Besorgniß einflößen. Mit Ausnahme der stupiden aber gutmüthigen Indianer ist mir der Nicaraguenser stets wie der Bastard zweier Seelen erschienen, von denen die eine in ein Schwein, die andere in einen Tiger gefahren ist. Doch ist das Volk hier noch in höherem Grade feige als schmutzig und tückisch, und wagt sich selten, und sicher nie Mann gegen Mann, an den Weißen.

Jalteva, die erwähnte Vorstadt Granada's, lag hinter uns. Wald und Maisfelder nahmen uns auf, und mit vollen Zügen trank ich die reine Morgenluft. Anfangs ein wenig ängstlich auf der unebenen, hier durchlöcherten, dort mit dicken Steinen besäeten, an einer andern Stelle von Gräben durchschnittenen oder mit Gestrüpp bewachsenen Straße, gewöhnte ich mich rasch daran, daß man den harten Huf seines Pferdes, ungeachtet derselbe nicht beschlagen ist, nicht zu schonen braucht. Man fühlt förmlich die Sicherheit dieser Thiere, und wenn man sonst fest im Sattel zu sitzen gewohnt ist, hat der camino real von Nicaragua, der fast immer in der Ebene geht, nichts, wozu Reitervirtuosität erforderlich wäre.

Maffaya ist vier Leguas von Granada entfernt. Auf halbem Wege hat man plötzlich einen herrlichen Fernblick auf den Nicaraguasee und seine Vulcaninseln, wie auf die Berge von Chontales und Segovia. Maffaya selbst, auf einer kleinen Hochebene gelegen, und mitten in einem Gehölz der schönsten Blüten- und Fruchtbäume, erblickt man nicht eher, als bis man mitten darin ist.

Der langentbehrte Genuß, mich mit einem durch und durch wissenschaftlich gebildeten, mit dem regsten Sinn für die Schönheiten der Natur begabten Menschen aussprechen zu können, verfehlte seine Wirkung nicht. Feine Manieren ohne die mindeste Ziererei eines Weltmannes, gleiche persönliche Bekanntschaften wie in Europa mit politischen und gelehrten Koryphäen, heiterer, lebensfroher Sinn bildeten die Bande, welche bald eine wahre, herzliche und aufrichtige Freundschaft schlossen. Behrend oder Don German (Hermann) wie er bei der Taufnamentitulatur genannt wurde, lehrte mich die hiesige Welt und die Verhältnisse rasch in einem ganz andern Licht betrachten. Ich kann seine Darstellung nicht unerwähnt lassen, denn sie ist ein vademecum für alle, welche die Reiselust nach Nicaragua treiben sollte.

„Kommen wir gleich au fait, lieber ***, da wir doch zusammen das Leben eine Strecke lang verfolgen wollen. Schlagen Sie sich zuvörderst all und jeden europäischen Maßstab in Ihren Urtheilen, Erwartungen, Vergleichungen und Ansprüchen aus dem Sinn. Sie haben sich nur auf sich zu verlassen, sogar der Diener ist in dem, was er für Sie thut, nur eine Gunst des Zufalls. Sie werden sich unglücklich fühlen wie alle unsere Landsleute hier, sobald Sie einen Augenblick vergessen, daß Sie in Nicaragua sind. Machen Sie sich rasch des Landes Bräuche zu eigen und denken Sie, Sie sehen ein Schauspiel von einem schlechten Sitz aus. Die Handlung des Stückes wird Sie dann schon das schlechte Parterre vergessen lassen. Ich selbst, wenn mich eine Anwandlung übler Laune beschleicht, blicke in das Kaleidoscop meines Tagebuchs und ich finde, daß, die Trennung von den Meinigen abgerechnet — das bißchen Unbequemlichkeit kein zu theurer Preis ist für den Wechsel, die reichen Contraste, welche dies Leben mir bietet. Ich habe mich stets allein gehalten. Ihre Elasticität des Geistes, mit welcher Sie sich sofort in die hiesigen Zustände zu finden suchten, hat mich für Sie eingenommen. Also Offenheit unter uns und heitern Sinn."

Ich reiste mit einem Arzt. Wo konnte ich das Leben besser kennen lernen als in einer Stellung, die mir Zutritt in alle Schichten der Bevölkerung verschaffte? Vor dem Verkommen völlig sicher, hing mir der ganze Himmel voller Geigen und rascher trabten wir durch die Landschaft, die jetzt, am Schluß der Regenzeit, ihre ganze Ueppigkeit entfaltet hatte.

Nach dreistündigem Ritt erreichten wir Massaya. An hohen Cactushecken, deren stachelige tiefgefurchte Säulen bei einem Durchmesser von einem halben Fuß eine Höhe von 30 Fuß und darüber erreichten, vorüber, führte der Weg in das Städtchen hinein. Die zierlichen, einfachen Rohr- und Palmenhütten der Indianer lugten hier unter dem Schatten der dunkelgrünen Mangobäume, oder aus den gigantischen Blättern der Platanen- und Bananenpflanzungen in reichster Natürlichkeit hervor, oft überragt von der wallenden Blätterkrone der Corussa-Palme, deren fast 50 Pfund schwere Blüten- und Fruchttrauben gerade jetzt oben am Stamm unter dem Laubdach des Baumes in voller Ueppigkeit prangten. Kleine offene Ranchos, unter denen das Kochfeuer brannte, um welches die braune Familie herumhockte, und das seinen Rauch langsam wirbelnd in das Laubdach eines großen Mamea- oder Zopotebaumes sandte, während unweit davon im spärlichen Schatten der Jipigapa-, Cabulla-, Penca- und anderer

Palmenarten kleine Indianermädchen Mais zur Tortilla zwischen zwei Steinen zerrieben, andere Strohhüte aus dem Bast der erwähnten Bäume flochten und träge Männer, in der Hängematte sich wiegend, den Frauen und Kindern die geringe Arbeit allein überließen. Vor oder unweit jeder dieser Hütten stand ein Hikaro- oder ein Guacalbaum. Die länglichen ovalen Auswüchse des erstern, welche gleich Früchten aus dem Stamm herauskommen, aber weder Keim noch Kern haben, liefern den Eingebornen ihre Trinkbecher (hiccaros); der kugelrunde Auswuchs des Guacalbaumes die Schalen zum Essen ꝛc. — Die Frucht (man lasse diesen Ausdruck gelten) wird in der Mitte quer durchgeschnitten und die beiden Hälften samt ihrem Inhalt, einer festen markartigen Masse, auf den Boden gelegt, wo die Ameisen die Arbeit des Aushöhlens übernehmen und die harte äußere Schale inwendig zu einer politurartigen Glätte reinigen. Der Eingeborne bringt an den Außenseiten noch einige bunte Schnitzverzierungen an und sein Hausgeschirr ist fertig. Diese glücklichen Nichtsthuer brauchen von uns Europäern bloß den eisernen Kochtopf und die Machete. Keine Spur civilisirter Industrie, kein Nagel, kein Schloß ist an den Hütten zu entdecken. Die Palme liefert ihnen den Bast, die Balken und Rohrstäbe zu verbinden, und das Palmenlaub bildet das Dach dieser malerischen einfachen Wohnungen.

Nachdem wir wol eine Viertelstunde lang in diesem indianischen Paradiesgarten geritten waren, wo die Früchte in verschwenderischem Ueberflusse prangten, wo Mais und Zuckerrohr in wucherischer Fülle ohne große Arbeit, den Boden bedeckte, wo die stolzesten Plantanale ein zauberhaftes Halbdunkel auf den Boden warfen, während die Luft über ihren saftigen Blättern in der Glut der Sonne zitterte, erreichten wir das Centro, die Plaza. Roberto, unser Criado, stieß sein lautes gellendes „Hup—ah!" aus und wir ritten grade in ein Haus an der westlichen Ecke der Plaza durch Corridor und durch das Zimmer in den Hofraum hinein, sattelten unsere Pferde ab, entledigten uns unserer Sporen und Waffen und begaben uns in die Behausung des Doctors, welche aus einem aus Rohrstäben aufgeführten Anbau am Wohnhause bestand.

„Um Ihnen den Beweis zu geben, lieber Doctor, daß ich mich meiner Vorurtheile entledigt habe," rief ich lachend aus, „erkläre ich diese Ihre niedere Hütte für einen Feenpallast und nicht für —"

„Einen Schweinekoben," ergänzte Don German.

„Bei wem sind wir denn eigentlich hier?"

„Don José Maria Alvarado, einem Gentleman, wie es wenige in Nicaragua gibt, und einem ehrlichen Mann, wie es noch weniger gibt, seiner Mutter und seinen drei Schwestern. Sie sollen den Señoras gleich vorgestellt werden."

Während Roberto Wasser zum Waschen bringen sollte, was er jedoch sich hütete zu thun, und der Doctor daher selber nach diesem reinigenden Element ging, besah ich mir unsere Behausung.

Zwei plumpe Bettstellen, jede mit einem Tigerfell bedeckt, als Matratze, zwei plumpe Stühle, die Sitze mit einem Stück Kuhhaut bespannt, ein roher ungehobelter großer Tisch, auf welchem unter Medicinflaschen, Pulverbüchschen u. s. w. einige ärztliche Bücher lagen, bildeten das Mobiliar, welches durch eine Hängematte und einen kleinen Zweigroschenspiegel vervollständigt wurde. Zwischen den Rohrstäben, also durch die Wand hindurch, blickte man bequem hinaus ins Freie über die niederen Häuser der Plaza hinweg auf den Vulcan von Massaya.

So kurz der Ritt auch gewesen war, so hatte mich die ungewohnte Anstrengung in der Hitze dennoch ermüdet und ich warf mich in die Hängematte, mich der ganzen Wollust

des dolce far niente hingebend. Bald war ich fest ent-
schlummert und keine Mücken, kein jammernder nigua-geplag-
ter Franzose störten die Siesta.

So mochte ich vielleicht drei oder vier Stunden aus-
geruht haben, als mich der Doctor weckte. Vor mir stand
ein reizendes kleines dunkelbraunes, barfüßiges Indianermädchen, einen Hiccaro mit einer schwarzbraunen, schaumbedeckten
Flüssigkeit in der einen, ein Glas Wasser in der andern
Hand haltend, und ein langes befransetes Handtuch über die
entblößte Schulter geworfen.

Es war das specifisch-nicaraguensische Nationalgetränk,
die tiste, eine Limonade echt indianischer Abstammung,
deren Recept ich hier zu Nutz und Frommen der civilisirten
Welt mittheilen will.

Man nimmt einen gehäuften Löffel voll getrocknetes
Mais-, noch besser Reismehl, ein gleiches Quantum geriebe-
nen Kakao und eben so viel gestoßenen Zucker, gießt kaltes
Wasser dazu und quirlt das Ganze in einem Glase, bis sich
ein dicker Schaum auf der Oberfläche gebildet hat. Es ist
eins der erfrischendsten, wohlschmeckendsten und gesundesten
Getränke, welche ich kennen gelernt habe, und nebst der Hängematte bildet es die einzigen Luxusgenüsse Nicaraguas.

Wie ein Pascha schlürfte ich den kühlenden Trank hinunter, spülte den Mund mit dem mir von der kleinen
Odaliske dargereichten Wasser und wischte ihn mir an dem von
den braunen Schultern des Naturbackfisches herunterhängenden
Tuche ab. Dann zündete ich mir an der Kohle, die mir der
dunkle Roberto von der anderen Seite der Hängematte in
einer Platanenschale präsentirte, eine jener kleinen kunstlos
gewickelten, aber aus deliciösem narkotischen Tabak gefertigten
Massaya-Puros (Cigarren) an.

„Nun," lachte der Doctor, als er mein gestrecktes

Wohlbehagen betrachtete, „nicht wahr? Nicaragua hat auch seine Lichtseiten!"

„Allah il Allah!" rief ich und sprang aus der Hängematte heraus.

Mir war so leicht, so wohl zu Muthe, das ganze Leben schien wie eine grüne Wiese vor mir zu liegen. Ja, ein gewisser Uebermuth jagte das leichter gewordene Blut: —

> Die Seele sucht eine Seele und späht
> Nach zärtlich weißen Gewändern!

Ich erklärte mich bereit, mich den Señoritas vorstellen zu lassen und wir gingen in das Cuarto der Familie.

Die Familie war gerade vollständig versammelt. Die alte Mutter eine spanisch-indianische Mestize, saß auf einer Cama (Bett). Der Sohn, Don José Maria, lag in einer der drei mächtig großen Hängematten, welche in der geräumigen Sala aufgeschlagen waren. Don José Maria war der Sohn eines Altspaniers und fast weiß. Seine Manieren waren freundlich und zuvorkommend, und die zahlreichen Aufschlüsse und Charakterzüge, die ich von Nicaragua erhalten, verdanke ich fast nur ihm und seiner ältesten Schwester, der Niña Mercedes, einer lebhaften aufgeweckten Dame von schneller Beobachtungsgabe und meisterhaftem Erzählungstalent. Sie führte allabendlich unter dem Corridor des Hauses, wenn sich sämtliche Bewohner dort patriarchalisch versammelt hatten, und sogar die Diener und Dienerinnen, indianisch niedergehockt, der Unterhaltung lauschten, das Steuer der Conversation. Die zweite Schwester, Niña Chepita, deutete durch ihr etwas wolliges Haar und ihre wulstigen Lippen auf eine entfernt afrikanische Mithülfe bei der Genitur der Alvarados von Massaya hin. — — — — Die jüngste Tochter des Hauses, nach der Mutter Niña Ignacia genannt, war eine reizende helle Mestize, mit feurigen, aber sanften Augen, gazellenartiger Schlankheit des Wuchses und mit einem

Füßchen zum Küssen schön. Endlich trippelte noch ein nacktes, gelbbraunes Knäblein im Zimmer umher, das uns ganz unbefangen als ein hijito von Don José Maria genannt wurde, gezeugt im freien Zeitvertreib mit einer indianischen Magd, welche ebenfalls noch im Hause diente. (Unwillkürlich fielen mir die klassischen „Suppélmens aux voyages de Bougainville" von Didérot ein.)

Niña Mercedes präsentirte uns mit unnachahmlicher Grazie Cigarren. Wir nahmen unter dem Corridor Platz, umlagert von dem Hausgesinde, welches auf den Boden gekauert mit seinen glühenden Augen neugierig den neuen Estrangero anstarrte. Die vollendetste Form der Etiquette herrschte bei edler Ungezwungenheit der Unterhaltung. Erhob sich einer von uns von seinem Sitz, um einen Augenblick ins Haus zu gehen und eine neue Cigarre zu holen, so hieß es zuvor:

„Con su permisa, mi Señora;" und mit sonorer Stimme und graciöser Handbewegung ward die Erlaubniß mit einem „Bien le puede, Señor!" ertheilt.

Die Damen schienen es nicht begreifen zu können, daß uns Granada, die Capitale, so zuwider war, obgleich ihnen insgeheim der Vorzug, den wir ihrem ländlichen Massaya ertheilten, schmeichelhaft sein mochte.

Massaya ist unstreitig die fruchtbarste Gegend im ganzen Staate Nicaragua. Trotzdem vollständig wasserarm ist, und auf fast eine Legua in der Runde auch nicht das kleinste Bächlein die Ebene durchschneidet, saugt der aus leichten vulcanischen Tuffen bestehende Boden vermöge seiner Porosität während der Regenzeit eine hinlängliche Masse Feuchtigkeit ein, um selbst während des trockenen Sommers (von December bis Ende Mai) das frische Grün der Vegetation nicht leiden zu lassen. Das Trink- und Waschwasser wird aus einem See, der über $1/4$ Legua von dem Ort in

einem tiefen Bergkessel (einem ausgefüllten Krater) über 1000
Fuß tief unter dem Niveau der Stadt liegt, auf beschwerlichen Felsenpfaden geholt, und die armen Indianerweiber
schleppen den ganzen Tag in ihren tinajen (blasenrunden
Thongefäßen mit einer engen Oeffnung, ca. ³/₄ Anker haltend,
welche auf dem Kopf getragen werden) das Wasser herauf.

Von unserm Corridor aus hatten wir die Aussicht auf
die Plaza mit ihrer einfachen schmucklosen Hauptkirche und
den einstöckigen, weißangestrichenen Lehmhäusern der höhern
Classen der Gesellschaft. Dicht dahinter ragte im Mondenlicht der niedrige (1000 Fuß?) Vulcan, el infierno de
Massaya (die Hölle von Massaya), wie ihn die alten Spanier nannten, mit seinem abgestumpften Kraterrande hervor.
Der Vulcan soll in früheren Zeiten an Großartigkeit seiner
Ausbrüche die meisten bekannten Feuerberge hinter sich gelassen haben. Die alten Indianer schon nannten ihn Popocatepec, wie Don José Maria sagte, der siedende Berg.
Gegenwärtig sendet er nur Gase aus dem Innern, und man
hält seine Thätigkeit für beendet.*)

Ich gab Don José Maria meinen Wunsch zu erkennen,
über die Sitten und Gebräuche der Indianer, deren Race
sich hier auffallend rein erhalten hatte, namentlich über deren
Sprache, einige Auskunft zu erhalten.

„Unsere Indios," nahm der Spanier das Wort, „sind
sämtlich Christianos geworden. Ein einziger alter Mann
lebte wol noch hier vor einiger Zeit, welcher behauptete, die
Sprache seiner Vorfahren zu kennen, aber er war loco (verrückt) und brachte nur schlechte, verdrehte castilianische Worte
heraus. Dagegen haben sich mancherlei heidnische Gebräuche
erhalten, und unsere Indios, wenn sie auch an Weiße ihre

---

*) Im Jahre 1857/58 sind neue furchtbare Ausbrüche erfolgt,
wie überhaupt die vulcanische Thätigkeit in diesem schönen, aber unglücklichen Lande in dieser Zeit verheerend gewesen ist.   A. d. V.

Töchter für 10 Pesos vermiethen, unter der Bedingung, daß das Kind einer solchen Verbindung der Familie der Mutter als Arbeitskraft verbleibe, so fliehen sie doch die Neger und Zambos von Granada und Leon."

Ich gab mein gerechtes Erstaunen über diese sehr stark primitiven Sitten zu erkennen, als Don German sich ins Gespräch mischte.

"Sagen Sie selbst, Niña Mercedes, ist es in Nicaragua ein Verbrechen, wenn ein junges Mädchen aus guter Familie einen Folgen habenden faux pas begeht?"

"Pues, Señor!" versetzte Mercedes offen, "a n g e n e h m ist es nicht, aber daß ihre Freundinnen deshalb den Umgang mit ihr abbrächen, ist noch nicht vorgekommen. Pobrecita! — Doch die Familie hat immer eine Arbeitskraft mehr, und die malditas revoluciones nehmen uns viel Menschen weg. Die Indios freuen sich sogar darüber, wenn ein Weißer ihre Töchter liebt."

"Aber der stumme Vorwurf, wenn das Kind durch seine Aehnlichkeit mit dem Vater — —"

"O, Señor," unterbrach mich Ignacia lebhaft, "unsere Indios werden sogar wüthend, wenn man ihnen sagt, das Kind und wäre es auch ihr eigenes sehe dem Vater ähnlich. Sie glauben, das wäre eine böse Schmeichelei, die man dem Kinde sagt, in Folge welcher es Geschwüre im Ohre bekommen müßte. Der Vater nimmt dann ein Stück meccate (Bindfaden) und macht so viel Knoten hinein, als Personen etwa anwesend waren, welche die Aehnlichkeit fanden, zieht diese Schnur rasch zwischen seinen eigenen Lippen hin und her und murmelt Verwünschungen gegen die Schmeichler, um den Zauber zu brechen."

"Erzähle dem Herrn doch auch, was die Indianer mit ihren neugebornen Kindern thun;" ließ sich die Mutter vernehmen.

"Wenn einem Indio ein Kind geboren wird," fuhr

Ignacia fort, so trägt er es an die playa (Strand; hier aber Bezeichnung für See im allgemeinen), und taucht das Kind hinein. Wenn das junge Geschöpf dann natürlich einen Katarrh bekommt, so geht der Indianer allein wieder zum See hinunter und ruft dreimal mit lauter Stimme: „Viejo del monte (Alter vom Berge), mache mir mein Kind wieder gesund!"

Der Doctor war so freundlich, die Wiederaufnahme seiner Praxis um einen Tag hinauszuschieben und schlug mir für den nächsten Tag einige Excursionen ins Freie vor, die wir, um den Patienten zu entgehen, mit Tagesanbruch antreten wollten. Wir zogen uns daher in unsere Höhle zurück und ich schlief diese Nacht zuerst den romantischen Schlaf auf der Haut eines Tigers. Wol rasselte gelegentlich ein ulacran (Scorpion) auf meinem Lager, allein da ich mich der Weisung des Doctors zufolge ruhig verhielt, that mir das Thierchen auch nichts. Dagegen hatte eine Kuh dicht an den Rohrstäben der Wand, an welcher mein Lager stand, Posto gefaßt und mußte mir in Intervallen ihren heißen Athem durch die Oeffnungen ins Gesicht, so daß ich endlich aufstehen, den verrammelnden Thürpfosten wegnehmen, und das Thier mit Steinwürfen vertreiben mußte. Von Räubern hatten wir dagegen in Massaya nichts zu fürchten, wie uns gesagt wurde, obgleich man sonst mit haarsträubenden Schilderungen auf diesem Gebiete hier zu Lande sehr freigebig ist. Die indianische Bevölkerung ist eben so ehrlich als stupide.

Am folgenden Morgen, als der Tag kaum graute, waren wir auf den Beinen. Doch ich muß hier eines Zwischenfalls Erwähnung thun, welcher die kindlichen Sitten dieses herrlichen Landes mehr als alles andere charakterisirt, und man vergesse dabei nicht, daß wir im Hause einer edlen, wenn auch etwas heruntergekommenen spanischen Familie wohnten.

Roberto stand mit den gesattelten Pferden bereits vor der Thür, als ich, einer unabweisbaren Nothwendigkeit Raum gebend, dem Doctor eine Frage vorlegte, die man unter civilisirten Europäern zu den discreten zählen darf. Er erwähnte des Hofes. Ich ging hinaus, und nachdem ich meinen Blick nach allen Richtungen hin vergeblich hatte schweifen lassen, ohne das gesuchte St. Salvador zu entdecken, schickte ich mich an, mich als Wilder und besserer Mensch — seitwärts in die Büsche zu schlagen. — Da — Buenos dias, Don Guillermo! como ha pasado la noche, Señor? — tönte es aus drei weiblichen Kehlen zu gleicher Zeit.

Ich blickte um, und sah am Saum eines Gewirres von hochrankenden wilden Passifloren in voller Blüte Mercedes, Chepita und Ignacia in bereits erwähnter Indianerattitude am Boden hocken und — ihre Cigarre dabei rauchen. — Mit der kindlichsten Unbefangenheit plauderten die Mädchen mit mir, und nannten mir diesen und jenen Ort, den wir auf unserem Ritt besehen sollten. Nun ja doch, die Decenz („als solche" philosophisch ausgedrückt) wurde in nichts beeinträchtigt. Aber für ein Subject, wie ich, war sie dennoch stark, diese Naivetät, und ich vertiefte mich mit den sonderbarsten Empfindungen etwas weiter ins Dickicht hinein. Der Doctor, dem ich das kleine Abenteuer mittheilte, rieth mir ernsthaft, ja keine europäischen Schlüsse aus dieser centroamerikanischen Natürlichkeit zu ziehen, und ich, ich brummte wieder etwas von Supplémens aux voyages de Bougainville von Didérot in den Bart.

Wir stiegen zu Pferde. Im Galop ging es fort durch die lachendste Vegetation hindurch nach dem Seekessel zu. Mich jammerten die armen Pferde, welche den steilen felsigen Abhang hinunterklettern mußten und alle Augenblick zwischen dem Gestein und Geröll zusammenzubrechen schienen. Mit aller Kraft des Armes mußten wir uns an dem Schwanzriemen halten, um nicht über den Hals des Thieres hinunterzugleiten. Endlich waren wir unten.

Tausend und eine Nacht! — Das war mein erster Ausruf bei dieser zugleich wilden, lieblichen und schwermüthigen Landschaft. Ueberall brach aus dem verwitterten Gestein der schroff in den See abfallenden Andesitfelsen die tropische Vegetation. Die Blütenschlingungen der Lianen küßten den stillen grünlichen Wasserspiegel. Es war früh morgens, wo die Thierwelt des Waldes dem Wasser zueilt, um ihren Durst zu löschen. Tausende und Tausende von Papageien in allen Größen und Farben, vom gravitätischen Arras bis herab zum naseweisen Loxia, ganze Schwärme brennend glänzender Trochiten, Scharen von Pfefferfressern mit dem colossalen langen Schnabel, schneeweiße Garcias, deren Flaum den kostbarsten Schmuck der Damenhüte liefert, Paradies- und Leiervögel, und Massen mir unbekannter befiederter Waldbewohner hatten sich hier Rendezvous gegeben. Hunderte von Köpfen von Quadrupeden, vom Reh bis zum Armadill, schauten aus dem Dickicht, und an den Behuken*) kletterten kleine Affen und Eichhörnchen bis zum Wasserspiegel herab um zu trinken.

Während auch unsere Pferde tranken, entkleideten wir uns und nahmen ein Bad. Ich schwamm ungefähr 100 Schritt in den See hinaus. Es war ein eigenes Gefühl, im Krater eines Vulcans zu baden und jede Oscillation des Wassers rührte die erruptive Gewalt, welche mich bis in die Wolken hätte schleudern können, vor meiner Phantasie auf.

Das Wasser hat einen etwas dumpfen Beigeschmack, namentlich zu gewissen Zeiten. Don José Maria, ein durchaus glaubwürdiger Mann, hat mir von einem Phänomen erzählt, dessen Richtigkeit ich hier allerdings vor Augen hatte. Alljährlich, am Schluß der Regenzeit, zu Anfang December, setzt das Wasser eine Menge grüner Partikelchen (unterm Mikroscop

---

*). Spanisch „Bejuco."

erwiesen sich dieselben krystallisirt) ab. Die Fische kommen an die Oberfläche, und die kleineren liegen oft Minuten lang betäubt auf der Seite. Und so war es in der That. Ich will versuchen, eine Erklärung dieser Erscheinung in Folgendem abzugeben.

Thatsache ist, daß die vulcanische Thätigkeit regelmäßig beim Wechsel der Jahreszeit einsetzt; so gehen dem Eintritt der Regenzeit immer Erdbeben voraus. Eine gleiche unterirdische Activität ist nun auch wol am Schluß der nassen Jahreszeit anzunehmen — narkotisch betäubende Pflanzen wachsen am See nicht, auch trinken die Thiere ruhig das Wasser, wie in jeder andern Jahreszeit — dagegen ist es leicht möglich, daß dem Boden des Sees Gase entsteigen, welche die beschriebene Wirkung hervorbringen. Ob diese Hypothese stichhaltig ist, will ich nicht entscheiden, chemische Untersuchungen anzustellen, lag außer unserer Macht.

Mit Mühe, doch mit weniger Anstrengung als bergab, erreichten wir die Oberfläche wieder, und jetzt ging es um den See herum, einen sich zwischen duftenden Malven hinziehenden Weg entlang, welcher nach einem entfernten Indianerort, Nandeime (die Spanier sagen Nandosmo), hinführt. Hügel auf, Hügel ab, bald durch felsige Hohlwege, bald durch Schluchten, in welchen die wuchernden Pflanzen ihre Blütenhaufen hineingeworfen zu haben schienen. Natürliche Hecken von Cactus und Jasmin wechselten rasch. Und jetzt machten wir halt auf einem Vorsprung, welcher über den See hinausging. Der Blick fällt in zwei Thäler. Ueber dem einen schwebt kreisend ein Raubvogel und beantwortet mit heiserm Geschrei den Ruf der Kongos, die ich hier zum erstenmale seit meiner Reise auf dem San Juan wieder hörte. Ein dunkelrother Arras (Lapa) wiegt sich über uns auf dem Zweige eines Baumes, prachtvolle Falter von der Größe einer Manneshand umgaukeln den Kopf unserer

Pferde, an deren Füßen vorüber eine ganze Armee großer Ameisen in ununterbrochener Reihe zieht, jede ein grünes Blättchen zum Nestbau tragend, wie eine marschirende grüne Testudo der Alten en miniature. Um eine Staude hat sich eine Korallenschlange gewunden und folgt mit dem Auge dem summenden Flug eines Kolibris, der wie ein geflügelter Hyacinth in jeden Blütenkelch sein Schnäbelchen taucht. Eine feierliche, tiefwehmüthige Stille lagerte über dem Bilde des einen Thales. Und das andere? Es war gebildet durch den vulcanischen See von Massaha, den nordwestlich der Infierno begrenzte. Ein schwarzes Lavafeld zog sich, ein furchtbarer Contrast, auf der jenseitigen Höhe nach Südosten hin durch die grünenden und blühenden Landschaften. Und jenseits dieses Lavameeres, wie aus demselben hervorgewachsen, ragt in einer langen Reihe die Königspalme von Nindiri hervor. Eine Idylle der Feenwelt mit der Fracturüberschrift des Vulcanismus. Ich weiß nicht, ob es in Centralamerika Feen und ähnliches mythologisches Gesindel gegeben hat; aber ich weiß, sie würden Nindiri zu ihrer Residenz gemacht, zwischen hier und Nandasmo ihren Wohnsitz aufgeschlagen haben. Der Vulcan, der Kratersee, das stille Thal, die herrliche Pflanzenwelt, das Lavameer und dahinter die Palmen — —

„Bei Gott, Doctor!" rief ich aus, „man könnte zum Poeten hier werden! In meinem Kopfe spukt eine ganze Novelle von Elfen, Zaubergärten, Schmerz und Liebe. Ein Wink und sie ist fertig!"

„Und ich habe den Titel dazu," entgegnete der Doctor warm und voll.

Und wie aus einem Munde riefen wir Beide: „Die Palmen von Nindiri!" — —

Wir waren um sechs Uhr früh morgens fortgeritten,

und wenn ich sage, daß die Länge der Wegstrecke, welche wir gemacht, noch keine volle Legua betrug, und der Zeiger unserer Uhr auf ein Uhr nachmittags wies, so mag man daraus entnehmen, wie lange wir im stillen Anschauen dieser herrlichen Natur versunken gewesen waren. Doch die Sonne stand im Zenith und es war Zeit, nach Hause zu reiten. Unsere Gäule rissen beim ersten Sporn aus wie die Katzen, und bald nahm uns die wiegende Hängematte wieder auf, erquickte uns ein gebratenes Huhn mit Reis und yuca (einer stärkehaltigen Wurzel), labte uns der kräftige Kaffee, und zur Vesper die alles übertreffende tiste.

Die enthusiastische Beschreibung, welche ich den Damen von unserer Tour machte, wobei ich das Land in den Himmel erhob und bedauerte, daß die alten Spanier dieses verlorne Paradies nicht wiederfinden konnten, gab mir bei der Familie einen Stein im Brett, und am nächsten Morgen war die ganze Apotheke auf unserm Tisch unter einem wahren Berg der verschiedensten Früchte wie begraben.

Da war die zapote (in Havanna Mamea genannt), eine Frucht in Form einer kleinen Cocosnuß mit borkiger Schale und einem großen ovalen, kastanienbraunen Kern, um welchen herum ein glänzendes ziegelrothes Fleisch, dessen Geschmack halb Frucht, halb Biscuit, melonenartig und dem Pisang ähnelnd, und doch nicht so saftig als jene, nicht so apfelartig als dieser ist. Die Zapote wurde meine Lieblingsfrucht. — Dann fand ich die Anona, eine stumpfe grüne Spitzkugel von der Größe eines Katzenkopfes, das milchweiße saftige Fleisch mit einer Menge kürbisartiger schwarzer Kerne durchsäet. Der Geschmack ist lieblich, erfrischend, und hat man die Frucht auf der Zunge, so erregt ein sanfter Vanillegeruch die Nasennerven, ohne daß das Fleisch selber im rohen Zustande diesen Duft führt, vielmehr gänzlich geruchlos ist. Ferner die herrliche Mango-Birne mit ihrem faserigen dicken Kern, ihrer scharfen terpentinartigen Schale, die man entfernen muß, ehe man die Frucht, die ich nicht besser als mit einer mit Honig vermischten Birne vergleichen kann, verzehrt. Die Aguacate, deren Fleisch man auf Brot streichen kann, von butterähnlichem Geschmack, eine Frucht, welche mit Essig, Salz und Pfeffer angemacht, den deliciösesten Salat bildet, den ich je gegessen, das Mark der Palma Christi nicht ausgenommen. Der kirschenähnliche Maragnon mit dem helmartigen Kern auswärts, aus deren elastischer an sich zäher Fruchtmasse der kühlendste, blutreinigendste Saft im Ueberfluß quillt. Orangen sind hier wie Unkraut, Ananas (pinia) von einer klebrigen Süßigkeit. Auch Landesbackwerk fand ich auf unserm Tisch. Ich gewöhnte mich zwar nicht an die Tortille, aber ich. aß das lockere kuchenartige pan dulce (fast genau wie unser Mölln'scher Zwieback oder Wecken). Die Bereitung der Tortilla geschieht in folgender Weise. Die Maiskörner werden mit Wasser und Asche warm angesetzt, dann entschält und zwischen zwei Steinen, einer Platte und einem an beiden Enden konisch zugespitzten länglichrunden Stein zu einem Teig zerquetscht, der in einer Pfanne, oder bei den Aermeren auf einem heißen Stein gebacken wird. Durch die Asche nimmt die Tortilla einen verwesungsartigen Geschmack an, vor welchem ich den Ekel nie habe überwinden können; ich habe lieber Hunger ertragen, als dieses Gebäck zu essen. Ich ließ also auch die Tortilla, trotzdem es eine Regina (mit Käse angemachte) und von Ignacia's eigener schöner Hand bereitet war, unangerührt liegen, nahm dagegen die panecillas (Küchelchen, welche das ganze Quantum eines Iucaros voll Tiste enthielten), die panecillos puros (Chocoladen-Täfelchen) und andere Leckereien unserer liebenswürdigen Wirthinnen dankbar in Empfang.

„Welch ein Contrast!" rief ich dem Doctor zu, während ich in den Gaben der Natur schwelgte, „zwischen hier und den Nußknackerphysiognomien unserer Landsleute in Granada!"

"Reden Sie mir nicht von den Deutschen," erwiderte der Doctor; "Witting und der Apotheker Braun, der augenblicklich in Costarica weilt, sind die einzigen, die ich goutirt habe."

"Und Doctor Bernhardt," warf ich ein.

"Ach was! — "Da fuhr ich mit Ipecacuanha dazwischen!" parodirte Behrend meinen ersten äskulapischen Lehrmeister.

In diesem Augenblick trat der Postbote ein und brachte ein dickes Paket mit dem preußischen Wappen auf dem Siegel.

"Herrn Legationsrath v. Hesse in Centralamerika, Guatemala."

Darunter stand als Notiz des Postamtes in Greytown "pr. Adresse Herrn Doctor Bernhard in Granada."

Der Brief war aus Versehen nach Massaya an Doctor Behrendt gelangt, denn der Postdienst entspricht in diesem Land allem Uebrigen, und der Correoro reitet ab und kommt an, wenn er gerade Lust hat. Die Wissenschaft des Lesens ist ihm fremd. Er fragt den ersten besten, wo dieser oder jener Adressat zu finden ist.

"Die Briefe der preußischen Regierung an den preußischen Gesandten durch die Hände der preußischen Demagogen!!" lachten wir beide aus vollem Halse, und ich schrieb auf das Couvert:

"Doctor Bernhardt wohnt in Granada.
**** (meinen Namen).
Hochverräther außer Diensten.

Herr v. Hesse wird seine Freude an dem doppelten Visum der Depesche gehabt haben.

Nach und nach kamen unsere Patienten herangepilgert. Ich lernte hier gleich am ersten Tage, wie inficirt diese Race ist. Kranke Kinder ganz anständiger Eltern veranlaßten den Doctor zu der an die Mütter offen gerichteten Frage:

„Tiene V. gallico?"

„No Señor, pero el tata (der Vater) tiene."

Geistliche (padres) klagten über Leiden, gegen welche sie das Gelübde des Cölibats hätte schützen sollen. Leberleiden in Folge der Fieber, Abscesse und Geschwüre, Elephantenfüße u. s. w., u. s. w. — Es ging ans Pillendrehen, Pulverreiben, Pflasterschmieren.

Die Unterhaltung mit den Kranken war in der Einleitung fast bei allen stereotyp gleich, z. B.:

„Por vida suya, tengo un dolor de cabeza, deme un remedio!"

„Die Visite kostet einen Thaler."

„Ach, ich bin so arm. (Soy muy pobre, Señor.)"

„Dann nehme ich für die Behandlung nichts, aber die Medicin müssen Sie bezahlen."

„Si, Señor."

„Die Medicin kostet vier Realen." (½ Dollar.)

„Si, Señor."

„Vier Realen."

„Si, Señor."

„Nun, haben Sie das Geld da?"

„Ich werde es Ihnen schicken."

„Gehen Sie erst hin und holen Sie das Geld."

„Si, Señor."

„Dann bekommen Sie die Medicin."

„Si, Señor."

Der Patient blieb aber mit seinem Si Señor auf dem Fleck, wo er war, und ohne ferner Notiz von ihm zu nehmen, kam ein anderer vors Brett.

"Même jeu. Unterdessen kratzte sich Nummer Eins hinters Ohr, knöpfte den Knoten aus einem schmutzigen Tuch und brachte glücklich seine vier Realen zu Tage, die er, verschmitzt lächelnd, auf den Tisch legte, und dann die Medicin in Empfang nahm. Daß wir unter solchen Kunden Allopathen in quantitativster Bedeutung des Wortes waren, versteht sich von selbst. Geld für die Consultation gab es nur bei wenigen; zudem mußten wir por favor die ganze Verwandtschaft der Alvaradas behandeln, also die ganze gentry, welche hätte bezahlen können, wenn sie gewollt hätte. Amylum, Sacharium album, Aqua font. ꝛc. waren daher der Stock, über welchen jeder Patient ohne Ausnahme springen mußte, obgleich das wahre Mittel oft nur in Vorschrift einer speciellen Diät bestand. Emplastrum cantharidae wurde nach Landesbrauch mit Silber bedeckt, Senfmehl zu Senfpflaster die Unze mit einem halben Dollar chargirt. Auf andere Weise war es nicht möglich, zu Gelde zu kommen, denn die Eingebornen zahlen an sich schon nicht gern, am allerwenigsten aber dem Arzt.

So wunderbar leicht und schnell in diesem Lande Wunden und Verletzungen ihren Lauf zur Heilung oder zum Tode nehmen, so standhaft ertragen diese Völker auch wirkliche Schmerzen. Jammernd bei der geringsten Kleinigkeit, halten sie merkwürdig still bei schmerzhaften Operationen, denn — ihre Sensitivnerven sind bei weitem nicht von so feiner Organisation als bei höher stehenden Racen. Je reiner das Blut, je heller die Farbe, um so empfindlicher gegen äußere und innere Eindrücke sind die Menschen hier und — überall.

Die Indianer sind kleiner Statur, die Weiber kurz und gedrungen, mit strammen, kolossalen Waden und Schenkeln, und enormem Hüftbecken. Entbindungen habe ich unter den Indianerfrauen gesehen, während die Wöchnerin auf den Knieen lag, eine Cigarre rauchte und dabei den rosario durch die Finger gleiten ließen. Eine Stunde darauf machten sie Tortillas. Auch hier tritt die Stufung der Racen unwiderlegbar vor Augen. In den rein physischen Processen der Natur sind die Neger und bartlosen Indianer den Thieren näher, als uns Kaukasiern. Ich habe die minutiösesten Beobachtungen unter erfahrener Leitung gemacht und an den Nüancirungen der Racen in aufsteigender oder absteigender Linie mit tabellarischer Genauigkeit den Racenunterschied in allen Begrenzungen, Modificationen und Uebergängen bestätigt gefunden, und muß wirklich über die blinden Narren lächeln, welche den Wollkopf des Negers mit dem schwarzen andalusischen Seidenhaar über einen Kamm einer confusen Egalitäts-Philantropie scheren wollen.

Unsere Lebensweise regelte sich jetzt nach unseren Geschäften. Mit dem ersten Grauen des Tages, etwa 5¼ Uhr, verließen wir unser Lager, sattelten die Pferde (welchen Dienst Roberto regelmäßig verschlief) und machten unseren Morgenritt, bevor die Sonnenglut aus diesem Vergnügen eine Strapaze schuf. Massaya besitzt außer der Haupt- noch eine sogenannte Calvarienkirche, ein kleines einfaches und schmuckloses Gebäude. Dieser Punkt war das regelmäßige Ziel unserer Excursionen. Es standen auf dem grünen Platze nur fünf Corussa-Palmen in voller Blüte, aber die Art, wie sie gruppirt waren, und die einsame Stille des Ortes hatten uns das Plätzchen lieb gewinnen lassen.

Unsere regelmäßigen Ritte nach der Calvarienkirche hatten die Leute glauben gemacht, wir seien beide ein paar gewaltig fromme Christianos, ja die alte Ignacia (die Mutter der Alvarados) fing sogar an, mit mir über den guten Mann zu plaudern, der die Ehre hatte, mein Schutzheiliger zu sein, indem er wie ich Guillermo hieß. Doña Ignacia gestand mir, von allen Heiligen sei ihr San Guillermo der obscurste geblieben, wahrscheinlich weil der Name unter Christianos nicht oft vorkäme. Ich durfte das nicht auf meinem Heiligen sitzen lassen. Ich erfand, da ich leider von dem Patron und seinen wahrscheinlichen Heldenthaten selber absolut nichts wußte, die erste beste Jagdgeschichte, versicherte der Alten, Don Guillermo sei ein schottischer Edelmann, und in seiner Jugend noch weit liederlicher gewesen als der heilige Augustin, habe sich aber früher bekehrt als dieser und sei nach Ostindien gegangen, wo ihn der Kaiser von Japan, nachdem St. Wilhelm die Hälfte der Japanesen getauft habe, aus Neid und Misgunst steinigen lassen. Das spanische Wort lapidar kam mir wie gerufen über die Zunge. Sein Grab wäre noch in Batavia zu sehen. Es war mein Glück, daß die Alte keine geographische Studien gemacht hatte, und diese unverschämte Ortsverwirrung passiren konnte. Niña Mercedes aber und Don José Maria lächelten und drohten mit dem Finger, und Niña Mercedes, als sie eine Papier-Cigarre aus dem Busen holte, und mir dieselbe überreichte, flüsterte mir sogar zu — „Sin vergüenza!" — (Unverschämter!)

Von 7 bis 9 Uhr nach dem ersten Kaffee gaben wir den Patienten Audienz. Um 9 Uhr nahmen wir unser Frühstück ein, bestehend aus abermals Kaffee, Brot, Eiern und Früchten. Ein rarer Artikel war die Milch, da die Eingebornen zu träge sind, um die zahlreichen Kühe anders als für den eigenen Bedarf zu melken. Nach dem Frühstück, wenn Roberto durch Bitten und einen gelegentlichen Hieb mit der Peitsche dahin gebracht worden war, unsere Pferde im See zu tränken, ritten wir auf Praxis aus. Um 12 Uhr waren wir wieder zu Hause und plauderten, in der Hängematte uns schaukelnd, in wonniger Behaglichkeit, bis auf das Hemd entkleidet, bis 2 Uhr, wo ein einfaches Mittagsmahl, zum Glück ohne Knoblauch, verzehrt wurde. Roberto, die Perle der Diener (la perla de los criodos), seitdem seine Mutter, — einen Vater hat er nicht gehabt — die von uns einen Thaler entlehnt, natürlich auf

Nimmerwiederzahlen, und uns aus Dankbarkeit autorisirt hatte: pegale, pegale, cuando está mal criado (Hauen Sie ihn, wenn er nicht aufpaßt) — Roberto ward dann ausgeschickt, uns Cigarren zusammen zu kaufen, damit wir am Abend, wenn die Perle der Diener zurückkam, etwas zu rauchen hätten. Der Nachmittag verstrich gewöhnlich ohne Patienten und wurde zu Excursionen benutzt.

Die Hieroglyphen von Massaya, wie sie Squier in seinem Werk über Nicaragua nennt, bildeten eines Tages unser Ziel. Es ist ein Ort, unmittelbar vor der Stadt gelegen, wo die alten Ureinwohner einen Tempel hatten und die Menschenopfer begingen, welche sanfte Indier von jeher die üble Gewohnheit hatten zu begehen, ohne daß sie von den Christen, welche bekanntlich auch Virtuosen in diesem Zeitvertreib waren, erst zu lernen brauchten. Die sanften Indier verspeisten wenigstens ihre Opfer; die Christen dagegen schlachteten bloß, um zu schlachten, und hatten nicht einmal etwas davon.

Don José Maria, der mit von der Partie war, führte uns in dem trocknen Bette eines seit der letzten Eruption des Infierno versiegten Flusses, über welchen die von beiden Ufern herüberrankenden Schlinggewächse eine prachtvolle grüne Arkade gebildet hatten, die keinen Sonnenstrahl durchließ, in einen Bergkessel etwa 300 Fuß tief hinunter. Hier fanden wir an einer Felswand die Sonne, den Mond und die Sterne symbolisch in das Gestein in Form runder Kreise mit Gesichtern eingekratzt, und auf einer Terrasse war in den Fels in Form eines länglichen Vierecks eine 4 Fuß lange und 2 Fuß breite Vertiefung, der Opferaltar, eingehauen, wo die Indianer die spanischen Eindringlinge, deren sie habhaft werden konnten, massacrirten. Für Archäologen war die Ausbeute dürftig zu nennen. Vergebens klopften wir an den Steinen herum, wühlten selbst den Boden hie und da auf, fanden aber nichts als unter einer Menge Ochsenschädel den sehr defecten Schädel eines menschlichen Wesens, dessen Bildung aber nicht den kaukasischen Ursprung verrieth. Ziemlich getäuscht und über die phantastische Schilderung, welche andere Touristen von den massaya'schen Alterthümern gemacht hatten, lachend, traten wir den Rückweg an.

Großartig lohnend war dagegen ein anderer Ausflug nach dem Lavameer des Vulcans in der Nähe von Nindiri.

Es war an einem Nachmittage, zwei Stunden vor Sonnenuntergang, als wir nach jenem versteinerten Meer ritten. Von dem Krater des Infierno erstreckt sich fast zwei Leguas lang in südöstlicher Richtung die schwarze Masse, deren phantastische Formation genau einem sturmempörten See, in welchem die schäumenden Wellen einander überstürzen, glich. Nur denke man sich die Brandung eines Sees plötzlich starr und versteinert, fixirt inmitten ihrer aufgeregtesten Bewegung. Einzelne verkohlte Baumstämme, mit der Spitze nach der Richtung der Strömung sich neigend, ragten aus diesen todten Wellen noch hervor, deren Gipfel, mit Bimsteintuffen bekleidet, ihnen in der That ein Ansehen gaben wie den Schaumköpfen der Wellen im Meere. Was sind alle Ruinen alter Raubschlösser gegen diese Brandruinen des Tempels des Hephästos! Und als die untergehende Sonne durch die grünen Büsche in der Ferne ihre Strahlen auf die Masse warf, und rosarothe Tinten auf die schwarze Lava zauberte, da schien es, als glühe und flamme es noch in diesem erstarrten Erguß der Zerstörung, auf den die Palmen von Nindiri wie Engel des Friedens niederschauten. Kein Hotel in der Nähe, keine blasirte Reisegesellschaft, die einem in der Schweiz die herrlichen Naturgenüsse, in Italien die Begeisterung der Kunst verleidet, störte die erhabene Reminiscenz des gewaltigen Naturschauspiels, welche hier in einsamer Größe vor uns entrollt war.

Der camino real (die Landstraße), welche von Granada nach Realejo führt, der einzige Weg, welcher die Städte und Flecken Granada, Massaya, Managua, Matiares, Nagarote, Pueblo nuevo, Leon, Chinandega und Realejo verbindet, — durchschneidet das Lavafeld. Man hat durch das scharf in die Hufen der Thiere bringende Gebilde einen Weg planirt, der von Ochsenkarren befahren wird.

Merkwürdigerweise ist von den wenigen Touristen, welche Nicaragua bereist haben, Massaya und seine Umgegend am kürzesten behandelt worden, obgleich alle darin übereinstimmen, daß es der reizendste Punkt im ganzen Lande ist. Ich glaube, das liegt daran, weil es in Massaya und Nindiri kein Wirthshaus giebt und die Reisenden den Ort nur durchritten. Es wurde dann in den Beschreibungen später darauf Bezug genommen, und viel von den alten Indianern und ihren Kämpfen geredet, zu welchem Behuf der alte spanische Schriftsteller Juarez und der irische Mönch Thomas Gage benutzt wurden. In Massaya selbst, glaube ich, kennt kein Mensch mehr die Geschichte des Orts, und daß der Kazike, der sich mit Gonzalez herumbalgte, Diriangan geheißen hat. Doch was ist eine Reisebeschreibung in den Tropen ohne wilde Indianer, und wenn die Herren Touristen keine lebendige Wilde fangen können, so nehmen sie die Todten. Die wenigsten Touristen haben unter den Eingebornen wirklich gelebt, und einen mehr als oberflächlichen Blick in das Haus- und Familienleben und somit in ihre Eigenthümlichkeiten gethan, um so eifriger aber Notizen gesammelt, die dann der eine von dem andern abgeschrieben hat.

Unser Aufenthalt in dem lieblichen Massaya hatte acht Tage gedauert. Unsere Zeit war getheilt zwischen naturwissenschaftlichen, namentlich ethnographischen Studien und Exkursionen, der behaglichen Siesta und dem practischen Beruf, aus schlechten Medicinen gute amerikanische dimes (fast das einzige Silbergeld hier zu Lande) und centralamerikanische Golddollars zu machen. Don José Maria und Niña Mercedes versorgten mein Tagebuch reichlich mit Notizen, Niña Chepita fabricirte mir dulces (Zuckerwerk), Niña Ignacia, die jüngste und hübscheste, unterrichtete mich im Spanischen, wobei ich leider nur zu häufig in Gegenwart der alten Mama die castilianische Aussprache — noch leiderer — nur aus spanischen Gebetbüchern lernte. Die alte Mama — alte Leute haben fixe Ideen — hatte es sich in den Kopf gesetzt, ich wäre ein buen christiano, seit ich ihr die Legende meines Namensheiligen erzählt hatte. Sie hatte die Legende sogar ihrem padre confessor erzählt, und der padre hatte sich — noch mehr Ignorant auf dem Gebiete heiliger Jagdgeschichten als ich — sehr gefreut über einen estranjero tan instruido. Es ist gewiß ein abscheulich sündhafter Gedanke von mir, wenn ich glaube, Doña Ignacia sen. entdeckte in mir ein Ding wie einen künftigen Schwiegersohn. Die Alte sprach aber merkwürdig gern und viel von casar (heirathen). Mein Himmel, ich würde mir nicht getrauen, auf dem hamburger Jungfernstieg die Augen aufzuschlagen, wenn ich — bei allem Respect vor der Liebenswürdigkeit der Niñas — mein reines weißes Blut hier kreuzte. Die kleine Ignacia war unbefangen und zu wenig erfahren in den Künsten der Coquetterie, um mir etwelche Avancen zu machen. Sie neckte mich selbst mit dem schrecklichen Moment des Lebens, wo ich alle schönen Mädchen und Frauen des gerechten Anspruchs auf mein Ich berauben würde. Und sie hatte ganz recht.

Eines Abends saßen wir wie gewöhnlich unter dem Corridor und sogen die reine alsamische Nachtluft ein. Da explodirte wenige Schritte von uns mit furchtbarem Krachen ein Bombenschlag. Gleichzeitig klapperten alle Glocken im Ort. Die Glocken werden hier nicht geläutet, wie bei uns; die trägen Eingebornen begnügen sich, mit einem Knüppel darauf loszuschlagen und dämpfen den metallnen Ton zu einem widerlich gellenden Laut herab.

„Ya vienen! ya vienen!" — schrieen die Diener den Gästen des Hauses zu und sprangen auf. Roberto flog hinaus auf die Plaza und stieß, einen Purzelbaum schießend, ein Freudengeheul aus. Eine fürchterliche Musik von himmelschreienden Clarinetten, steinerbarmenden Geigen, Trommeln und Glöckchen näherte sich aus der Nebenstraße der Plaza.

Es war heute das Fest der Empfängniß Mariä. Jungfrauen (?) mit weißen Kleidern und braunen Gesichtern umgaben, brennende Kerzen tragend, ein grell aufgeputztes Muttergottesbild, welches auf einem Karren gefahren wurde. Priester hatten sich mitten in das Gedränge der Jungfrauen hineingewühlt. Alles klingelte, sang, dudelte und fidelte. Und um den Zug herum, in wildem phantastischem Gedränge, schwärmten jauchzend und heulend nackte und halbnackte Indianer und Neger, brennende Kienspäne schwingend, oder in Kuhhäute gehüllt, welche mit Schwärmern, Bombenschlägen und sonstigem brennenden und knallenden Feuerwerk bespickt waren. Raketen flogen von allen Seiten in die Höhe, Flinten und Pistolen wurden abgefeuert und dazwischen in diesem wilden, heidnischen Charivari bildete das christlich melancholische Singen der Litaneien einen eigenthümlichen Contrast. Mehr als zwanzig Scheiterhaufen aus trockenen Platanenstämmen loberten im nu an allen Enden der Plaza in heller Glut auf und warfen ein dämonisches Licht auf die wilden braunen Gesellen. In der Mitte der Plaza war eine Schar Barfüßler — Soldaten — unters Gewehr getreten und unterhielt von Mann zu Mann ein rollendes Feuer aus — der wandernden Brantweinflasche.

Don José Maria hatte ein fabelhaft langes Schlachtschwert geholt — vielleicht das Schwert seiner Ahnen — forderte uns auf, ebenfalls die Waffen zu ergreifen, und so mischten wir uns mit blankem Seitengewehr mitten unter die lärmende Menge.

Ich war aufgeregt von dem neuen seltsamen Schauspiel.

„Das ist noch nichts," sagte Don José Maria. „Am Hieronymustage sollten Sie hier sein; da haben wir auch Theater."

„Theater in Massaya? — Caramba!"

„Aber halt!" fuhr unser Wirth fort, „wir haben auch heute Theater. Da, sehen Sie!"

Ich strengte meine Augen an, um etwas zu entdecken, was einem Theater glich, aber wenn nicht etwa die Kirche selber damit gemeint war, konnte ich nichts finden.

Mittlerweile hatte uns Don José Maria mitten in einen Menschenknäuel hineingeführt, der einen Kreis um vier Personen bildete, und ich sah hier plötzlich das Schauspiel, das Theater, vor uns.

Ein alter, über halb betrunkener Indianer führte seine Tochter vor. Der Alte war in Schwimmhosen gekleidet, die gewöhnliche Landestracht. Die Tochter hatte um die Hüften die enganliegende enagua gewickelt, welche die dicken und vollen Formen, bis auf die dorischen Fußgestelle des Körpers deutlich und unzweideutig hervortreten ließ.

Den Busen bedeckte, oder bedeckte nicht, die kurze jackenartige camisa, tief ausgeschnitten, und bei jeder Bewegung in die Höhe flatternd, so daß der entblößte fleischige Thorax stets sichtbar war. Denn Verhüllung des Busens ist in diesem schönen Lande ein Vorurtheil. Außer Vater und Tochter waren noch zwei Personen als Acteurs im Kreise, zwei junge Burschen, in deren einem ich zu meinem Erstaunen unsern häßlichen Roberto erkannte. Die Bestie hatte sich bei ihren Purzelbäumen die ohnehin defecte Schwimmhose zerrissen und glich einem dunkeln Adam in Lumpen. So viel ich von dem Kauderwelsch verstehen konnte, war folgendes die Handlung.

Der Vater trat auf, die Tochter an der Hand führend und mit der andern eine Schelle klingeln lassend, und bot das Mädchen zum Heirathen aus. Flugs trat einer der beiden Burschen vor und fing an abwechselnd auf dem rechten und linken Bein zu hüpfen, und dazu mit Schellen zu klingeln. Während dieses Tanzens hielt er eine Rede, in welcher er seine Vorzüge pries, sein Vermögen, seine Thaten u. s. w. Dann folgte der zweite Freier, ebenfalls tanzend und klingelnd. Er begann damit seinen Nebenbuhler schlecht zu machen, wobei, dem Gewieher der Menge nach zu urtheilen, oft die lascivesten Späße mit unterlaufen mochten. Das wechselte nun ab, so lange es der Tochter gefiel, welche ihrerseits ebenfalls einen Fuß um den andern hob und hin und her trippelte, wie eine Aeffin im Käfig. Der Alte endlich umkreiste tanzend die Gruppe. Zuletzt entscheidet die Tochter. Man jubelt, tanzt, läßt Raketen steigen, und besäuft sich zu Ehren der heiligen Jungfrau. Unser Roberto lag den ganzen folgenden Tag wie todt vor Betrunkenheit auf dem Boden unseres Hofes.

So arm diese Menschen inmitten ihrer reichen Natur sind, so geben sie bei Gelegenheit solcher fiestas ihren letzten medio für Feuerwerk aus. Jeder putzt sich wie er kann. Ich habe splitternackte Jungen umherlaufen sehen, welche ein buntseidenes Taschentuch wie ein kurzes spanisches Rittermäntelchen mit maßloser Eitelkeit über die Schultern geworfen hatten. Andere trugen einen colossalen Helm von Pappe, was sich bei den Schwimmhosen oder bei dem Hemd, welches die besser situirten über den Beinkleidern wie einen Sackpaletot tragen, drollig genug ausnahm.

An Schlaf war für uns nicht zu denken. Es war die ganze Nacht hindurch ein Lärmen und Knallen, als bräche der alte Inferno aus. Unmöglich, an solchen fiestas einen dienstbaren Geist im Hause zu behalten. Alles kneift aus.

Unmöglich, auch nur die kleinste Dienstleistung zu erhalten, und wollte man sie mit Gold aufwiegen. Alles ist wie von der Tarantel gestochen. Sogar die Patienten schicken an Festtagen nicht nach dem Doctor, und der Staub der Ruhe lagert sich an den Flaschen und Büchsen, welche die wunderbaren Mixturen und Droguen enthalten, vor denen die leidende Menschheit wie vor dem goldenen Kalbe gläubig kniet. Desto besser ist die hypokratische Ernte nach einer fiesta. Da ist große Volksversammlung von Indigestionen, Fiebern und sonstigen Molesten. Da zeigt sich das naturwüchsige Genie des Eingebornen, aus dem nichts noch den Apotheker befriedigen zu können. — —

Der Tag nach den Saturnalien war der eigentliche Festtag. — Statt des wilden bachantischen Jubels hatte die Plaza eine über alle Beschreibung liebliche Scenerie erhalten. Platanenblätter und grüne Palmenzweige, duftende Jasminsträucher und Blütengewinde durchschnitten in improvisirten Wegen den Platz nach allen Richtungen, und die helle Morgensonne beleuchtete das Spielwerk eines kleinen künstlich geschaffenen Paradiesgartens. Das Portal der Kirche war mit tausend Blumen geschmückt; die kleinen Indianermädchen keuchten unter der Last der riesigen Corussa-Blüten, welche sie nach dem Altar der Madonna schleppten. Zwischen den Laubgängen saßen alte Weiber der Eingebornen, Früchte, Dulces, Cigarren und frescos (Limonaden) verkaufend. Aus dem Tempel des Herrn schallten lustige Walzermelodien, und sobald die Meßklingel ertönte, stiegen die Raketen im hellen Sonnenschein in die Luft und zerplatzten knallend hoch über den Häuptern der Gläubigen. Es war ein Bild der vollendetsten Kindlichkeit. Der schöne Sommermorgen, dieser himmlisch lächelnde Himmel, welcher aussah wie unser Herrgott, als er in der heitersten Sonntagslaune *bravo* zu seiner geschaffenen Welt sagte, diese, trotz ihrer Unschönheit, originellen Indianertrachten, diese scharf ausgeprägten Racenphysiognomien, die malerischen Gruppirungen der Menschen und Pflanzen, — Es war wieder einmal eins jener Bilder, wie sie uns nur die Tropen vorzaubern können, und die dem Europäer, wenn er nur ein Quentchen Phantasie besitzt, die Welt als einen märchenhaften Traum erscheinen lassen.

An diesem sonnigen Sonntag hätte ich beinahe einen dummen Streich gemacht. Ich hätte mich um ein Haar in die nächtigen Augen der schönen Ignacia verliebt, als die Kleine im weißen Mousselinkleide über die Plaza nach der Kirche trippelte und versprach, einen rosario für mich zu beten. Ich habe genossen, was das Leben nur bieten kann. Der liebe Gott kann nicht sagen, daß ich je blöde gewesen bin. Ich kenne seine Welt mit ihren Freuden, und noch mehr mit ihren — Enttäuschungen. Ich bin unter die Spötter gegangen, nicht aus Uebermuth, sondern aus Bedächtigkeit. Die schöne Tropensonne an diesem Tage brachte Thauwetter in meine Seele, und ich duldete den Gedanken, in diesem Paradiese mit einer Eva vom Baume des Lebens zu kosten, wo die Feigenblätter so nahe zur Hand waren. Da pfiff der Doctor das herrliche Schubert'sche Lied „das Ständchen", und da fiel mir ein, daß er es am Abend vorher zur Guitarre gesungen, und daß die kleine Ignacia nichts dafür gehabt hatte, als ein „Muy alegre" (sehr lustig), und diese Reminiscenz war ein kaltes Wasserbad auf alle meine idyllischen Träume. Nein, wenn ich mich in diesem Lande verliebe, so ist es in eine Königspalme, der ich die Götter bitte, Leben einzuhauchen! Keine menschliche Schlingpflanze, die hinaufrankt an die Krucifixe und plumpen Muttergottesbilder, denen ich den Krieg erklärt habe bis ans Ende meiner Tage. Die Menschen sind die Dissonanzen in dieser harmonischen Natur, sie sind nur als contrastirende Uebergänge zu betrachten, und — —

„Don Guillermo! rasch! die Alte leidet schon wieder an Obstructionen; bringen Sie ihr zwei Löffel Ricinusöl!" rief der Doctor in meine Traumwelt hinein, und die bösen Nebel zerrissen.

Wollte ich alles, was ich in den 14 Tagen meines Aufenthaltes in Massaya erlebt und erfahren, niederschreiben, es würde ein Buch daraus, und um zu formen, fehlt mir hier die Muße und eine kühlere Temperatur.

Von Leon war ein Expresser an uns eingetroffen. Der Bischof wollte seine Rundreise antreten, und Dr. Waßmer, an dessen Stelle wir als Würgengel hausen sollten, trieb uns zur Eile an.

Und so reißt denn wieder ein Stück Leben ab. Und weiter auf eine neue Scholle tritt der Fuß. Ich werde Massaya, das indianische Paradies, nicht wiedersehen; seine Menschen und die guten Leute, die unsere Wirthe waren, und für das wenige, was wir bezahlten (6 Dollars per Woche), uns als Glieder der Familie behandelten, sind auch nur Schattenbilder in der Laterna-Magica des Touristen gewesen. Die kleine Ignacia wird mit einem pomeranzenfarbenen oder olivengrünen Don fürlieb nehmen müssen. Sie wird Kinder kriegen, und wird mit der ganzen Nation noch mehr versimpeln. Die Indianer werden sich in schlechtem Schnaps noch manchen guten Rausch trinken, und die Kranken werden leben und sterben mit oder ohne uns. Die Kranken bedauerten unsere Abreise am meisten. Man muß ihnen das nicht übel nehmen, ein Kranker ist unzurechnungsfähig.

Wir packten unsere Medicamente, Marterkasten und Mordinstrumente ein, charterten eine carrete, die wir vorausschickten, und behandelten unsere Patienten am letzten Tage homöopathisch, aber darum gewiß nicht schlechter. Roberto heulte oder that so. Wir seien so gute patrones gewesen, sagte er, von uns wolle er sich gern hauen lassen. Jetzt —

und das sagte er mit fast theatralischem Pathos — ahora no me queda nada sino casarme! (Jetzt bleibt mir nichts als zu heirathen.) Mir schenkte er zum Andenken eine Reitpeitsche aus dem Fell des Tapirs verfertigt, dem Doctor brachte er 100 Cigarren, die er sicher irgendwo gestohlen hatte.

Wir hatten am Abend schon Abschied von der Familie genommen. Als wir mit Tagesanbruch zu Pferde stiegen, konnte ich mich nicht enthalten, durch die halbgeöffnete Thür noch einen Blick in das Schlafzimmer zu werfen, in welchem patriarchalisch der Sohn, die Alte und die drei Schwestern gemeinschaftlich schliefen.

Da bewegte sich der Gaze=Vorhang des einen Bettes. Ein niedlicher Arm und ein kleines Köpfchen kamen zum Vorschein, und ein kleines Händchen winkte mir den letzten Scheidegruß.

„A Dios, Don Guillermito! — A Dios!"

Es war Ignacia. —

„Vorwärts!"

Dahin trabten wir.

„A Dios, Massaya! A Dios Ihr Palmen von Nindiri!"

— — — — — — — — —

Siebentes Kapitel.

Auf der Heerstraße. — Der Camino real. — Schmetterlinge. — Verirren im Walde. — Der Name „Deutsche" respectirt. — Managua. — Der Präsident der Republik. — Unsere Halfter werden gestohlen. — Duett über Mein und Dein mit der Wirthin. — Der Dieb wird erwischt. — Don Manuel Hernandez, der brave Mann von Matiarez. — St. Charles Hôtel. — Der Momotombo. — Nagarote, ein Menschenkehrichthaufen. — Ein Nachtlager n Nagarote. — Chepita Veneria Niña Maxima. — Familiensachen. — Eine Gruppe à la Murillo. — Flöhe und Mosquiten. — Ein Ständchen. — Das Paradies im Schweinestall. — „Sachte Canaille!" — Ein gemordeter Cactus. — Gebräuche in Nagarote. — Pueblo nuevo. — Historische Reminiscenzen. — Das Paradies des Mahomed. — Leon. — Die Marabios. — Die Ebene von Leon. — Die Kathedrale. — Bevölkerung. — Dr. Waßmer. — Die schwarze Barbara. — Die Familie Martinez. — A la disposicion de V. — Es suyo. — Der Bischof und seine Büchsflinte. — Unsere Behausung.

Der blaue Rauch unserer puros wirbelte lustig in die blaue Morgenluft hinein. Vom Pferde executirten wir, bis wir heiser wurden, Duette, Chöre und Solis aus allen italienischen Opern bei manchem versagenden Triller. Wir passirten Nindiri und das Lavameer, und ritten eine Stunde hinter dem Indianerort in den Urwald hinein, durch welchen der camino real gehauen ist.

Licht, Luft und Sonne sind die drei Naturkräfte, welche hier den Weg bilden. Die Straße ist weder chaussirt, noch gepflastert. Im Winter, d. h. in der Regenzeit, bodenlos, läuft man im Sommer Gefahr, vor Staub zu ersticken. Der Monat December aber ist der beste zum Reisen. Die Wege sind bereits trocken, doch ist der Boden noch nicht so von der Sonne durchbrannt, daß der Staub lästig wäre.

Als wir den Wald betraten, mäßigten unsere Pferde ihren Lauf, und setzten sich in jenen gemächlichen weichen Reisetrab, den die Thiere stundenlang hintereinander aushalten, ohne zu verschnaufen. Die Unterhaltung wurde einsilbiger und schlief zuletzt ganz ein, denn ein tropischer Wald hat bei aller Großartigkeit immer etwas bedrückendes. An Stellen, wo die Sonne bequem und voll durch das Laub drang, gewöhnlich um noch nicht ganz ausgetrocknete Wasserlachen herum, war der Boden weit umher mit den prachtvollsten Schmetterlingen und Faltern in allen Farben wie eine Blumenwiese besäet. An einigen derselben sah ich einen Staub auf den Flügeln, welcher genau wie der reinste Goldstaub anzuschauen war. Bei unserer Annäherung erhob sich der ganze Schwarm wie ein aufsteigendes Blumenfeld, und um unsere Köpfe flog ein förmliches Flockenmeer von Tausenden und aber Tausenden dieser schönen Flatterthierchen; vom schwerfälligen Gaukler der handgroßen violetblauen Falter bis zu den kleinen bunten Silbermotten herab.

Wir waren ungefähr noch drei Leguas von Managua entfernt, als der Weg sich in drei Theile theilte. Eine Spur ging gerade aus, die andere links, die dritte rechts. Den Räderspuren der carreten nach zu urtheilen, mußte der Mittelweg der camino real sein, denn diese Spuren waren hier zahlreicher als auf den andern Wegen. Da aber Ortssinn meine Haupttugend nicht ist, so widersprach ich nicht, als mein Begleiter, der diese Reise bereits gemacht hatte, die Spur links einschlug.

„Ich entsinne mich genau," sprach er, „wir schneiden auf diese Weise eine große Strecke ab."

„Oder werden abgeschnitten;" dachte ich, sagte aber nichts und folgte.

Der abschneidende Weg führte uns nach halbstündigem Ritt an ein paar querüberliegende Baumstämme, jenseits welcher, nachdem dies Hinderniß genommen, die Radspuren aufhörten. Doch trösteten wir uns damit, daß die Fuhrleute während der Regenzeit einen Nebenweg gebahnt hätten, um die im Wege liegenden Stämme zu umgehen, und wir bald wieder auf die Geleise des camino real kommen würden, zumal der Wald anfing ein wenig lichter zu werden.

Wir gelangten auf eine kleine Savannah. Es war Mittag und die Hitze intensiv. Wir setzten unsere Pferde in Galop, um den ein paar Büchsenschüsse weiter wieder beginnenden Wald zu erreichen. Hier angelangt, entdeckten wir nach langem Umherspähen allerdings eine Art Pfad, aber von Wagenspuren nicht das Geringste mehr. Schweigend ritten wir einer hinter dem andern weiter in das Dickicht hinein. Keiner wollte der erste sein, der das Wort umkehren aussprach. Für Leute, welche zum erstenmale in einem Urwald, und in einem tropischen Urwald dazu, nicht wissen, wo sie sind, war die Situation nicht eben reizend zu nennen. Dazu kam noch, daß wir beide, gewiß noch vor Nachmittag in Managua zu sein, keine Hängematten mitgenommen hatten, sondern nur mit unsern Blankets als Satteldecke versehen waren, die wir als Unterlage auf die Erde breiten konnten, den Himmel als Decke, die Sterne als Nachtlicht. Außerdem fallen dem Neuling bei solchen Gelegenheiten alle die übertriebenen Schilderungen von Tigern, Schlangen und anderen zuthulichen, menschenfreundlichen Thieren des Waldes ein, die Aussicht, wenn man Nachts nicht gefressen wird, am nächsten Morgen mit der calentura (Fieber) aufzustehen, und was dergleichen Annehmlichkeiten mehr sind.

Hauptsächlich aber dachte ich für meine Person an Hunger und Durst. Der letztere plagte uns bereits, und wir konnten ihn nur spärlich stillen mit dem wasserähnlichen Saft, der uns aus einigen durchhauenen Behuken entgegenquoll. Als Vorsorge gegen den Hunger kam eine Lapa (Arras) wie gerufen, die ich mit einer Kugel aus dem Revolver — die Gewehre hatten wir von Massaya aus per Fuhre uns nachschicken lassen — freundlich einlud zu mir zu kommen. Das todte Thier vor mir auf dem Sattelknopf trabten wir weiter.

Plötzlich verdichtete sich der Wald. Die Pferde mußten Schritt gehen, und alle fünf Minuten waren wir genöthigt, uns mit unsern Säbeln und Hirschfängern einen Weg durchs Gebüsch zu bahnen.

Jetzt endlich schlugen wir gleichzeitig vor, Kriegsrath zu halten. Wir hielten an. — Umkehren? — Vorwärts? — In der Richtung, die wir eingeschlagen haben, können wir, dem Stand der Sonne nach zu urtheilen — in einigen Tagen am Strande des stillen Oceans sein. — Aber Menschen sind hier schon gewesen, Menschen müssen auch noch hier sein, das beweisen die hie und da frisch gefällten Bäume, die wir antrafen, und wenn wir beharrlich, so gut und schlecht es geht, geradeaus vordringen, so werden wie endlich — —

„Muh!! — Muh!! — Hurrah! Menschenspuren! Hier brüllen Ochsen, hier müssen Nicaraguenser sein! Es krachte in den Büschen. Hervor brachen ein paar stattliche Stiere, die bei unserem Anblick stutzten und dann rasch umkehrten. Wir setzten ihnen nach in der richtigen Voraussicht, die Thiere würden dahin laufen, wo sie zu Hause gehörten. So war es, bald gelangten wir wieder auf einen ziemlich breiten Pfad, unsere Gäule fühlten den Sporn, und im Jagdgalop trieben wir die Hornträger vor uns her. So brachen wir nach fünf Minuten aus dem Wald heraus auf einen gelichteten weiten Platz, in dessen Mitte ein Rancho stand.

Die Bewohner desselben, mit häuslichen Arbeiten beschäftigt, fuhren erschrocken auseinander, als ihre brüllenden Ochsen und die beiden bewaffneten Reiter ventre à terre auf ihre friedliche Behausung losgesprengt kamen, und hielten uns für nichts geringeres als dem ehrenwerthen Stande der Straßenräuber angehörend. Sie versicherten mit ängstlicher Hast, während die Kinder sich um die Eltern drängten:

„Aqui no hay nada, Caballeros! nada! nada! nada! (Hier haben wir nichts, nichts, nichts!) Weder Geld, noch Essen und Trinken."

„Caramba! Aber etwas Wasser werden Sie doch haben, damit wir uns eine Tiste machen können!"

„Wenn Sie panecillos haben, ja. Wir haben nichts, nichts, nichts!"

Dabei wurde mit dem Zeigefinger eine hin- und herfahrende Pantomime vor dem Gesicht gemacht, und die Kinder schrieen.

„Wir sind Deutsche, Señora;" sagte der Doctor zu der Frau, zu meiner großen Verwunderung, denn ich wußte nicht, ob man auf ein solches National-Accreditiv hier im fremden Lande auch nur einen Trunk Wasser bekommt!

Man denke sich mein Erstaunen. Kaum hörten die Leute, daß wir Alemanes seien, als die Señora — sie ging barfuß und hatte wirklich ein Hemd an — uns die Hand reichte, als der Señor — er trug einen Rosenkranz um den Hals — — uns einlud, abzusteigen. Der schwarz-roth-goldenste Ingrimm kochte in meiner Seele. Ueberall wird der arme Deutsche gestoßen und geknufft. Im Norden der Vereinigten Staaten — der Süden ist hierin humaner — nennt man den Dutchman nur dann German, wenn man seine Stimme bei Wahlen und politischen Umtrieben gebrauchen will, sonst ist dem hochnasigen Yankee von Boston und New-York Dutch und Irish oft fast negergleich, und der Deutsche wird weidlich gehänselt, bis er erst ein eben so großer Freiheitsflegel geworden ist als der Amerikaner. Und hier, bei dieser schmierigen Mischlingsrace gelten wir etwas! Diese Race, die den Amerikaner haßt und zugleich vor ihm kriecht!

Für Geld und gute Worte erhielten wir denn auch wirklich einen Trunk Wasser, und was noch wichtiger war, die Auskunft, daß der mittelste jener erwähnten drei Wege allerdings der camino real sei. Nachdem unsere Pferde eine halbe Stunde lang gerastet hatten, saßen wir wieder auf und erreichten nach einem forcirten Marsch von 2½ Stunden glücklich Managua gegen 4 Uhr nachmittags.

Managua ist der Sitz der Regierung und die Residenz des Präsidenten. Die Stadt ist klein und ärmlich, und mag nicht viel über 8—9000 Einwohner zählen. Die Anwesenheit des Staatsoberhaupts hat hier bei den Soldaten wirklich einige schüchterne Versuche einer Uniform zu Wege gebracht. Zum wenigsten waren die verschlissenen blauen Jacken einiger Officiere mit einer dünnen Litze besetzt, welche in ihrer Jugend vielleicht einmal eine rothe Farbe gehabt haben mochte. Fest behaupten will ich es nicht.

Nachdem wir in der geräumigen Posada eines Don Hypolito Prato abgestiegen waren, dessen dicke Ehehälfte auf unsere Frage, ob dero Gnaden uns die Gunst erzeigen wolle, uns ein Nachtquartier zu geben, mit höchst gnädigem Kopfnicken geantwortet hatte, besuchten wir Se. Excellenz den Präsidenten Pineda (1852). Wir trafen ihn bei seiner Gemahlin, einer höchst corpulenten Citronen-Doña, in der Hängematte, und brachten unser Anliegen vor, unser Doctordiplom zu visiren und uns dasselbe nach Lyon zu schicken. Die Wohnung des Präsidenten unterschied sich in nichts von den Wohnungen der übrigen bessern Familien des Landes. Nur brachten wir eine ziemliche Anzahl — Flöhe aus der

Behausung des Mannes mit, dem die Vorsehung das Schicksal der Republik anvertraut hat.

Die Ufer des Managuasees, in welchem wir sofort ein Bad nahmen, sind an der Seite, an welcher die Stadt liegt, am südlichen Ufer, flach. Das nördliche Ufer ist größtentheils von schroffen mit Grün bewachsenen Felsen eingefaßt, hinter denen am nördlichsten Ende die Spitze des rauchenden Momotombo-Vulcans mit dem kleinen Nebenvulcan Momotombito sichtbar ist. Die Landschaft hat einen etwas todten, stillen, ich möchte sagen, indianerhaft scheuen Charakter. Der See, der zur Schiffahrt gar nicht benutzt wird (er hängt durch den Fälle bildenden Tipitapafluß mit dem Nicaraguasee zusammen), macht den Eindruck eines vergessenen Gewässers, und wol erst, wenn die Amerikaner Besitz ergreifen von diesen Ländern, wird sein Werth als Communicationsmittel erkannt und gewürdigt werden.

In der Posada waren ein paar gebratene Eier, eine Tortilla und eine Tasse Chocolade alles, was wir für unser 3 Dollars bekamen. Doch nein, es wurden außerdem unseren Pferden die Halfter gestohlen, während die armen Thiere ein theuer bezahltes und spärlich zugemessenes Mahl an Mais und Guate (die grünen Maishalme) mit den Hühnern, Schweinen und Kühen des Hauses theilen mußten, welche bei dieser Gelegenheit auf unsere Kosten mitgefüttert wurden. Außerdem vermißte ich am nächsten Morgen einen Sporn und mußte à la Centralamericano weiter reiten.

Die dicke Wirthin bemerkte, als ich trotz aller Resignation hinsichtlich der Landesverhältnisse mich dennoch nicht enthalten konnte Lärm zu schlagen, mit einem Ton, als ob sich die Sache ganz von selbst verstände:

„Pues Señor! wahrscheinlich wird ihn Horacio genommen haben."

„Horacio! wer ist das?"

„El mozo de nosotros." (Unser Knecht.)

„So; und wollen Ew. Gnaden mir nicht die Gunst erzeigen, mir zu sagen, wo Don Horacio hin ist?"

Dieser Spott irritirte die dicke Person.

„No tiene „Don"! (Er ist kein Herr!) rief sie, indem sie — eine Pantomime des Zorns — mit der rechten Hand in die Palme der linken schlug; „Horacio wird nach der Hacienda sein, um Mais zu holen."

„Ist die Hacienda weit von hier, Señora?"

„Eine halbe Legua, — no mas. (Nicht weiter.")

„Es scheint mir aber, Señora, mit Ihrer Erlaubniß, daß es eine eigenthümliche Manier ist, fremden Reisenden so mir nichts dir nichts Halfter und Sporen zu stehlen."

„Señor!" rief die Dame, nachdem sie vorher entsetzlich gerülpst hatte, „Horacio ist muy hombre de bien! (Ein Ehrenmann.")

„Sie richten nichts aus, lieber Freund," rief der Doctor auf deutsch.

Dann sich zur Señora wendend, sagte er mit echt spanischer Höflichkeit:

„Señora, tausend Dank für die schöne Posada (eine zerrissene Hängematte!). Wir werden nicht ermangeln, allen unsern Landsleuten, welche nicht caballeros sind und etwa zu Fuß reisen, Ihr Haus zu empfehlen."

Ich gab meinem Pferde die Sporen — wollte sagen den Sporn — und wir sausten zum Thorweg hinaus.

Der Himmel hatte ein Einsehen. Eine halbe Stunde vor der Stadt begegnete uns ein Zambo, auf einem magern Thier reitend, und ein anderes, mit Guate bepacktes, vor sich her treibend. Bei Gott! er trug meinen blanken eisernen Sporn am bloßen Fuß. Und richtig, auch die beiden Halfter waren an seinen Maulthieren zu sehen. Als der Bursche unser ansichtig wurde, wollte er eine Schwenkung in den Busch machen, doch unsere Thiere waren gewandter als die seinigen, und nach einigen Voltigen rechts und links erwischten wir ihn.

„Tödten Sie mich nicht!" heulte der Angehaltene.

„Spitzbube! wir sind caballeros und keine Straßenräuber. Her mit unserm Sporn und Halftern."

Den Sporn gab der Hallunke her, die Halfter wollte er nicht lassen. Er könne ohne dieselben seine Thiere nicht nach Hause bringen.

Nun, auch eine deutsche Geduld hat ihr Ende. Ich warf dem Doctor die Zügel meines Pferdes zu, sprang ab, fiel dem Maulthier des Diebes in den Halfter und ließ die süperbe Tapirpeitsche, die mir Roberto in Massaya geschenkt, auf den Buckel des Hallunken schwirren. Das wirkte. Die Tracht Prügel war verdient, und nachdem wir unser Eigenthum — welches uns auf Reisen von höchster Wichtigkeit war, wieder erlangt hatten, überließen wir Horacio mit einem

„Muchisimas memorias à tu dueña!" seinem Schicksal.

Mein Andalusier, ein Thier von mehr Rechtsgefühl als Horacio und dessen Herrin, mochte wohl ahnen, daß dies Grünfutter, welches wir bereits bezahlt hatten, sein, des Schimmels, rechtmäßiges Frühstück war, denn während ich die lederne Repressalie an dem Spitzbuben gebrauchte, fraß der Andalusier con amore von den grünen Maishalmen, mit welchen das eine Maulthier bepackt war. Unsere Wirthin hatte sich also richtig das Futter für ihre eigenen Thiere von uns bezahlen lassen wollen!

„Licht und Schatten von Nicaragua!" rief mein Begleiter, und wir lachten herzlich über das Abenteuer.

Man hatte uns in Granada gesagt: „Wenn Sie über Managua hinaus sind, halten Sie den Hahn Ihrer Pistolen fortwährend gespannt, wenn Sie einem Menschen auf der Straße begegnen." Das schien mir übertrieben, und auch Don German lachte über die Phantasie der Wanderer.

Gegen 11 Uhr morgens erreichten wir den Flecken Matiares, nah am Managua=See belegen. Die Bauart der wenigen guten Häuser und der ungleich größeren Zahl ärmlicher Hütten ist dieselbe wie in allen Orten Nicaragua's, die ich bisher gesehen. Die Posada aber war besser, wenn auch dem Anschein nach unscheinbarer als die gestrige in Managua. Don German hatte zwar vorgeschlagen, uns in Matiares nicht aufzuhalten, sondern durchzureiten und in Nagarote zu diniren und dann, um nicht in diesem ärgsten aller Räubernester zu schlafen, unsere Nachtruhe in Pueblo nuevo zu halten. Doch ein Imbiß war uns beiden nothwendig. Wir stiegen daher im Hause eines Mannes ab, den ich nicht umhin kann, als einen braven Mann zu bezeichnen, und fühle ich mich daher gedrungen, seinen Namen auch in Europa unsterblich zu machen. Der brave Mann hieß Don Manuel Hernandez. Während wir ein Bad im See nahmen, bereitete er uns ein paar gebratene Hühner, einen trefflichen caldo de huevos (Eiersuppe), Tiste 2c. 2c., und schlug in einem kühlen Rancho seines patio (Hofraumes) dicht an einem schattigen Platanal zwei riesige Häugematten auf.

Das Essen mundete trefflich, und die Siesta war nicht zu vermeiden. Den feinen Massaya Puro rauchend, dem eintönigen, einschläfernden Ruf der Waldtauben lauschend, wiegten wir uns, wohl wie die Götter, in unsern Hammaks hin und her. An einem der Pfeiler des Ranchos, im Bereiche meines Armes, entdeckte ich ein pappenes Wirthshausschild noch aus der Transitzeit der Californier, wo Don Manuel seinen Rancho an einen speculirenden Yankee vermiethet hatte, der der einfachen Behausung den Namen des stolzen „St. Charles Hotel" von New=Orleans gegeben hatte. Ich nahm mechanisch die Affiche ab und sah an der

Rückseite, daß der Pappdeckel ein Carton sei, welcher einst einem Dutzend Scheren von verschiedenen Größen Aufenthalt gewährt hatte, und zwar Scheren deutscher Fabrikation. Die Etiquette freilich hatte ihren Golddruck durch das Klima verloren, aber die Firma „Tenhaeff, Hesse & Co. in Hagen" war noch zu entziffern. Edles Westfalen (ich glaube der Ort gehört noch zur rothen Erde), sei stolz! Sogar im Busch von Central-Amerika lieferst du den biederen Bewohnern noch die Wirthshausschilder, nachdem sie mit deinen Scheren geschnitten haben!

Nach einer Stunde sanften Duselns, während welcher Zeit wir uns wieder wie im Paradiese wähnten, fragte der Doctor, ob wir nicht lieber zu Pferde steigen wollten, indem wir sonst gezwungen sein würden, in Nagarote zu schlafen, drehte sich aber, als wisse er meine Antwort im voraus, recht mollig auf die andere Seite in der Hängematte.

„Well!" erwiederte ich, „dann schlafen wir in Nagarote."

„Unsere Pferde können uns dort gestohlen werden."

„Well, dann werden uns unsere Pferde gestohlen;" versetzte ich gähnend.

„Wir werden angefallen werden."

„Aaaah! — wir wehren uns."

„Wir werden vor Ungeziefer kein Auge schließen können."

„Dann behalten wir sie offen, damit uns — unsere — Pferde — nicht gestohlen — wer — den." — —

Das Schnarchduett, welches jetzt folgte, ließ nach Don Manuel's Versicherung nichts zu wünschen übrig.

Erst gegen drei Uhr nachmittags saßen wir wieder im Sattel. Der Weg führt von Matiares abwärts an dem See entlang. Ich kenne die schönen Landseen der Schweiz und Oberösterreichs; diese als Maßstab angelegt, dürfte es schwer sein, von andern ähnlichen Ansichten befriedigt zu werden. Man muß aber hier am Managuasee das Eigenthümliche, mit den Alpen Contrastirende der ganzen Natur überhaupt festhalten. Als wir eben wieder aus einer Waldlichtung hart ans Ufer des Sees ritten, lagen uns gerade gegenüber der Momotombo mit seinem Nebenvulcan Momotombito, zwei grandiosen grünen Pyramiden gleich, von welchen die erstere in Intervallen leichte weißliche Rauchwölkchen aus ihrem Krater stieß. Ein mit Buschpalmen und baumartigen Farren bewachsenes Vorgebirge lief von den Vulcanen aus weit in den See hinein, und über den Kamm dieses Caps hinweg sahen wir in die Gebirge der Provinz Segovia hinein. Die hügeligen Ufer der uns gegenüberliegenden Seeseite fielen häufig in romantischen Felspartien schroff und zerrissen in den See hinab. Auch hier, wie von Managua aus gesehen, keine Spur von Menschen und Cultur. Die ganze Landschaft trägt den Stempel des Neugeschaffenen, und unwillkürlich glaubt man sich in eine frühere Epoche der Erdentwicklung versetzt, in welcher die Schornsteine des Schöpfers noch rauchen, und das geschaffene Werk noch unpolirt und unlackirt daliegt.

Die Sonne stand bereits sehr tief am Horizont, als wir in Nagarote einrückten. Der Ort hat etwas unheimlich ödes. Kein einziges gewöhnliches Haus, wie man deren doch fast überall vereinzelt findet, aber auch nicht die malerischen und relativ reinlichen Indianerhütten. Schmierige Cabanen von Flechtwerk mit dazwischen geklekstem Lehm bildeten die Behausungen, aus deren thürähnlichen Oeffnungen die scheuen und tückischen, und doch stechenden Blicke der Eingebornen uns trafen. In ganz Nicaragua habe ich nie eine Collection Menschen beisammen gesehen, welche physisch so der Kehricht der drei Racen, Europäer, Neger und Indianer zu sein schienen. Das Wort Zambo konnte hier noch ein complimentarischer Ausdruck sein. Die arrogante Haltung des Körpers dieser Menschen war ein castilianisches Erbtheil, der scheue Blick entsprang dem indianischen Blut, und die dummboshafte Gesichtsbildung verrieth den Neger. Die Farbe war zwar dunkelbraun, doch sah ich eine Menge getigerter Gesichter, mit größeren oder kleineren fast olivengrünen Flecken auf der kaffeebraunen Grundlage. Unter den Weibern erinnerte der Haarwuchs (ein Gewirr indianischer Straffheit und äthiopischer Wolle) an den sogenannten Weichselzopf. Der Schmutz und Unflat an ihren Körpern war grenzenlos. Ich war bereits an Absonderlichkeiten gewöhnt, allein ich gäbe etwas darum, das Gesicht eines Europäers zu betrachten, wenn es möglich wäre, denselben im nu aus einer deutschen oder englischen Stadt nach Nagarote zu versetzen. Der Spuk in Robert der Teufel würde ihm als matter Abklatsch der confiscirten Teufelsgesichter erscheinen, die ihm hier überall scheu und tückisch entgegengrinsen. Doch besser als alle Vergleichungen wird die genaue Beschreibung unseres Nachtlagers in Nagarote Menschen und Verhältnisse charakterisiren. Man vergesse dabei nicht, daß Nagarote am camino real liegt, daß viele Monate lang die californische Transitroute hier durchführte, also Cultur und Strebsamkeit einen mächtigen Strom hier durchzuleiten versucht hatten, der aber nichts zurückließ, als einzelne lebendige Zeugen der Laster der Civilisation.

Die kugelrunde Frau, bei welcher wir abstiegen, hieß Chepita Veneria. Niña Chepita war Witwe. Ihr Mann war von einem Räuberhauptmann, Somoza, der eine Zeitlang sengend und brennend durchs Land zog, in die andere Welt befördert worden, und hatte ihr außer einer durch Schönheit und Zugänglichkeit gleich berühmten Tochter, Maxima, welche das Kind eines Don Juan Aguilar war, zwei Kinder eigenen Stammes hinterlassen, während ein Padre in väterlicher Beziehung zu einem vierten Kinde stand.

Diese und andere Familiengeschichten erzählte uns Niña Chepita in der ersten Viertelstunde unsers Aufenthaltes unter ihrem gastlichen Dache. Die casita (das Häuschen) bildete die Ecke einer Straße. Drei Tritte führten durch eine Thüröffnung in ein mit zerrissenem Lehm gepflastertes Loch, wo auf einem Tische in gemüthlicher Unordnung Landeskäse, Tortillas, Kämme voller Haare, Schnapsflaschen, todte und lebendige Cucarachas, Talglichte, Kaffee, Papiercigarren standen und lagen. Eine schmierige cama (Bett) mit einer noch schmierigeren Kuhhaut als Matratze, eine defecte Hängematte und eine hölzerne Bank bildeten das Ameublement, nicht zu vergessen eine Madonna mit angefressener Nase an der Wand.

Nebenan, und von dem Gastzimmer durch eine spanische Wand getrennt, war das Boudoir der Damen und Kinder, welche gemeinschaftlich ein ähnliches Loch wie wir bewohnten.

Die Tochter, Niña Maxima, war eine Schönheit robusten Genres, welche noch nie gegen einen jungen arriero (Fuhrmann, Maulthiertreiber) die Spröde gespielt haben soll. Einem durchreisenden Californier verdankt sie ein lebendiges Souvenir mit fuchsrothen Haaren — Maxima ist Kosmopolitin — welches in ganz Nagarote als ein Ausbund von blonder Schönheit (muy gato) gepriesen wird.

Als wir eintraten, bildeten Mutter und Tochter und die Kinder beider die prächtigste Kopfjägergruppe und machten mit Nägel und Zähnen emsig Jagd auf das sechsfüßige Wild, welches sie nach der Erlegung mit den Zähnen von den Nägeln ihrer Finger enfernten! Wir führten unsere Pferde durch das Zimmer in den mit Cactushecken eingezäunten Hof, sattelten ab und warfen den armen ermüdeten ausgehungerten Thieren Guate vor, während uns die Wirthin ein Abendessen bereitete.

Kaum fingen die Pferde zu fressen an, als von allen Seiten des Hofes das Vieh der Wirthin, Hühner, Schweine und Kühe, herbeigestürzt kamen und unsern Rossen die ohnehin spärliche Kost streitig machten. Ein Pferd besitzt unter allen Geschöpfen den wenigsten Brotneid, und wo Hund und Katze grimmig um sich gebissen haben würden, duldeten die gutmüthigen Hufträger die ungebetenen Schmarotzer, die wir mit Tritten, Peitschenhieben und Steinwürfen uns abmühten, zu verscheuchen.

Nachdem wir als gute Reiter unsern Pferden zu ihrem wohlverdienten Rechte verholfen hatten, dachten wir an uns und knieten uns zu Bank. Das Abendessen, zwei Tassen eines schwindsüchtigen Gebräues aus verschimmeltem Kakao, zwei Eier und eben so viel lederne Tortillas, war uns nämlich auf die Bank gesetzt worden, und wurde in Ermangelung von Stühlen knieend heruntergewürgt. Aber auch diese erbarmungswürdige Kost mußten wir gegen ein paar ausgemergelte Hunde des Hauses vertheidigen, deren Fell, wie ihr Kratzen verrieth, von unzähligen Flöhen bewohnt war, welche sicher willens waren, hier ihr Leben an Selbstmord durch Hunger zu beschließen; denn ich wüßte nicht, ob und was der bescheidenste unter diesen salonfähigen Springern an den Kötern zu finden vermochte.

Es dunkelte. Die Chepita hatte Besuch erhalten. Ungefähr sechs verdächtig aussehende Individuen — wahre centralamerikanische Uebersetzungen bassermannscher Gestalten — fanden sich zur Oracion (Abendgebet) ein, welches ein alter Kerl, der wie ein reudiger Tiger aussah, vormurmelte, und dem die übrige Gesellschaft nachplärrte. Dann hieß es von allen Seiten: „Buenas noches! — Buenas noches!" (Gute Nacht!)

Mit weit mehr hab= als neugierigen Blicken wurde unser Gepäck, namentlich unsere Waffen, begafft. Beides wollte uns Chepita verführen, por mas seguridad, in ihr Schlaf= kämmerlein zu deponiren, woselbst sie auch mir ein Plätzchen anbot, was ich aber, da ich nicht schwelgen wollte, wo ein anderer sich vielleicht wie ein Gott gefühlt hätte, entschieden refüsirte. (Ich glaube wirklich, ich fange in diesem schönen Lande an Geschmack zu bekommen tugendhaft zu werden.)

Es war Nacht geworden. — Das dünne Talglicht, welches man uns als Caballeros, nachdem die Thüre mit einigen Steinen nothdürftig verrammelt worden war, hinge= setzt hatte, erlosch. Wir waren im Finstern.

Der Docter hatte sich auf die Bank gestreckt, dem Bette nicht trauend; ich hielt den müden Körper in der schmalen Hängematte bestthunlichst in der Balance.

Alles wurde still; nichts hörbar als das eintönige Kauen unserer Pferde und das eintönige Grunzen der Schweine auf dem Hof, oder das Kratzen der flohgeplagten Hunde im Zimmer.

Da — au! — ein Stich! — Noch einer! — Wie= der einer!

Die schwarze hüpfende Bande hatte attaquirt! Ihr zu Hülfe flogen summend und singend Wolken von Mosquiten und Sankuden durch die Dachöffnung ins Zimmer, und während diese uns von oben angriffen, rückte die schwarze Cavallerie von unten auf uns ein und chargirte in Massen.

„Pest! Doctor, fluchte ich; ich glaube, der San Juan= fluß ist uns hinterher gekommen!"

„Ich hab's Ihnen vorher prophezeit!"

„Still!" rief ich; „hören Sie nichts?"

Verzeihung! aber ich muß die Wahrheit schildern, wenn sie auch nicht nach eau de Cologne und Rosenöl duftet. Aus dem Nebenzimmer drangen Töne! — Töne, die sich leichter riechen als beschreiben lassen, untermischt von Grun= zen, Schnarchen und von Lauten der kleinen Kinder, welche der Superlativ der Mutterliebe vielleicht allein im Stande ist liebenswürdig zu finden. Jung und alt musicirten um die Wette. — —

„Sanct Hottentot, ora pro nobis!" seufzte ich.

Wieder eine Pause und — ein ander Bild!

Vor der Thür des Damenzimmers, welches einen besonderen Ausgang auf die Straße hatte, wurde auf einer Landesguitarre gekratzt, und eine ranzige Fistel winselte folgende liebesselige Strophe:

"Tu eres la mas hermosa,
Tu eres la luz del dia,
Tu eres la gloria mia,
Tu eres mi unico bien;
En ti pienso á noche y á dia,
Á tu lado gozaria (:,:)
La mayor felicidad!"

(Du bist die schönste, das Licht des Tages, mein Ruhm, mein einziges Gut. An dich denke ich Nacht und Tag; an deiner Seite würde ich die höchste Glückseligkeit genießen.)

Der Geschmack ist verschieden. Die Arie, nach der Melodie „Ungetreuer, o kehre wieder!" aus der Norma verstümmelt, drang den zarten Frauenseelen nebenan sicher zu Herzen, denn nicht lange, so öffnete sich die Thür leise und der girrende Bandit wurde eingelassen.

„Ruhig! still!" flüsterte mir der Doctor zu.

Ich mukste nicht, zur Freude aller Flöhe und Moskiten an meinem Körper.

Und aus dem Nebenzimmer drang ein Geflüster, ein Austausch der Herzen, ungenirt einer um den andern. Ob etwa die Mutter in der Lage war sich vor der Tochter zu geniren, oder umgekehrt, weiß ich nicht. Es schien ein Paradies im Schweinestall zu sein, an welchem selbst der große Cyniker Diogenes nichts auszusetzen gehabt haben würde, so offen folgte das Herz dem Drange des Herzens. — —

Nachdem der süße Zeitvertreib der Liebe wol eine Stunde unter Gekose und Geflüster gedauert hatte, schien die Unterhaltung eine practischere Wendung zu nehmen und man sprach von Geschäften. Wir hörten wenigstens etwas von caballos, — patio — caballeros estrangeros — Ingleses — alforjas (Satteltaschen) u. s. w. Zarte Anspielungen voller Sehnsucht nach unsern Pferden und unserm Gepäck! — —

Dann ein leises Geräusch, wie wenn sich jemand vom Lager erhebe. — Ein barfüßiges Tappen. — Jetzt wurde die Thür geöffnet.

Wir verhielten uns baumstill, ich hörte aber den Hahn von des Doctors Revolver knacken und, seinem Beispiel folgend, zog auch ich meine Waffe aus dem Gürtel und machte mich schußfertig.

„Juan! no sea V. tonto, queda aqui!" (Juan, sei nicht närrisch! bleib hier!) flüsterten weibliche Stimmen.

„Ya duermen!" (Sie schlafen schon!) rief es eben so leise zurück. — Und die Thür wurde weiter geöffnet.

Piff! — Paff!

Der Doctor hatte geschossen; ich war seinem Beispiel gefolgt. Säbel und Hirschfänger flogen aus der Scheide; wir selber von unserm Lager und mit dem Rücken an die Wand.

„Seño—res! no tengan mie — — do!" (Meine Herren, haben Sie keine Furcht!) rief die Chepita aus dem Nebenzimmer. Es primo de nosotros. (Es ist unser Vetter.)

„Entschuldigen Sie, Señora," versetzte der Doctor, „aber wir Deutschen lieben nicht, daß man uns im Schlafe stört, und hier sollen so viele ladrones wohnen."

„Si Señor, — muy mala gente aqui!" (Ja, Herr, viel schlechte Menschen hier!) bekräftigte die Wirthin und wünschte uns gute Nacht.

Der verliebte Bandit, der sich nicht getroffen fühlte,
„nachdem er genossen das irdische Glück,"
wurde entlassen.

Er mußte aber doch noch andere Absichten gehabt haben als Liebe, denn bald darauf fing mein Schimmel auf dem Hofe ein sonores Gewieher an, wie er stets zu thun pflegte, wenn sich ihm ein Mensch näherte. Rasch war ich wieder auf den Beinen und zur Thür hinaus. Es war eine herrliche Mondnacht, und ich sah durch die Hecke deutlich die weißen Gewänder eines Menschen nach einem naheliegenden Dickicht verschwinden. Eine auf gut Glück dorthin geschickte Kugel hatte keine Wirkung; jedoch sicher, den Dieb verscheucht zu haben, überantwortete ich meinen Leichnam wieder der Hängematte, den Flöhen und Moskitos.

Eine halbe Stunde lang verfloß ohne Störung unserer auswärtigen Angelegenheiten, da aber wieherte mein Schimmel zum zweitenmal.

Der Doctor wollte aufstehen.

„Bitte," rief ich leise, „lassen Sie mich! Ich will den Hund beschleichen."

Ich war desperat und ingrimmig geworden. Man kann sich in Europa schwerlich einen Begriff davon machen, wie sehr die Galle ins Blut tritt, wenn der Körper von den Stichen des Ungeziefers aufs äußerste bis zum Ausbrechen des kalten Angstschweißes irritirt ist.

Ich dachte nicht mehr an die Schußwaffe. Den Hirschfänger zwischen die Zähne geklemmt, mich nach einer Rauferei sehnend, kroch ich langsam und leise auf allen vieren in den Hof und sah wie mein Pferd sich an der straff gezogenen Halfterleine sträubte. Das Herz schlug mir hörbar. Behutsam glitt ich fast auf dem Bauche die Hecke entlang näher. Jetzt war ich noch einen Schritt von meinem Thiere entfernt, welches fortwährend wieherte. Ganz deutlich sah ich im Mondenlicht, wie eine dunkle Hand den Strick erfaßt hatte; ich unterschied sogar die Knöchel an den Fingern. — Ich holte aus, ich schloß die Augen, — ich hieb mit einer Behemenz drein, daß mir das Schulterblatt knackte.

Mein Andalusier bäumte sich hoch auf und that einen Satz seitwärts. Strick und Hand waren abgehackt.

Mit einem lauten Carajo! sprang ich empor, um mein im Blute schwimmendes Opfer noch mehr einzuschüchtern.

Aber alles blieb mäuschenstill. — Kein Gewimmer oder Gestöhn eines Verwundeten wurde laut. — Nichts war zu hören als das Zirpen der Cicaden im nahen Walde. — Ich sah nach rechts und nach links. — Alles ruhig. — Die Schweine trippelten grunzend hin und her, die Pferde fraßen, und aus der Ferne tönte der melancholische Ruf eines Waldvogels herüber.

Ich wußte lange nicht, wie ich mir das alles erklären sollte, denn wenn man einem Menschen die Hand abhackt, so pflegt dieser Mensch doch wenigstens au! zu sagen. Aber nicht einmal die Genugthuung hatte ich gehabt!

Ich untersuchte das champ de bataille scharf und genau; ich brachte meinen Körper in dieselbe mordlustige Position wie vorher.

O! Don Guillermo! was hast du gethan! — Am Boden lag, statt einer nach allen Regeln einer Prime vom Gelenk getrennten Hand — **der knollige Auswuchs einer Cactee, an dessen Stacheln noch ein Ende des durchhauenen Strickes festsaß.**

Ich brachte dies Stück Vegetabilie wieder an den Mutterstamm; und richtig! — Da fielen die Blättchen einer kleinen Liane auf dasselbe und bildeten in vollkommenster Täuschung beim Mondenschein das Bild einer braunen Hand mit allen ihren Knöcheln, welche die Leine des Halfters zu halten schien, und eine verrenkte Schulter war die einzige Trophäe, welche der blinde Eifer meiner Bravour vom Kampfplatz heimbrachte.

Zum Glück besaß ich Humor genug, um mich selbst zu verspotten. Im Zimmer war es vor Stank und Ungeziefer nicht mehr auszuhalten. Ich zog zum Schutz gegen die Flöhe meine hohen Wasserstiefel an, nahm meinen Blanket, wickelte mich hinein und bettete mich, lieber ein Fieber riskirend, als in der menschlichen Mistgrube noch länger zu hausen, im Corridor bei den grunzenden Schweinchen auf Gottes Erdboden.

Kaum fingen die Sterne an zu erbleichen, als ich den Doctor weckte. In den Wendekreisen, wo es weder Morgen- noch Abenddämmerung gibt, ist die Kühle der Nacht die beste Zeit zum Reisen und in Nicaragua die sicherste, denn dann fürchten sich die Diebe. Wir polterten und rumorten unsere Wirthin aus dem Schlafe, ließen uns eine Tasse jämmerlichen, sechs Ellen langen Kaffee brauen, sattelten die Pferde, nahmen Abschied von der Chepita und der schönen Maxima, und trabten,

    A tu lado, a tu lado gozaria
    La mayor felicidad!

singend, weiter, froh, den Ort und das Nachtlager in Nagarote, diesen schneidenden, beißenden und stinkenden Contrast der Palmen von Nindiri hinter uns zu haben. — — Maxima! — — Ignacia! — — —

———————

„Pues," fragte mich der Doctor, „wie hat Ihnen Nagarote gefallen?"

„Eh bien," antwortete ich, „weiß nicht, ob ich den Handel schlösse, für hundert Dollars eine zweite Nacht wie die vergangene durchzumachen. Aber," setzte ich hinzu, „ich würde jetzt die Erinnerung an diese Nacht nicht für zweihundert Dollars verkaufen."

„Und doch ist es besser am Ende, die Nacht dort zuzubringen als einen ganzen Tag."

„Weshalb?"

„Es geht unter den Reisenden eine eigene Sage. Ich weiß nicht, ob sie wahr ist. In dem Nest ist nämlich noch eine andere Posada, dem Aeußern nach ein wenig besser, als die der Chepita. Der Alcalde des Ortes ist dort der Wirth. Aber man erzählt sich, daß jedem Reisenden daselbst die Pferde gestohlen werden."

„Wie ist das möglich?" rief ich aus, „wenn man acht gibt."

„Sehr einfach;" fuhr der Doctor fort. Der Alcalde sagt den Gästen, ganz in der Nähe sei ein herrlicher Protero mit einem Bach, wo die Thiere weit besseres Futter fänden. Die Pferde werden dorthin geführt, und will der Reiter abreisen, sind sie regelmäßig verschwunden. Jetzt wird Jagd gemacht; Leute werden nach allen Richtungen ausgesandt, aber die Thiere bleiben weg. Zuletzt wird den Reisenden das Gelübde, eine Quarte (Viertel-Unze, ca. 20 Francs) zu bezahlen, wenn das Pferd wieder erscheint, förmlich in den Mund hineingequetscht, und das blanke Gold thut sein schuldiges Wunder."

„Das sollte mir passiren!" rief ich aus.

„Was wollten Sie thun?" fragte mein Begleiter gelassen. „Man setzt Ihren Grobheiten und Flüchen eine Riesenmauer von höflichen Redensarten entgegen."

„Ich würde mich selbst auf die Beine machen, und mein Pferd sollte schon wieder herbei!"

„Oder Sie erhielten einen Machetenclipp über den Hals, und man leerte Ihnen die Taschen auch noch aus. Das beste Mittel ist, mit stoischer Ruhe zu verfahren, aufzupassen, so gut es geht, und sich in das Unvermeidliche zu fügen. Uebrigens übertreibt man auch in dieser Beziehung-

Die eclatanten Mordthaten lassen sich fast alle auf bezahltes Banditenwesen zurückführen. Nach einer Revolution freilich ist die Wegelagerei ein Berufsgeschäft und noch jetzt, wie man mir in Leon sagte, erwartet man dort eine Bande aus Honduras auf Gastrollen."

„Wenn man das weiß, warum fängt man denn nicht die Bande vorher ab?"

„Abfangen? wer soll abfangen?"

„Nun, die Soldaten."

„Clerus clericum non decimat."

„Julius Fröbel," nahm ich wieder das Wort, „erzählt ja auch viel von den Räubern in Nicaragua."

„Hahaha!" lachte mein Begleiter. „Ich kenne die Geschichte. Er machte eine Excursion nach dem Catalinen-See bei Granada, als bei einer Wegebiegung plötzlich ein harmloser Indio aus Massaya aus dem Busche trat. Fröbel, der liebenswürdige geniale Optimist, fixirte ihn scharf mit seinen schönen dunkeln Augen."

„Und der Indianer?"

„Schlug sich seitwärts in die Büsche. Verlassen Sie sich darauf, die meisten Abenteuer herzhafter Touristen mit Räubern laufen auf eins mit dem Ihrigen in Nagarote hinaus, und enden epigrammatisch komisch. Die großartigen Verbrechen, die plastischen Todschläge sind vereinzelt. Die Feigheit der Eingebornen hält ihrer Mordlust das Gleichgewicht."

Wir stießen bald auf einen Reiter vor uns. Derselbe hatte eine lange verrostete Flinte hinter sich aufs Pferd gebunden. Als er uns nahen hörte, löste er sein Gewehr und wendete sein Thier, um uns vorbeizulassen. Auch wir zogen unsern Revolver. Hierauf senkte der Mann den Lauf seiner Waffe; wir thaten ein Gleiches, und nach diesen Begrüßungsformeln der Vorsicht, welche hier gang und gäbe, wurden einige Höflichkeitsformeln ausgetauscht, und wir ritten zusammen weiter. Das Mistrauen war aber so groß, daß der ganze Weg bis eine halbe Stunde vor Pueblo nuevo, wo unser Begleiter sich von uns trennte, eine förmliche Voltige war, indem wir den Nicaraguenser stets in unserer Mitte zu halten suchten, während er, über die gleichgültigsten Dinge plaudernd, stets die Flanke zu gewinnen und zu behaupten suchte. Einmal, als der Weg sich verengte, und wir gezwungen waren, hinter einander zu reiten, kam er an die Spitze unseres kleinen Zuges. Sofort nahm er, wie zufällig, sein Gewehr wieder zur Hand, putzte an dem Lauf und hing, seitwärts geneigt, und sich mit dem Gesicht nach uns wendend, als könnte er in dieser Stellung bequemer mit uns plaudern, auf seinem Thier, uns dabei nicht aus den Augen verlierend.

Wer beschreibt mein Erstaunen, als ich später von meinem Reisegefährten, welcher das Idiom der Eingebornen besser verstand als ich, vernahm, unser Begleiter sei derselbe Kerl gewesen, der die Nacht zuvor bei der schönen Maxima oder bei der Chepita zugebracht hatte.

„Und welcher von unsern Effecten redete? — Und welcher uns einen Besuch abstatten wollte? — Und welcher sicher auch der Schurke war, der mir meinen braven Schimmel entführen wollte?" — stieß ich rasch hintereinander aus, mich umschauend.

„Derselbe an denselben!"

„Aber zum Henker! Doctor, warum haben Sie den Kerl nicht festgehalten?!"

„Para que sirve?" (Wozu nützt das?) war die Antwort. „Haben Sie Beweise, Zeugen, daß der Kerl gestohlen hat, oder auch nur stehlen wollte?"

Das Argument war einleuchtend.

Schon um 10 Uhr erreichten wir Puebla nuevo. Der Ort, welcher ungefähr 1000—1500 Einwohner enthalten mag, bot nichts merkwürdiges dar. Wir ließen uns in der Posada abermals zu einer verführerischen Siesta in der Hängematte verleiten und hatten dafür das Vergnügen, in der glühendsten Sonnenhitze die fast fünf Leguas lange savannenartige offene Ebene bis Leon zu durchreiten. Nachmittags 4 Uhr trafen wir in der alten Hauptstadt Nicaragua's ein.

Als die Conquistadoren von der Westküste in das Land eindrangen, hatten sie unweit des Managuasees zwischen Puebla nuevo und Nagarote den Sitz ihrer Verwaltung hin verlegt. Damals bildete die Vorstadt des jetzigen Leons, Subtiaba, die Residenz der Kaziken von Nagrando. Später wurde das alte Leon theils wegen häufiger Zerstörungen durch Erdbeben, theils um dem Meere näher zu sein, nach seinem gegenwärtigen Standpunkt hin verlegt.

Die alten Herren Spanier, welche es trefflich verstanden haben die schönsten Länder der Erde zu entdecken, aber kein einziges gut zu administriren und zu conserviren, haben auch hier gehaust wie in Saat geschossene Teufel. Die Indianer wurden bald unterjocht und mußten den schwelgenden und faullenzenden Abenteurern als Lastthiere dienen. Sie wurden von ihnen zu Hunderttausenden nach Panama hin als Sclaven verkauft und durch importirte Neger als Arbeitskraft ersetzt. Das Haar sträubt sich vor Entsetzen, wenn man die Greuel liest, welche der berüchtigte Mönch Bobadilla mit dem Kreuze und der edle Vagabunde Don Pedro Davila mit dem Säbel gegen die Eingebornen in Anwendung brachten, um deren Seelen für den Himmel, das Mark ihrer Knochen für die schwelgerischen Bedürfnisse der Dons zu erpressen. Gänzlich verschieden von den modernen Conquistadoren der westlichen Hemisphäre, den thätigen Amerikanern, unter deren Ackerbausystem selbst die Sclaverei der Neger das Resultat geliefert hat, daß sich der Neger zehnmal so stark vermehrt als in seiner afrikanischen Heimat, und ihn die Kreuzung der Racen nach und nach zum Weißen macht, verstanden die Dons nichts als die Exstirpation der eingebornen und die rasche Abnutzung der eingeführten schwarzen Race, und ohne anderen Lebensplan als den eines wüsten Genusses, ohne ökonomische Genialität, wie sie der Amerikaner besitzt, sumpften die spanischen Conquistadoren rasch ihrem eigenen Untergang entgegen.

Hier in Leon war es, wo Nicaragua den Namen das Paradies des Mahomed erhalten hat, und die von einer wilden tropischen Vegetation überwucherten Trümmer ganzer Stadttheile voll alter Paläste, welche hie und da noch vereinzelte spiralartig gehauene Säulen, schwarz gebrannt und geborsten, aus dem Schutte der vergangenen Größe hervorragen lassen, geben Zeugniß von dem, was Leon einst war, und lassen der Phantasie einen weiten Spielraum zu üppigen Reminiscenzen in den stolzen luftigen Corridoren und Hallen der christlichen Paschas von Alt-Castilien.

Leon liegt in einer weiten, heißen aber fruchtbaren Ebene, welche von N.N.O. bis O.S.O. von den neun Feuerbergen der Marabios begrenzt wird, unter denen fünf gleich stolzen Pyramiden aus der Fläche hervorragen. Es sind dies die Vulcane El Viejo, Tilica, Sta. Barbara, Momotombito und Momotombo, sämtlich thätig, wenn auch der Gipfel ihrer Krater, mit Ausnahme des Momotombo, selten Rauch ausstößt.

Von dem flachen Dache der Cathedrale St. Petri aus gesehen ist der Anblick dieser Vulcane wahrhaft großartig, um so mehr als sie, im Gegensatz zu denen am und im Nicaraguasee fast gänzlich unbewaldet aus der blühenden und lachenden Ebene in die Höhe streben. Die schönste konische Form hat unstreitig der Tilica, ungefähr zwei Leguas von Leon entfernt, dessen Besuch ich mir auch sofort bei erster Gelegenheit vornahm. Die Stadt selbst ist wenig besser als

Granada, doch macht sie von der Cathedrale aus gesehen einen entzückenden Eindruck durch den Contrast des glänzenden Grüns der Palmen, Orangenbäume und Platanen, welche überall die Höfe der niedrigen einstöckigen Häuser zieren und dadurch dem Bilde aus der Vogelperspective wirklich noch jetzt das Ansehen eines üppigen irdischen Paradieses voller orientalischer Erinnerungen geben.

Die Cathedrale ist ein mächtiger Bau im Renaissancestil und die Säulenvertheilung im Schiffe der Kirche hält die strengste Kritik aus. Sie gilt für die schönste Kirche in ganz Central-Amerika. Ihre kolossalen Mauern spotten selbst der Gewalt der Erdbeben. Nur vermißt das Auge an dem großen Bauwerk ungern die stolzen Kuppeln oder den schlanken Thurm, deren Construction der unterirdische Feuergott in diesen Ländern aber nicht zuläßt. Nächst der Cathedrale zeichnen sich unter den übrigen Kirchen die der Nuestra Señora de la Merced, die Calvarienkirche und die Kirche aus, welche die Spanier an die Stelle des alten Tempels in der indianischen Vorstadt Subtiaba gesetzt haben.

Es hält schwer, sich Gewißheit über die Einwohnerzahl zu verschaffen. Die einen geben sie auf 40,000, andere auf nur 30,000 an. Ist die erstere Zahl richtig, so werden wol Subtiaba und andere hart an Leon grenzende Orte, wie Guadelupe ec. in die Schätzung mit hineingezogen werden müssen.

Bemerkenswerthe Gebäude besitzt Leon außer seinen Kirchen nicht. Der Palast des Bischofs, das Haus des englischen Consuls Manning und die Wohnung des amerikanischen Gesandten Mr. Kerr haben einigen europäischen Comfort aufzuweisen. Mr. Manning besaß sogar ein Piano, aber was demselben an Saiten fehlte, das ging ihm durch das in Folge der Feuchtigkeit der Regenzeit gezogene und steif gewordene Tastenwerk ab. Es war also völlig unbrauchbar, und Instrumentenmacher existiren in Leon nicht.

Leon hat auch einige Straßen mit — horribile dictu! — Straßenpflaster aufzuweisen, worauf die Leoneser nicht wenig stolz sind. „Eine geladene Pistole thuts übrigens auch;" bemerkte ich einem Don, der mich auf diesen halsbrechenden Vorzug seiner Stadt aufmerksam machte, und mit einem Gefühl des Stolzes auf die zerrissenen tiefen Spalten der paar steinernen Marterwege niederschaute.

Dagegen machte die Bevölkerung hier einen besseren Totaleindruck auf mich. Die Menschen hier näher der Westküste sind mas vivos, lebhafter, der Ausdruck der Gesichter ist weniger scheu und tückisch als in Granada und im Innern, und man kann doch zur Noth hier ein wenig plaudern. Doch ich will wie bisher die Beschreibung des Landes und der Sitten der einmal angenommenen Form der Beschreibung meiner eigenen Erlebnisse nicht entziehen.

In einer Nebenstraße unweit der Plaza mayor, der Mercedes-Kirche gegenüber bewohnte der deutsche Arzt Dr. Waßmer zwei Zimmer im Hause einer Wittwe Martinez. Hier erreichte unsere Reise ihr Ziel. Wir ritten die drei oder vier Tritte, welche von der Straße in das Gebäude führten, hinauf, durch das offenstehende Zimmer in den Hof hinein, sattelten unsere Pferde ab, warfen ihnen ein wenig zufällig vorgefundenes Grünfutter zu und verfügten uns wieder in die Wohnung des Arztes.

Dr. Waßmer war nicht zu Hause. Er gab gerade einem Patienten das Geleit zum Kirchhof (ein Schritt, den auch der beste Arzt thun kann), und wir waren uns selbst überlassen. Mehr als halb entkleidet erfrischten wir unsere bestaubten Körper durch eine gründliche Abwaschung, als eine lange hagere schwarzbraune Gestalt mit kurzem schmierigen Wollhaar auf dem Kopfe, in Begleitung ihres siebenjährigen

Knaben, welcher sich an den Falten des Kleides der Mutter mit fortziehen ließ, sich blicken ließ, und uns mit einem „Buenas tardes, Señores; me alegro muuucho!" (Guten Nachmittag — es freut mich sehr ꝛc.) begrüßte.

Der Doctor gab ihr den Titel Señora und nannte sie Niña Barbara, welchen barbarischen Namen sie mit Recht zu führen schien. Er stellte sie mir als unsere cocinera (Köchin) vor. Das Knäblein sollte die Rolle unseres Dieners übernehmen.

Die schwarze Barbara war von einer komischen Grandezza; jedes Wort, welches sie sprach, jede Dienstleistung, welche sie verrichtete, glich einem uns gespendeten Gnadenact. Wie alle ihrer Race Meisterin in der Kunst des Nachäffens, zwickte ihr Erscheinen unsere Lachmuskeln, wenn sie ihren Guacal mit Gemüse ꝛc. in der flachen Hand trug und den Arm in die Höhe gerichtet nach rückwärts über die Schultern gebogen hielt, und in langem abgemessenen Schritt durchs Zimmer schwebte trotz der besten Königin, und dabei rechts und links ausspie trotz der schlechtesten Plebejerin. Ueber ihrem Pudelkopf hing der Rebozo (eine Art Shawl, ein länglisches Viereck mit Fransen von buntem baumwollenen Zeuge mit Seide durchwirkt, die man in San Salvador und Guatemala verfertigt) und die andere Hand spielte mit den Falten dieses Ueberwurfes. Sie ging wie 99 unter 100 ihres Geschlechts barfuß, wie das auch die Männer hier zu Lande thun, mit Ausnahme weniger Caballeros, welche Stiefeletten von gelbem ungegerbten Kuhleder, oder noch weniger Dons, welche Bottines von Glanzleder tragen. Diese Barfüßelei findet man bei den Frauen sogar unter den seidenen und mousselinenen Sonntagskleidern, und sie stört die epicuräischen Illusionen des Europäers gewaltig.

Nachdem wir uns ein wenig menschlich gemacht hatten, — ich war zwar nur mit einer weißen Jacke, dito Beinkleid, welches eine rothe seidene Schärpe an den Hüften festhielt, versehen, dagegen aber chaussirt mit untadelhaften bottines vernies,— machten wir die Ceremonienvisite bei unsern Wirthen.

Die Familie Martinez bestand wie die Alvarados in Massaya aus einer alten Mutter, Mercedes, drei Töchtern, deren Gesichtsfarbe und Züge mindestens zwei verschiedene Racen documentirten, und einem Sohne. Dem Vater war bei einer Revolution das Unglück passirt, füsilirt zu werden. Die Töchter hießen Mercedes, die älteste, welche aus dem Guitarrenunterricht, den ihr ein schwarzer Musiklehrer ertheilt, einen negrito (Negerknäbchen) als Reminiscenz behalten hatte, was der Familie sehr fatal war, nicht etwa des illegitimen Umgangs wegen, sondern weil das Knäblein eben ein negrito war. Die andern beiden Töchter, Concepcion und Pilar (zwei von den sieben Kriegsnamen, welche bekanntlich die heilige Jungfrau führt) waren etwas bläßlichere Zambogesichter. Der Sohn endlich, Don Thomas,*) war ein die Märkte bereisender truchero (Hausirer) und ein wenig heller von Farbe als die Töchter des Hauses.

Mesdames waren höflich und zuvorkommend, und die alte Martinez stellte mir ihr Haus, ihre Töchter und sich selbst zur Verfügung. Das ist so eine spanische Redensart — á la disposicion de V. — Ich habe immer die eine Wahrheit bestätigt gefunden: überall, wo die Höflichkeit in Complimenteschneiden ausartet, sind die Menschen falsch, und je mehr Complimente, desto unwahrer. So ist die Phrase á la disposicion de V. im Spanischen eben nur eine Phrase. Das weiß man, und wenn man einem Don ein Compliment über seine Frau oder sein Pferd sagt, und er antwortet, stehen zu Ihrer Verfügung, so verpflichtet

---

*) Er wurde nach der Vertreibung Walkers im Jahre 1858 Präsident von Nicaragua und galt als ein Ausbund von persönlicher Bravour, wovon später ein sehr zweideutiger Beweis beigebracht wird.

ihn das zu nichts. Eine andere Redewendung, es suyo, dagegen ist ernsthaft gemeint, und bedeutet den in Rede stehenden Gegenstand als Geschenk im ritterlichen Geiste Altcastiliens. Hier in Nicaragua wirft die grinsende Höflichkeit aber auch mit dem es suyo umher. Der Schalk ritt mich, als wir dem Bischof von Leon, Don Jorge Viteri, besuchten, eines der Häupter der Partei, welche unter dem Namen die demokratische stahl und plünderte, wenn die andere Partei, unter dem Namen der Conservativen, gerade nicht plünderte oder genug geplündert hatte. Man kennt die reizende charge von Dantan, den Sänger Lablache vorstellend. Don Jorge war das sprechendste Conterfei dieser charge und ich hatte große Mühe, das Lachen beim Anblick der frappanten Aehnlichkeit zu unterdrücken. Der Prälat war ein fürchterlicher Wühler. Er hat sogar einmal mit Säbel und Pistolen die Kanzel bestiegen und zum Kampfe gegen das conservative Granada aufgefordert. Auch jetzt war seine Rundreise eine Wühlertour.

Er beabsichtigte zur bevorstehenden Wahl eines neuen Präsidenten für seinen ärgsten Gegner den General Don Fruto Chamorro zu wirken, und zwar in der Absicht, damit wenn dieser gewählt würde, die Leoneser einen Vorwand zur Revolution erhielten.

Es war fast fünf Monate lang Frieden im Lande gewesen. Leon hatte Soldaten, aber kein Geld. Seine Rivalin Granada hatte Geld, aber keine Soldaten. Dieses höchst beklagenswerthe Hinderniß, einer Spitzbubenanarchie zu beseitigen, und die Leoneser zu freiwillig plündernden Patrioten zu machen, mußte ein großen coup vollführt werden, ein coup des Pessimismus. Und das war der Zweck der bischöflichen Rundreise.

Der kampflustige dicke Würdenträger der Kirche besaß eine Waffensammlung, besser als mancher fürstliche Oberförster, die er mir schmunzelnd zeigte und dabei technische Kenntnisse entwickelte trotz dem besten Büchsenmacher. Don Jorge schoß ausgezeichnet mit Pistolen, er kannte genau die Distance, wo die Rehposten zu streuen anfangen, und eine Abhandlung, welche er über runde und konische Kugeln hielt, war so erhaben, daß der Mann mir wie ein verklärter Mörder erschien. Eine süperbe **Büchsflinte** erregte meine Aufmerksamkeit. Das Gewehr lag wundervoll im Anschlag. Ich lobte es.

„Es suyo, caballero, es suyo!" rief der Bischof.

Ich murmelte einige ablehnende Höflichkeitsphrasen.

„Unsinn! Redensarten!" brummte der Doctor auf Deutsch.

„Caballeros! es suyo! es suyo!" wiederholte Don Jorge.

„Na, warte, du dicker Kirchenbandit!" dachte ich, nahm das Gewehr über die Schulter und entfernte mich rückwärts unter tausend Danksagungen den Weg nach Hause einschlagend.

Ich sah noch, wie die dicken wabbeligen Backen lang und schlaff wurden, aber die Flinte war und blieb „mio!"

Eine Stunde darauf schickten Se. Eminenz seinen Haushofmeister, welcher mit süßlicher Miene bat, ihm das Gewehr wieder mitzugeben, indem ein Fehler am Schloß sei, welchen sein Herr repariren lassen wollte, damit das Geschenk gar nichts zu wünschen übrig ließe.

Ich erklärte es für einen schnöden Misbrauch der bischöflichen Güte meinerseits, wenn ich ihm auch diese Mühe und vielleicht gar Kosten seinerseits verursachen wollte.

Der arme Haushofmeister besuchte mich wol noch drei- bis viermal, und jedesmal suchte er mir unter einem andern Vorwande die Waffe aus den Händen zu spielen.

Erst die Abreise Sr. Eminenz verschaffte mir Ruhe vor den Gefälligkeiten des kriegerischen Pfaffen. Beim letzten Besuche lobte der Haushofmeister meine Taschenuhr, ich hütete mich aber sehr, es suyo zu sagen, sondern speiste ihn mit dem liebenswürdigsten á la disposicion de V. ab.

Das Erscheinen des Dr. Waßmer beschleunigte die schwarze Barbara, unsere Chocolade zu machen, und während die beiden Heilkünstler ex officio einer dem andern den Schlachtplan von Leon mittheilten (d. h. ihn über Personalien und Krankheiten der Patienten au fait setzte, wobei natürlich obstinater Zahler auch gedacht wurde), musterte ich unser neues Terrain.

Das Lokal bestand aus zwei großen mit Backsteinen gepflasterten Zimmern, in deren eins das Licht durch die offene Hausthür, in das andere durch eine vergitterte Fenster= öffnung drang. Beide Zimmer hatten Ausgänge nach dem Corridor im Hofe.

In dem ersten Cuarto, dessen einst weiß gewesene Wände noch die Spuren von Pistolenschüssen trugen, mit welchen der geniale Maler W. Heine aus Dresden, ein ausgezeich= neter Schütze, seinen werthen Namen zum Zeitvertreib an die Wand geschossen hatte, war, gleich links vom Eingange auf einem groben Tische, die Apotheke durch ein Labyrinth von Flaschen, Schachteln und Büchsen repräsentirt, und zwei Stühle bezeichneten die Möglichkeit, daß man sich auch setzen könne, während in der Ecke, rechts dem Eingange gegenüber, eine Hängematte angebracht war, in welcher der Diener des Nachts schlief. Das Zimmer daneben bildete das Wohn= zimmer. Zwei Bettstellen, eine bequeme Hängematte, ein Tisch mit Schieblade und eine Art Wandschrank, in welchem weißliche Ameisen und anderes Ungeziefer auf Zucker und Brot Hochzeit hielten und sich nährten, und zwei Stühle ohne

Lehne bildeten das Ameublement. An den Wänden fanden dicht beim Lager unsere Waffen ihren Platz.

Trat man aus dem Zimmer in den Corridor, so hatte man einen großen Patio vor sich, begrenzt durch eine in der Mitte eingestürzte Lehmmauer, an deren Wiederherstellung bereits seit elf Monaten von einem fleißigen Nicaraguenser gearbeitet wurde, und die in andern elf Monaten fertig zu werden versprach, obgleich ein simpler Europäer diese Arbeit in zwei Tagen verrichtet haben würde. Der Hof trug einige prachtvolle Bäume der Silica dulcis, ein Bosquet hoher Pfeffersträucher des spanischen Chile und ein kleines Platanal, so wie einige große Rosenbüsche, einen Tamarinden=, zwei Orangen= und einen Citronenbaum. Ein Brunnen mit einer Eimerwinde versorgte die Pferde mit Wasser. Die Zimmer der Martinez grenzten im Corridor links an die unsrigen, und die rechte Ecke desselben, woselbst eine Art Rohrverschlag angebracht war, bildete die Küche und zugleich das Schlafzimmer der schwarzen Barbara.

Verlag von **Otto Meißner** in Hamburg.

Das Becken des Mittelmeeres
in natürlicher und kulturhistorischer Beziehung.
Von Dr. **Heinrich Barth**.
2 Bogen gr. 8. geh. 6 Sgr.

Diese neue, werthvolle Schrift des berühmten Reisenden ist für jeden Gebildeten von großem Interesse.

Die Urwelt.
Für die Jugend.
Von **Fr. Clemens**.
Mit 68 Abbildungen. Eleg. geb. 1 Thlr.

In obigem Buche werden der Jugend in leicht verständlicher und anmuthiger Weise

die Wunder der Urwelt
vorgeführt.

Bei dem großen Aufschwunge, den die Naturwissenschaften in neuerer Zeit genommen haben und bei dem sich allgemein kundgebenden Interesse daran dürfte es zweckmäßig sein, die Jugend bei Zeiten mit den Vorkenntnissen vertraut zu machen.

Das Süßwasser-Aquarium.
Kurze Anleitung zur besten Construction der Aquarien und Instandhaltung derselben, sowie Schilderung der Süßwasserthiere.
Von Dr. **Eduard Graeffe**.
Mit 50 in den Text gedruckten Abbild. Geh. 15 Sgr.

Inhalt: Einleitung. — Das Aquarium als Wassergefäß. — Die Aufstellung der Aquarien. — Der Stein- und Kiesberg der Wasserbehälter. — Das Einsetzen der Wasserpflanzen und deren Nutzen und Zweck in Aquarien. — Die Wassereinfüllung. — Die Wasserthiere und deren Einsetzung. — Der Fang und das Einsetzen der Thiere in das Aquarium. — Die Instandhaltung des Aquariums. — Schilderungen aus dem Thierleben des süßen Wassers. — Schlußbetrachtungen.

Die Käfer von Hamburg und Umgegend.
Ein Beitrag zur nordalbingischen Insectenfauna.
Von Dr. **C. H. Preller**.
8. 10½ Bogen. Geh. 18 Sgr.

Verlag von **Otto Meißner** in Hamburg.

Die Vegetation auf Helgoland.

Ein Führer für den Naturfreund am Felsen und am Seestrand. Zugleich als Grundlage zu einer

Flora von Helgoland.

Von Dr. Ernst Hallier.

Mit 4 Tafeln Abbildungen. Geh. 10 Sgr.

Inhalt: Der Boden. — Klima und Witterung. — Die Vegetation und die Atmosphäre. — Land- und Gartenbau. — Ein botanischer Spaziergang auf dem Oberlande. — Die Düne, ihre Vegetation und ihre Zukunft. — Die submarine Pflanzenwelt. — Alphabetische Aufzählung der auf Helgoland vorkommenden Phanerogamen.

Geschichte der Sklaverei

in den

Vereinigten Staaten von Amerika.

Von Friedrich Kapp.

516 Seiten 8. Geh. 1 Thlr. 20 Sgr.

Die Sklaverei ist der wahre Grund und Ausdruck der amerikanischen Politik. In ihr kulminiren alle Interessen des Landes, in ihr laufen alle politischen Fragen zusammen, so daß also auch die kommerziellen und ökonomischen Verhältnisse der Republik, die leitenden Staatsmänner und ihre Ideen, die politischen Parteien und ihre Stellung, kurz alle inneren und äußeren Beziehungen erst durch die Sklavenfrage ihre wahre Erklärung und Beleuchtung erhalten.

Australien.

Geschichte und Beschreibung der drei australischen Colonien Neu-Süd-Wales, Victoria und Süd-Australien.

Von Samuel Sidney.

Gr. 8. 26½ Bogen. 1 Thlr.

Für Geographen, Statistiker, Nationalökonomen und für den Historiker der Zukunft bietet dieses Buch schätzbare Materialien, und jedem Gebildeten gewährt es eine belehrende Unterhaltung.

Die nordfriesischen Inseln.

Eine Skizze des Landes und seiner Bewohner.

Von G. Weigelt.

Mit zwei Karten. — Geheftet 1 Thlr.

Inhalt: Einleitung. — Von Husum nach Föhr. — Die Insel Föhr. — Eine Ausflucht nach den Inseln Amrum und Sylt. — Reconstruction der alten friesischen Uthlande. — Ebbe und Fluth. — Zertrümmerung der friesischen Uthlande durch Sturmfluthen. — Die Bewohner der nordfriesischen Uthlande.

www.ingramcontent.com/pod-product-compliance
Lightning Source LLC
Chambersburg PA
CBHW021151230426
43667CB00006B/348